现代技术风险的系统学审视

毛明芳　著

人民出版社

防范化解科技重大风险，
维护国家科技安全[*]

　　防范化解重大风险是党中央部署的当前和今后时期一项重大政治任务。这就要求我们要以高度的政治自觉把党中央的新部署新要求落实到具体工作中，体现在实际行动上。科技领域安全是国家安全的重要组成部分，科技重大风险是当前亟须重点防范化解的七大领域重大风险之一。

　　科技重大风险是现代科技发展引发严重不利影响的可能性以及人们对这种可能性的认知。这一概念可以从以下三个方面来理解：第一，科技重大风险通常是与科技一般风险相对而言的，是指威胁人的生命安全或国家安全，可能造成严重损失的科技风险。比如说，人类胚胎基因编辑技术的风险、以美国为首的西方国家对中国高科技进行封锁和打压的风险等。第二，科技重大风险通常包括风险的客观部分与主观部分。客观部分是指概率基本可以预测、损失基本可以估量的部分。如道路车祸、煤矿安全事故风险，从整体趋势而言，其概率是基本可预知的。主观风险通常与某一群体的文化特征、风俗习惯，个人的喜好、情感因素以及重大风险事件相关。比如说，核电站，在某些国家被认为风险巨大，在另外一些国家则被认为无太大风险。特别是 2011 年日本福岛核事故之后，大家对核电站的风险认知明显增强，这些都充分说明了科技重大风险的主观性质。第三，科技重大风险具有明显的政治性。当前，全球已进入高风险社会，但我国面临的风险社会语境不同于西方国家，政治风险已成为我国科技重大风险的重要类型。从近期发生的中兴事件、华为 5G 技术等案

　　* 此文作者发表于《湖南日报》2019 年 11 月 2 日第 6 版。

例可以看出,当前中国面临的科技重大风险很多是别人戴着有色眼镜来评价的风险,是不客观、不公正的评估得出的风险。

当前,就我国遇到的科技重大风险而言,主要有三种类型:第一,人工智能、人类胚胎基因编辑等新兴技术引发的风险。当前,人工智能技术飞速发展,在改变人类生活的同时,也带来了很多法律、伦理及社会难题,并引发了"人工智能究竟会把人类带向何处去"的思考。比如说,2018 年 3 月,美国一高科技公司的自动驾驶汽车在亚利桑那州撞死一名女行人,这是全球已知的首例自动驾驶汽车引发的行人死亡事故。这引发了一系列的法律、伦理和社会难题,到底该谁对这一事件负责? 高科技公司,科技研发人员,还是自动驾驶汽车的"操控者"? 人类胚胎基因编辑技术能修改人体胚胎、精子或卵细胞细胞核中的 DNA,达到"重新设计人类"的效果,这被认为既不道德,也不合法。第二,科技发展不完善,特别是关键核心技术受制于人的风险。中兴事件对于我们的警示意义很大。我们发现,在近些年突破部分产业关键核心技术、取得巨大科技成就的同时,很多产业的关键核心技术受制于人,比如说,电脑芯片、操作系统等,这严重辐射影响国家科技安全、经济安全和国防安全等诸多方面。第三,中国高科技走向国际市场的政治风险。如以美国为首的西方国家对华为 5G 技术的围追堵截。过去,我国在大部分科技领域处于跟跑地位,没有引起西方国家的太多关注;今天,中国科技强大以后,已经实现了在部分领域从跟跑向并跑、领跑的跨越,威胁或挑战美国等西方国家的霸主地位,因此,以美国为首的西方国家联合对中国高技术企业进行围追堵截,破坏正常的经营和市场秩序。

针对以上三种不同类型的科技重大风险,应从以下三个方面采取防范化解对策,以维护国家科技安全。

第一,加大对新兴技术发展的法律规制和伦理规约。

对于高科技发展而言,法律规制是最有效的治理手段之一,但新兴技术发展与法律规制是一对矛盾统一体。法律要有相对的严肃性和稳定性,而科技发展一日千里,法律制定较之技术发展具有相对滞后性,法律的制定总是在行为实践的基础上不断加以完善的。很多时候高科技领域存在法律空白,无法可依，也不能完全依照传统法律来管理。比如说网约车、微信等新鲜事物，如果以当时的法律来衡量，可能就是违规甚至违法行为了，但我们在治理过程中没有一棍子打死，对新兴技术发展持一种包容审慎的态度，催生了这些新业态的蓬勃发展。当然，新兴技术的不断涌现和高速发展，也极大地冲击着现有的法律制度，倒逼着法律制度的不断完善。另外，在高科技发展存在法律空白的地方，需要依靠科技人员的伦理道理素养的提高。加大社会舆论对一些重大科技事件的规约力度，科技行为尽量不要违背伦理道德和社会习俗。

第二，下大力气突破制约产业发展的关键核心技术。

建立健全党领导关键核心技术攻关的新机制，加强党中央对科技工作的集中统一领导，探索市场经济条件下的科技创新举国体制，形成推动关键核心技术攻关的强大合力。加大科技研发投入，尝试建立多元化投入机制，采用市场化的运作方式，吸引社会资金参与。建立健全产学研协同创新机制，搭建学术界和产业界、科学家和企业家合作的桥梁，充分发挥科研院所、高校、企业及社会组织等不同创新组织在国家和区域创新体系建设中的主观能动性。

第三，防范化解中国高科技走向国际市场的政治风险。

加强科技对外宣传工作，尽量消除或减少误解。从以往的经历看，科技对外宣传工作如果出现偏差，就会引发外国政府和国际组织的误解与担忧，也给自己增加麻烦。因此，要以增进了解和信任为前提，加强科技对外宣传工作。协调处理国际关系。中国高科技走向国际市场，必然要与外国政府和国际组织打交道，甚至作斗争。这就要求我们，要注意工作方式方法与艺术，协调处理好与外国政府及国际组织的关系，为中国高科技走向国际市场创造良好的外部市场环境。

目　　录

引　言 ……………………………………………………………… 1

第一章　风险社会语境下的现代技术风险 ……………………… 20

　第一节　风险社会 …………………………………………… 20

　　一、风险社会释义 ………………………………………… 20

　　二、风险社会的特征 ……………………………………… 23

　　三、风险社会的本质 ……………………………………… 27

　第二节　风险社会的技术解读 ……………………………… 28

　　一、技术社会是一种风险社会 …………………………… 28

　　二、技术风险是风险社会的主要风险 …………………… 30

　　三、技术风险与其他社会风险相互影响 ………………… 32

　第三节　现代技术的风险考量——以人工智能技术为例 … 33

　　一、现代技术风险的内涵与特点 ………………………… 34

　　二、人工智能技术及其广泛应用 ………………………… 36

　　三、人工智能技术引发的主要风险 ……………………… 40

第二章　现代技术风险的系统学考量 ………………………… 45

　第一节　现代技术风险的系统组成 ………………………… 45

　　一、现代技术风险的客观因素与主观因素 ……………… 45

　　二、现代技术的生态风险、社会政治风险和人文风险 … 51

　　三、现代技术的研发风险、产业化风险和应用风险 …… 55

　第二节　现代技术风险的系统性特征 ……………………… 57

　　一、现代技术风险的整体性 ……………………………… 57

　　二、现代技术风险的动态性 ……………………………… 59

　　三、现代技术风险的复杂性 ……………………………… 60

　　四、现代技术风险的涌现性 ……………………………… 63

第三章　现代技术风险的多元形成机理 …………………… 65

　第一节　技术价值观是影响现代技术风险形成的价值预设 …… 66

　　一、技术乐观主义 ………………………………………… 67

　　二、技术悲观主义 ………………………………………… 69

　　三、谨慎的技术乐观主义 ………………………………… 71

　第二节　科技自身的不完备是现代技术风险形成的内在原因 …… 73

　　一、科学的不确定性孕育了现代技术风险 ……………… 73

　　二、科技应用的加速加剧了现代技术风险 ……………… 74

　　三、现代技术的复杂性强化了技术风险 ………………… 75

　第三节　制度因素是现代技术风险形成的重要原因 …………… 76

　　一、法律的确定性和权威性难以及时应对现代技术风险 …… 76

　　二、机构设置和决策机制的不合理加大了现代技术风险 …… 79

　　三、技术权力与技术利益的纠缠加剧了现代技术风险 ……… 81

　第四节　社会因素对现代技术风险形成的建构作用 …………… 83

　　一、社会文化因素影响现代技术风险建构 ……………… 84

　　二、个人因素影响现代技术风险感知 …………………… 86

　　三、突发性风险事件影响现代技术风险感知 …………… 91

　第五节　现代技术风险多元形成的实证分析——以核电技术

　　　　　发展为例 ………………………………………… 92

　　一、核电技术及其全球发展现状 ………………………… 93

　　二、核电技术风险事件及其影响 ………………………… 95

　　三、核电技术的主要风险及其争论 ……………………… 97

　　四、核电技术风险的多元形成机理 ……………………… 100

第四章　现代技术风险整合规避的理论阐释 ……………… 107

　第一节　现代技术风险整合规避的深刻内涵 ………………… 107

　　一、现代技术风险整合规避的理论基础 ………………………… 107

　　二、现代技术风险整合规避的内涵 ……………………………… 110

　　三、现代技术风险整合规避的原则 ……………………………… 113

　第二节　现代技术风险整合规避的重要价值 …………………… 114

　　一、现代技术风险整合规避是维护国家安全的需要 ………… 115

　　二、现代技术风险整合规避是国家治理现代化的需要 ……… 117

　　三、现代技术风险整合规避是应对科技革命不确定性的
　　　　需要 ………………………………………………………… 119

　第三节　现代技术风险整合规避的现实困境 …………………… 120

　　一、技术发展的自主性 ………………………………………… 120

　　二、现代技术风险整合规避主体的虚位 ……………………… 122

　　三、主观技术风险的无形性 …………………………………… 123

　　四、现代技术风险整合规避的时滞性 ………………………… 124

　　五、技术利益博弈的复杂性 …………………………………… 125

　　六、国际技术治理体系的不完善 ……………………………… 126

第五章　现代技术风险整合规避的全面主体和全过程管理 ……… 129

　第一节　提高科技管理主体的风险决策和管理水平 …………… 129

　　一、做好技术预见工作 ………………………………………… 129

　　二、进行科学的技术决策 ……………………………………… 131

　　三、加大技术评估力度 ………………………………………… 135

　　四、加强技术监督检查 ………………………………………… 136

　第二节　强化科技研发主体的科研责任 ………………………… 137

　　一、从科技研发源头预防技术风险事件 ……………………… 138

　　二、增强科技研发主体的生态责任 …………………………… 139

　　三、增强科技研发主体的伦理责任 …………………………… 139

　第三节　增强技术应用主体的社会责任 ………………………… 141

　　一、依法依规进行技术产品生产 ……………………………… 141

　　二、协调处理好经济利益与社会利益、生态利益的关系 ……… 143

三、进行"负责任的技术创新" ………………………………… 144

第六章　现代技术风险整合规避的主要手段 ……………………… 146

第一节　理念变革——现代技术风险整合规避的价值先导………… 146

一、摒弃不合理的技术价值观…………………………………… 146

二、坚持谨慎的技术乐观主义…………………………………… 149

三、强化技术风险意识…………………………………………… 150

第二节　技术转向——现代技术风险整合规避的内生动力………… 151

一、技术生态化…………………………………………………… 152

二、技术人文化…………………………………………………… 154

三、技术艺术化…………………………………………………… 155

第三节　制度规范——现代技术风险整合规避的制度保障………… 158

一、加大政策引导………………………………………………… 158

二、完善法律规制………………………………………………… 159

三、规范决策程序………………………………………………… 161

第四节　伦理规约——现代技术风险整合规避的伦理选择………… 163

一、建立伦理监督委员会等责任监管机构……………………… 163

二、制定责任伦理规范指南和守则……………………………… 164

三、加强对技术研发应用的伦理规约…………………………… 166

第五节　风险沟通——现代技术风险整合规避的文化与
　　　　心理路径 ………………………………………………… 167

一、充分发挥风险沟通的多向交流作用………………………… 168

二、创新风险沟通的形式………………………………………… 171

三、建立风险沟通的信任关系…………………………………… 172

第六节　国际治理——现代技术风险整合规避的必然选择………… 173

一、充分认识技术风险国际治理的必要性……………………… 173

二、做好技术风险国际治理重点环节工作……………………… 175

三、构建技术风险治理人类命运共同体………………………… 177

第七章　现代技术风险整合规避的运行机制 …………………… 180

　第一节　现代技术风险规避手段的整合路径………………… 180

　　一、客观风险因素与主观风险因素规避的整合 …………… 181

　　二、技术转向与制度规范的整合…………………………… 183

　　三、政府、专家和社会公众意见的整合 …………………… 184

　　四、伦理规约与法律制度的整合…………………………… 187

　　五、国内治理与国际治理的整合…………………………… 189

　第二节　现代技术风险整合规避的运行协调机制…………… 192

　　一、技术风险的公平分配…………………………………… 192

　　二、技术责任的明确界定…………………………………… 195

　　三、技术利益的综合协调…………………………………… 197

　　四、技术权力的均衡配置…………………………………… 199

附件:公众科技风险态度调查问卷 …………………………… 205

参考文献 ……………………………………………………… 212

后　记 ………………………………………………………… 221

引　言

一、课题研究背景

笔者选择《现代技术风险的系统学审视》作为研究课题,主要是基于以下三方面原因:一是当前全球正处于风险社会的大背景;二是防范化解重大风险是当前我国的重要任务;三是笔者对技术风险研究有深厚的兴趣。

(一)当前全球正处于风险社会的大背景

自 20 世纪 50 年代以来,科技飞速发展,社会急剧变革。学者们从不同的视角对当今社会阶段进行分析,先后提出了"后工业社会"、"信息社会"、"电子社会"、"后现代社会"、"消费社会"等概念来分析当前社会阶段,都试图从自己的专业视角来捕捉这个变幻莫测的社会。自 20 世纪 80 年代以后,在科技发展和全球化极大地改变我们生活的同时,与以前阶段相比,出现了频次更高的风险事件,如苏联切尔诺贝利核事故、英国疯牛病事件、美国挑战者号航天飞机失事、东南亚金融危机、中国"非典"事件、美国金融危机、电脑勒索病毒全球扩散、网络暴力、中国问题疫苗事件等。面对这些频次更高、影响范围更广、破坏性作用更大的风险事件,学者们思考,当前社会是不是处在了一个"风险社会"的大背景? 当今时代的风险与过去相比,是不是有了新的特点?

的确,我们今天既需要面对一些因自然原因而引发的自然灾害风险,但更多需要面对的是我们人类通过技术手段自己制造出来的风险。其中,一些是科技当前正处于发展过程中,因发展不完善原因而引发的风险。如人工智能技术是当前科技界关注的焦点,人工智能技术可应用于各行各业,引起社会变革,在某种程度上是一种颠覆式技术创新。但是,人工智能在"颠覆"社会的

1

同时,其引发的风险也不容小视。如机器替代人的工作而引发的失业风险、机器在某些方面超越人而引发的公众担忧、机器人被沙特政府授予公民地位而引发的人文困境等,引发了"人工智能将把我们带向何处去?"的思考。另外,也存在一些技术的不当甚至不法使用而引发的风险事件。如中国"长春长生"假疫苗事件。生产和注射这些疫苗本是一项成熟的技术,大家只要按程序操作,风险很小。但是,一些不法商人为了自己的一己私利,违法违规,置技术规程于不顾,最后引发大规模的技术风险事件,给人民财产造成巨大的损失甚至威胁到了其生命健康。

与以前社会阶段相比,当今社会风险无处不在。一方面,由于我们对自然的改造力度日益加大,人类的生活范围更广、社会生活更加丰富,形形色色的客观社会风险也日益增多。应该说,技术风险是社会风险当中的一种重要风险,因技术发展引发的风险事件时有发生;另外,技术风险是其他社会风险的重要原因。其他各式各样的社会风险或多或少打上了技术的"烙印"。另一方面,由于我们的生活水平日益提高,精神文化生活日益丰富,我们所感受到的"主观风险"也日益增多。过去物质贫乏时代,我们更在乎的是如何吃饱穿暖,有时为此冒一点风险也在所不惜,而今天,我们生活在一个富足的社会,更大程度上在乎的是我们的生命健康。因此,我们对技术风险(特别是因新兴科技发展而引发的生命健康风险)更敏感、更在乎了,风险意识更高了,我们所"观察到的风险"也日益增多了。因此,当今风险社会的风险,是一种客观存在的"实体风险"与我们主观感受到的"虚拟风险"的综合体。本报告所指的"现代"主要是就当代风险社会语境而言的。

(二)防范化解重大风险是当前我国的重要任务

就我国当前经济和社会发展来说,防范化解重大风险是当前我国三大攻坚战之一。当前我国经济转型期的风险较多,如群体性事件风险、地方债务风险、金融风险、生态风险、腐败风险等无一不威胁到人们的正常生活,而因科技研发和应用引发的风险事件更加不容小视。

当今社会是一个技术社会,社会公众的日常生活、生命健康均与技术"捆绑"在一起,"技术风险无小事",因技术引发的风险事件都是"大事情",需要引起我们高度重视。如人工智能技术已经在悄无声息地改变我们的产业结构、就业方向，影响我们的生活。而这些风险有的是你已经觉察到了的，有的可能还是你根本没有觉察到的。转基因食品正在慢慢进入我们的生活，转基因食品与传统食品相比，个别优势非常明显，但转基因食品究竟有没有风险？风险有多大？这是一个技术专家们存在较大意见分歧的问题，也是我们社会公众热切关注的问题。特别是核技术的风险，这是当前政府部门之间、专家意见之间以及技术专家与社会公众之间意见最"断裂"的事情。可以说，2011 年日本福岛核事故颠覆了我们的核技术时空观和价值观。2011 年之前，中国相关政府部门规划在湖南桃花江、江西彭泽和湖北大畈等地建设内陆核电站，做了大量的前期工作。可以假设，要是没有日本福岛核事故，中国这些内陆核电站可能都已建立起来。但是日本福岛核事故以后，中国政府相关部门及时调整了中国的核安全战略，明确提出近期内"暂停审批和建设内陆核电站"，至于未来政策会如何走向，也不得而知。可以说，政府相关部门科技政策的调整是对日本福岛核事故的一种回应，也是对社会公众利益的一种关切和保护。但是，这一政策调整无疑也留下了一些"后遗症"，打乱了地方政府的发展部署，甚至给核电企业和地方政府背负了巨额债务，还有可能引发局部的利益冲突，也考验了我们政府部门的后续决策。应该说，这是一个如何通过制度规范和政府科学决策来规避技术风险的典型案例。因此，技术风险事关政府、企业和社会公众等多方利益，防范化解技术风险是我们防范化解重大风险的重要内容。

（三）笔者对技术风险研究有浓厚兴趣

笔者 2000 年完成博士学位论文后，总感觉到研究意犹未尽，这正如笔者在博士学位论文后记中所写的，"博士学位论文的完成是我博士学习阶段的终点，同时也是我学术探索旅程的起点"。当时，明显感觉到对"技术风险的生成与规避"这一主题还没有研究清楚、透彻，还存在一些问题和疑惑，还需要继续深入思考、研究。主要问题包括三个方面：一是感觉对现代技术风险的多元形成机理、各种技术风险规避手段的整合机制没有研究透彻。在技术风险的形成过程中，各种因素是如何发挥综合作用的；在技术风险的规避过程中,如何整合发挥各种规避手段的作用,以达到风险规避的理想效果等这些方面没有理解透彻。二是感觉在博士学位论文写作中对现代技术风险的客观形成和主观建构研究相对深入,而对现代技术风险的规避措施则研究较少,特别是对政府管理部门应该采取哪些政策措施来规避风险研究较少,很多技术风险规避措施需要加大笔墨进行探讨。三是博士学位论文中一些观点没有解释清楚,比如说法律法规和制度程序在技术风险形成中究竟起了多大的作用,这些措施对于规避技术风险的作用又有多大?技术责任伦理在技术风险规避中作用何等重要?带着这些问题和疑惑,笔者在申报国家社科基金时,就选择从系统学和整体论的视角,申报了"现代技术风险的多元形成与整合规避机制研究"这一课题,期待以后更加深入和有重点地研究、分析这一问题。

在课题研究过程中,笔者始终把握从系统学和整体论研究的视角来分析问题,做到更加深化和有重点地进行研究。始终围绕"现代技术风险的系统分析"、"现代技术风险的多元形成机理"、"现代技术风险的整合规避机制"等几个关键点来做文章,既突出系统学整体视角的审视,又选择一些重点内容进行深入阐释。当然,对博士学位论文中一些已经论述较清楚的观点,比如说技术风险的内在形成等,研究报告中不再赘述。

二、研究现状述评

(一)自 1998 年以来相关研究成果的定量分析

为了从定量分析视角更为精准地了解课题研究现状,课题组以"技术风险"为主题词,在中国知网进行精确匹配检索和可视化分析,检索文献来源共1401 篇。由于课题研究内容归属于人文社科领域,同时为了确保分析的权威性,我们遴选了自 1998 年以来发表在 CSSCI 期刊上的 241 篇论文作为数据源进行统计分析,得出如下结果。

如图 0-1 所示,近 20 年来以"技术风险"为主题的相关研究论文数量总体呈上升趋势,2007—2015 年研究成果最多,说明学术界对"技术风险"研究的关注度总体呈现增长趋势,这与实践活动中技术风险事件的爆发频度增加有着密切联系。

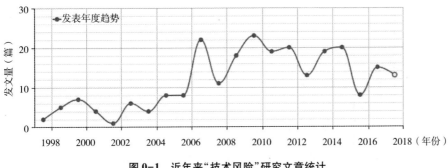

图0-1　近年来"技术风险"研究文章统计

从这些有关"技术风险"研究论文的发文机构分布来看,能够看出,重庆大学、西安交通大学、苏州大学、华南理工大学等单位的相关发文量较高,说明这些高校对同类主题的研究较为深入,成果涌现较为突出(如图0-2所示)。

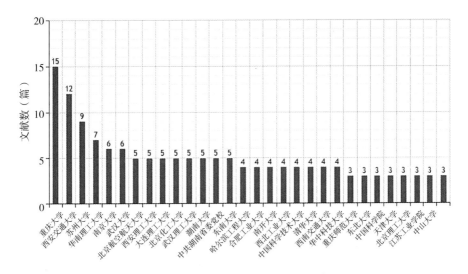

图0-2　"技术风险"研究发文机构分布

从"技术风险"研究内容的发文作者分布来看,以"技术风险"为主题的学术作者包括孟卫东(重庆大学)、黄波(重庆大学)、李宇雨(重庆大学)、毛明芳(中共湖南省委党校)等(如图0-3所示),这也与图0-2的发文机构分布规律基本相互对应。

对"技术风险"研究论文的关键词进行分析可以看出,关键词主要集中于

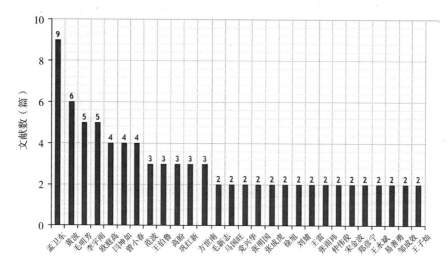

图0-3 "技术风险"研究发文作者分布

"技术风险"、"风险"、"风险社会"、"风险投资"和"风险评价"等内容(如图0-4所示),同时也涵盖了包括伦理、技术、认知等多重视角,体现了相关研究的全面性和多元性。

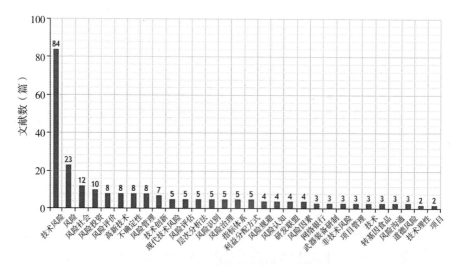

图0-4 "技术风险"研究关键词分布

另外,课题组以相近研究主题"科技风险"作为检索词,检索文献来源共896篇,同样我们遴选了其中发表在 CSSCI 期刊上的 142 篇文章作为数据源

进行统计分析,得出如下结果:

对"科技风险"研究关键词共现分析,能够看出,其大体呈现为三个主要研究领域,分别包括以"科技保险"、"科技风险投资"为主要关键词的两个经济管理领域,以及以"科技政策"、"科技发展"、"风险治理"等为主要关键词的政策研究领域(如图0-5所示)。

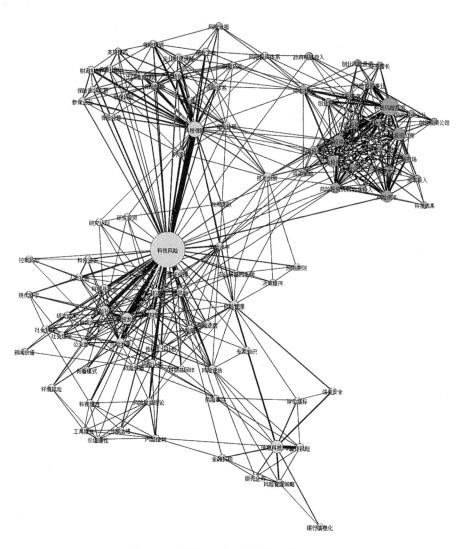

图0-5　"科技风险"研究关键词共现分析

对"科技风险"研究学科分布进行分析可以看出,相关研究主要集中于"经济与管理科学"、"基础科学"与"社会科学"等领域(如图0-6所示)。

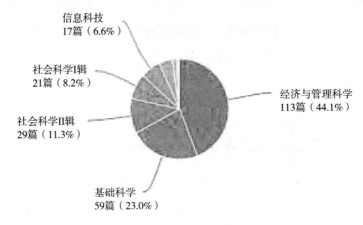

信息科技
17篇(6.6%)

社会科学I辑
21篇(8.2%)

社会科学II辑
29篇(11.3%)

经济与管理科学
113篇(44.1%)

基础科学
59篇(23.0%)

图0-6 "科技风险"研究学科分布

(二)自2010年以来主要研究成果及观点综述

关于风险社会和技术风险的国际、国内研究综述,笔者已在2010年写作博士学位论文时作了大量介绍。这里重点介绍自2010年以来有关技术风险研究成果及重要观点。2010年,英国学者彼得·泰勒-顾柏(Peter Taylor-Goo-by)和国内学者张秀兰合作主编了"社会风险治理经典译丛",共翻译了《重构社会公民权》、《社会科学中的风险研究》、《新风险 新福利:欧洲福利国家的转变》、《风险的社会放大》、《风险的社会视野:风险分析、合作以及风险全球化》等五本译著,全面介绍国外风险社会研究(包括技术风险)的最新成果。国内一批学者也出版了一批有关技术风险研究的专著,发表了大量相关论文。也有学者对当前技术风险的研究现状作过综述性研究(闫坤如,2017年论文《技术风险的研究嬗变及其研究趋势探析》)。当前,国内技术风险研究主要集中在如下几个领域。

第一,现代技术风险及其产生原因。

对这一问题研究的代表性专著和论文有:《风险的社会动力机制——基于中国经验的实证研究》(张乐,专著,2012年)、《当代风险社会——基于哲学存在论与复杂系统论的研究》(郭洪水,专著,2015年)、《风险治理与和谐社会构建——风险感知视角下科技决策面临的挑战及优化研究》(孙壮珍,专著,2017 年)、《专家与公众的风险感知差异》(王娟、胡志强,论文,2014 年)、《技术风险的成因机制研究——基于技术使用不确定性的分析》(缪成长、萧玲,论文,2017 年)、《技术风险认知主体的心理动力机制分析》(徐旭,论文,2018 年)等等。代表性观点包括:

张乐在其 2012 年出版的专著《风险的社会动力机制——基于中国经验的实证研究》中,深入探讨自然灾害、安全生产事故、食品安全事故、群体性事件四类突发事件的风险社会动力机制。并认为,风险因其生成和传导的复杂社会过程需要复合的风险治理方案,风险沟通是其中的核心环节,而有效沟通必须建立在信任的基础上,恢复和重建公共信任才是风险治理的政策归宿。

郭洪水在其 2015 年出版的《当代风险社会——基于哲学存在论与复杂系统论的研究》中指出,现代技术和资本的结合是造成风险异化、进而塑造当代风险社会的主要原因。技术资本主义深度重构了全球时空,演变成为赌场资本主义。当代风险是一种系统性存在,其扩散具有累积效应、乘数效应、温室效应和回飞镖效应等。

孙壮珍在其 2017 年出版的《风险治理与和谐社会构建——风险感知视角下科技决策面临的挑战及优化研究》中指出,社会公众对技术风险的感知既基于客观事实,又存在很大程度的主观建构性。并且,公众对一些技术风险的忧虑和抵制给科技决策造成了一定的挑战。她分析了造成这种挑战的时代背景,并以个案研究和社会调查为基础,分析了造成这种挑战的重要原因,最后提出了应对这种挑战的政策建议。

缪成长、萧玲在其 2017 年发表的论文《技术风险的成因机制研究——基于技术使用不确定性的分析》中指出,技术使用不确定性与技术风险之间主要是因果关系,前者是因,后者是果。

徐旭在其 2018 年发表的论文《技术风险认知主体的心理动力机制分析》中指出,技术风险认知是人们对相关技术风险信息的处理过程,其很大程度上取决于人们对技术风险的心理因素。研究技术风险认知的主体心理既要从心理角度把握其心理构成要素和风险判断机制,又要考虑技术的复杂性和技术环境的变化。

第二,现代技术风险的治理对策。

近期有关现代技术的治理对策研究的代表性作品有:《论现代技术风险冲突及其综合治理》(欧庭高、巩红新,论文,2015 年)、《技术风险感知视角下的风险决策》(闫坤如,论文,2016 年)、《费耶阿本德多元文化共存理论与现代技术风险的规避》(陈君,论文,2013 年)、《论技术风险的国际治理》(赵洲,论文,2011 年)、《文化视野下的技术伦理风险防范》(刘莹莹,硕士学位论文,2014 年)、《多维视野下技术风险的哲学探究》(王世进,博士学位论文,2012 年)、《技术风险背景下责任伦理的社会建构研究》(李敏,硕士学位论文,2012 年),《技术风险的伦理反思》(肖光,硕士学位论文,2011 年)、《核技术风险的伦理反思》(冯景秋,硕士学位论文,2012 年)、《"克隆人"技术风险评价与伦理问题研究》(刘阳,硕士学位论文,2012 年)、《关于纳米技术的社会认知及风险研究》(魏绮芳,硕士学位论文,2010 年)、《NBIC 会聚技术风险及其规避研究》(代华东,硕士学位论文,2013 年)等等。主要代表性观点如下:

欧庭高、巩红新 2015 年在其论文《论现代技术风险冲突及其综合治理》中指出,从现代技术的安全性角度提出,从综合治理的角度来看,需要采用多管齐下和标本兼治的现代技术风险治理方法,即转变技术方向、扩大风险沟通以及完善风险分配。

闫坤如 2016 年在其论文《技术风险感知视角下的风险决策》中指出,技术风险具有客观实在性和主观建构性,技术风险是基于客观实在性和主观建构性的二阶函数,基于风险感知基础上的风险决策必须兼顾技术风险的客观性和主观建构性才能保证其合理性和科学性。

陈君 2013 年在其论文《费耶阿本德多元文化共存理论与现代技术风险的规避》中指出,我们可以通过相应的技术改革、制度创新以及心理沟通来避免由现代技术所产生的风险。

赵洲 2011 年在其论文《论技术风险的国际治理》中指出,运用国际法方面的有关基础原则和规范,初步构建了技术风险全球治理机制的具体要素和内涵,为形成公正而有效的技术风险全球治理机制进行了有益探索。

第三,新兴科技的风险研究。

当代对新兴科技的风险研究主要集中在信息技术、核技术、纳米技术等,代表性观点如下:

张成岗等人在其2018年论文《信息技术、数字鸿沟与社会公正——新技术风险的社会治理》中,对3104个中国青年群体样本的技术产品使用状况进行了调研,得出的结论是,信息通信技术的扩散存在结构性差异,使用电视的时间分布最为均衡,使用电脑的人群分布差异性最大。应当充分考虑新技术扩散可能导致的社会风险,推动技术产品的均衡分布,预先化解社会风险。

刘松涛在其2016年出版的专著《纳米技术的伦理审视:基于风险与责任的视角》中,以高技术风险与风险社会的关系作为立论基础,提出纳米技术发展的最大问题就是其风险的不确定性。因此,强化各伦理主体的责任意识,建立风险共担且责任明确的责任体系。

欧阳恩钱在其2016年出版的专著《风险社会视阈下核灾害预防制度研究》中,依据我国的实际情况提出强化我国核灾害预防制度建设的建议,即必须深刻认识到风险的实在论与建构论并存的特点,并且,应重点从风险的建构论出发,针对"文化的风险"构建与完善具体的制度。

宋艳等在其2017年论文《核电站项目公众风险感知的影响因素》中指出,负面情绪正向影响公众风险感知水平,而信任反向调节负面情绪与风险感知的关系;信息获取对于信任有显著正向作用,而对于负面情绪的作用不明显。

孙壮珍、宋伟在其2016年论文《谣言对技术风险的社会放大——以核技术风险谣言为例证》中,结合两起核技术风险谣言的案例,分析了风险谣言对于技术风险放大的影响作用。

三、研究的意义与方法

(一)研究的意义

1. 研究的理论意义

在博士学位论文中,笔者已对技术风险研究的理论和现实意义进行了描述,指出:技术风险研究可以从理论上丰富风险社会理论研究,可以进一步开阔科技哲学的研究视野。确实,风险社会和技术风险研究是当前学术界的理论热点之一。但是,可以毫不避讳地说,这一领域的话语权基本被国外学者所掌握,中国学者所做的工作主要是进行国外专著的翻译和推介工作。这一工作对于我国技术风险研究迅速与国际接轨,提高研究水平很有帮助。但是,如何将国际风险话语体系与中国实际相结合,引导国际国内学者更多地研究中国的实际风险问题,彰显风险社会和技术风险研究的中国特色,形成这一研究的"中国学派",在国际风险领域研究中占有一席之地,是我们当前和下一步研究需要考虑的问题。此研究更多地注重将风险社会理论、技术哲学理论及风险管理理论与中国当前的技术发展和技术风险实际相结合,用理论来分析中国当前面临的实际技术风险问题,并提出风险规避的对策建议。期待此研究成果及笔者后续的研究能为形成"中国特色的技术风险研究"尽一点绵薄之力。

2. 研究的实践意义

与笔者博士学位论文相比,此研究报告侧重于研究现代技术风险的整合规避机制问题。以当前人工智能技术、核电技术和转基因技术为例,研究政府科技管理部门、科技研发主体(科研单位和科研人员)及技术应用主体(企业)等科技主体如何在现代技术风险的整合规避中发挥各自作用,并提出了理念变革、技术转向、制度规范、伦理规约、风险沟通和国际治理等现代技术风险整合规避的手段。特别是,重点研究了制度规范和政府科学决策在技术风险整合规避中的重要作用。期待通过此研究,为政府部门进行相关风险技术的决策,找出学理依据,提出中肯建议,提高他们科技决策的科学性、公开性和有效性。当然,此研究报告也可以作为技术风险宣传推介的科普读物,为提高公众的科技素养、减少他们的科技担忧和科技恐惧服务。

（二）研究方法

本研究报告综合运用了哲学、系统学、社会学、管理学、政治学、文化学、心理学等学科知识来分析,其研究方法的特色主要体现在以下几个方面。

1. 系统分析方法

课题报告在立足科技哲学专业背景的基础上,运用系统学的方法来分析现代技术风险的系统学特征、多元形成机理及整合规避机制,侧重于对现代技术风险进行整体审视。

2. 案例分析方法

为增强理论的说服力,本研究报告精选了人工智能技术、核电技术及转基因技术等作为案例进行分析,并对分析角度进行了合理布局。对于人工智能技术,重点分析其技术的不确定性和未来可能引发的风险类型;对于核电技术,重点分析技术风险事件的影响及政府科技决策过程;对于转基因技术,重点分析公众风险感知的变化及做好风险沟通工作的主要措施。特别是,针对国人广泛关注的2018年7月发生的长春长生疫苗事件,本研究报告将其补充作为一个常规技术的风险事件案例,运用风险理论进行分析阐释,并提出了杜绝类似事件的对策建议。

3. 问卷调查和分析方法

为做好本次课题,增加理论阐释的说服力,做好理论论述与实证研究的结合,本课题组根据研究的内容,精心设计了"公众科技风险态度调查问卷",通过问卷网对1573名调查对象进行了问卷调查,了解到了大量的第一手资料(问卷调查情况将在后面内容重点介绍)。

4. 实地调研方法

为了解利益攸关方对核电技术、人工智能技术、转基因技术等技术风险的真实态度,笔者多次赴湖南桃花江核电站、人工智能科研机构和企业、食品生产企业等进行调研,并多次与相关领域专家进行座谈,咨询专业人士意见。特别是,搜集了大量有关核电技术第一手资料,了解到了当前内陆核电站的规划情况、当地公众对内陆发展核电技术的真实态度,当地政府的意见及采取的措施等,这些可为我们进行核电技术的科学决策提供参考。

四、创新点和不足之处

(一)创新点

与笔者博士学位论文和其他人研究成果相比,可能有如下创新点。

1. 研究视角的创新

从系统学的视角来分析现代技术风险问题,重点研究现代技术风险的系统组成和系统特征、多元形成机理及整合规避机制等内容,从宏观的视角来审视现代技术风险问题,提出现代技术风险整合规避的思路和对策。

2. 理论观点的创新

(1)现代技术风险是一个风险系统,是由客观因素与主观因素,生态风险、社会政治风险和人文风险,研发风险、产业化风险和应用风险等不同的风险分类和组合构成,具有典型的整体性、动态性、复杂性和涌现性等特征。

(2)现代技术风险具有复杂的多元形成机理。技术价值观、科技自身、体制机制、社会文化等各种因素在现代技术风险的形成中发挥了各自的作用。研究清楚这一作用机理,对于我们采取整合性的风险规避措施,非常有意义。

(3)技术价值观是影响现代技术风险形成的价值预设。本研究报告通过对1573名调查对象的问卷调查发现,对未来技术发展持乐观、谨慎和悲观态度的人,其对人工智能技术、核电技术和转基因技术等的风险感知是不同的,呈现出递增的态势。通过对1573名受访者的调查发现,对未来科技发展持乐观、谨慎和悲观态度的人,其认为当今社会的风险总体增加了的比例分别是62.0%、68.9%和81.1%,呈递增趋势;而认为当今社会的风险总体降低了的比例分别为12.1%、7.8%和3.8%,呈递减趋势(如图0-7所示)。因此,本研究报告提出,技术理念变革是现代技术风险整合规避的价值先导,要摒弃不合理的技术价值观、坚持谨慎的技术乐观主义和强化技术风险意识。

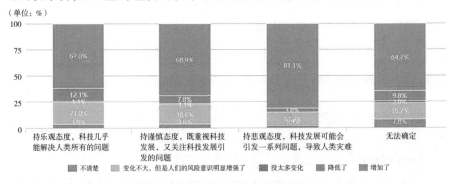

图0-7 调查对象技术价值观与其社会风险总体感知的关系

（4）政府科技决策应该是建立在全面掌握公众科技风险态度基础上的决策,应是政府部门、专家和社会公众协商一致的决策。过去,一些有关科技发展及技术风险的决策主要建立在专家意见的基础上,没有很好地吸纳社会公众参与进来,不利于这些政策的执行、落地。

（5）要建立现代技术整合规避的运行协调机制,重点做好技术风险的公平分配、技术责任的明确界定、技术利益的综合协调和技术权力的均衡配置等工作。

（6）在原有技术哲学、社会学、文化学和心理学等理论分析的基础上,引入整合风险管理理论、全面风险管理理论和风险治理理论来分析现代技术风险的整合规避机制问题。明确提出,现代技术风险的整合规避就是指对技术风险的全方位、全过程、全覆盖的规避。

（7）通过问卷调查结果分析,发现了一些创新性观点,这些观点与西方风险社会理论的主流观点并不完全一致。

第一,公众认为风险程度最高的技术是转基因技术、食品药品加工技术等与生命健康息息相关的技术。而对于未来可能重塑我们的生活、不确定性很高的人工智能技术,政府决策相对较为谨慎的核电技术等,公众则不太关心。通过对 1573 名受访者的调查,每人只选一项你心目当中风险最大的技术,39.80% 的人认为当今社会风险最大的技术是转基因技术、基因编辑技术等现代生物技术,26.26% 的人认为是食品药品加工技术,14.88% 的人认为是人工智能技术,8.26% 的人认为是核电技术(如图 0-8 所示)。可见,跟社会公众的饮食、健康相关的转基因技术、基因编辑技术和食品药品加工技术被大多数

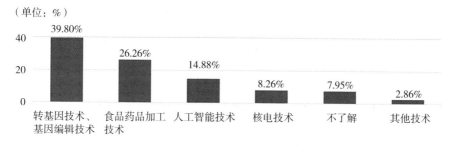

图 0-8　调查对象认为风险最大的技术(限选 1 项)

公众认为是未来风险最大的技术。这一结果也可以从调查问卷中得到印证，76.73%的人认为，转基因技术和食品对人类健康有害。

第二，中国技术专家在社会公众心目中地位较高，社会公众对技术专家和政府管理部门存在一种比较信任的关系。这与贝克、吉登斯等风险社会学家批判的西方技术专家形象相异。通过对调查问卷结果分析得知，86.39%的调查对象认为，技术专家对新兴科技风险的评估意见可以信赖、基本可以信赖和一般信赖，认为技术专家对新兴科技风险的评估意见不可以信赖的仅为8.01%（如图0-9所示）。而在西方国家，社会公众对技术专家的信赖程度偏低。

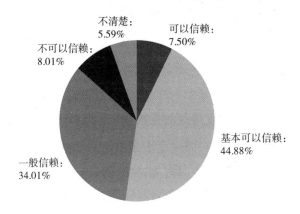

图0-9　调查对象对技术专家新兴科技风险评估的信赖程度

第三，中国技术专家有较高的技术风险意识，对技术的熟悉程度也并不必然影响其技术风险感知。根据西方风险社会理论，技术专家对前沿科技领域较为熟悉，"对科技知道的越多，生产出来的风险就会越少"，具有相对较低的风险意识。课题组通过对174名高校科研院所和企业专职科研工作者（占受访群体的11%）的问卷调查发现，科研工作者群体对技术风险的感知与普遍公众相比，并没有明显的差异，有时甚至对某些技术的风险意识还要高。

3. 研究方法的创新

如前面"研究方法"部分所指出的，本研究报告综合运用问卷调查和分析方法、实地调研方法、案例分析方法等来分析现代技术风险问题，这是三种创新的研究方法。另外，还采用哲学、系统学、社会学、管理学、政治学、文化学、心理学等多学科的理论来研究现代技术风险问题,是一种多学科聚焦研究的方法。

（二）不足之处

第一,当前,技术飞速发展,新兴科技引发的风险日益增多,研究难以适应这种新兴科技风险急剧变化的新形势,难以进行更加深入、细致的研究。

第二,课题组在进行研究时,尽力围绕"系统"、"多元"、"整合"等核心词汇从系统学视角进行审视,但部分研究还有待进一步深化。

五、问卷调查情况

为高质量地完成本次课题研究任务,做到理论论述与实证研究的结合,2018 年 5 月,本课题组根据研究的内容,精心设计了"公众科技风险态度调查问卷",其目的是在全面了解公众的风险认知和风险态度的基础上,分析现代技术风险的多元形成机理,在此基础上提出技术风险规避的对策,为政府科技管理部门决策服务。在设计调查问卷时,在不改变问题原意的情况下,尽可能减少学术术语的使用,使语言通俗化,为社会公众所接受。调查问卷共分被调查者基本情况、技术风险情况、技术风险形成和认知情况、技术风险管理措施等四方面内容。问卷在"问卷网"以网络调查的形式进行,调查对象主要为湖南省的社会公众（包括在外地工作的湖南人）,共提交有效调查问卷 1573 份。调查对象基本情况（如性别、年龄、职业、年收入及受教育情况等）将在图 0-10

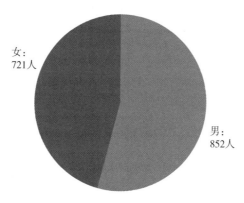

女：
721人

男：
852人

图 0-10　调查对象的性别情况

至图0-14中展示。为全面了解相关情况,课题组将这些调研情况穿插在报告中进行介绍和分析。本研究报告有关调查情况图表及数据均根据研究需要在"问卷网"上进行设计、计算,并直接从"问卷网"导出,以确保数据资料的真实、可靠。

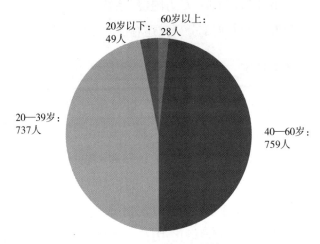

图 0-11 调查对象的年龄情况

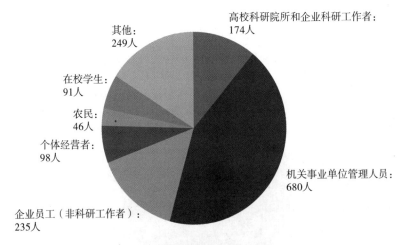

图 0-12 调查对象的职业情况

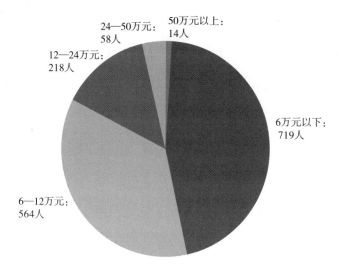

图 0-13　调查对象的年收入情况

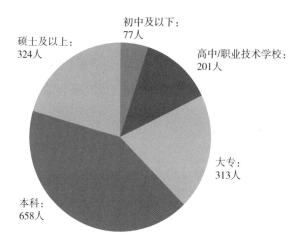

图 0-14　调查对象的受教育情况

第一章　风险社会语境下的现代技术风险

本研究报告所指的"现代"主要是就风险社会语境而言的。现代技术风险与传统技术风险相比，呈现出许多新特点，这与当今时代的风险社会语境密切相关。本章将重点介绍风险社会、风险社会的技术解读及现代技术的风险考量——以人工智能技术为例，探讨现代技术风险的内涵与特点。

第一节　风险社会

本研究报告所称的现代技术风险，就是指当代风险社会语境下的技术风险。因此，在探讨现代技术风险之前，需要对风险社会做一个理论阐释。

一、风险社会释义

风险社会既是人类社会进入工业社会后以风险明显增多为特征的一个新社会发展阶段，也是一套描述和解释这一社会发展阶段的新的叙事方式，或者说是一套理论体系。确实，现在大家可以明显感受到，与 20 世纪 80 年代相比，当前社会的总体风险状况明显增加了。调查组对当今社会的风险状况与 20 世纪 80 年代的风险状况进行了对比调查、研究。在被调查的 1573 人中，1062 人（占比 67.51%）认为当今社会的风险确实增加了，297 人（占比 18.88%）认为当前社会的总体风险变化不大，但人们的风险意识增强了。两者相加合计为 1359 人，占比 86.39%。138 人（占比 8.77%）认为当今社会的风险降低了，还有 17 人（占比 1.08%）认为当今社会的风险没有太多变化。

贝克在其 1990 年写成的《从工业社会到风险社会——关于人类生存、社

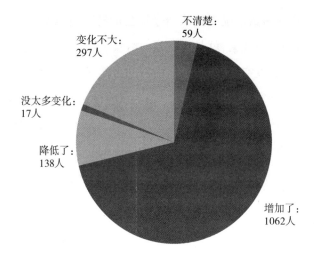

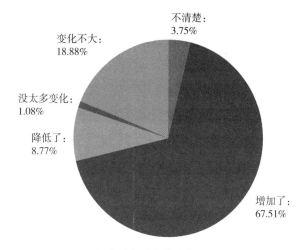

图 1-1 调查对象对当前社会风险的总体评价

会结构和生态启蒙等问题的思考》一文中指出，"风险"一词最早可追溯到人类社会的早期，至少是与工业化社会同步。在他看来，人类社会的每个阶段都存在程度不同的风险，只是当代风险社会阶段的风险程度更加加剧了。"人类历史上各个时期的各种社会形态从一定意义上说都是一种风险社会。"①

———————————

① ［德］乌尔里希·贝克：《从工业社会到风险社会——关于人类生存、社会结构和生态启蒙等问题的思考》，王武龙译，载薛晓源、周战超主编：《全球化与风险社会》，社会科学文献出版社 2005 年版，第 60 页。

当然,贝克在大多数情况下是从当今社会的特定阶段和独特性质来阐述风险社会的。所谓风险社会,就是指在当前科技进步和全球化背景下,人类对自然和社会改造的力度空前增强,从而引发的自然和社会风险也空前增大,并可能威及人类生存和发展的一种社会形态。风险社会也称全球风险社会或世界风险社会。贝克认为,人类社会的发展阶段或发展特征是与社会现代化过程紧密相关的,或者说是以现代化的特征为标志的。到目前为止,人类的现代化过程大体经历了前现代(Pre-Modernity)、现代(Modernity)和反思的现代(Reflexive-Modernity)等三个阶段,与这三种现代化相匹配的社会阶段或社会特征分别是前工业社会(Pre-Industry Society)、工业社会(Industry Society)和风险社会(Risk Society)。在他看来,工业社会的人们生产和分配的主要是财富,而在风险社会阶段人们生产和分配的主要是风险。风险社会是与反思的现代化联系在一起的。所谓反思的现代化,在贝克看来,是指后现代条件下,对引发人们担忧、恐惧与焦虑的种种现代化过程与条件的审视与反思。所以,风险社会在一定意义上就是人们对社会本身的检讨与反思。

在风险社会,风险生产和分配的逻辑逐渐占社会的主导地位,取代古典工业社会财富生产分配的逻辑。他指出:"在古典工业社会中,财富生产的'逻辑'统治着风险生产的'逻辑',而在风险社会中,这种关系就颠倒过来……风险生产和分配的'逻辑'比照着财富分配的'逻辑'(它至今决定着社会——理论的思考)而发展起来。占据中心舞台的是现代化的风险和后果,它们表现为对于植物、动物和人类生命的不可抗拒的威胁。"[①]因此,在贝克看来,工业社会的核心问题之一是财富分配,人们要努力改善财富分配的不均衡,实现财富分配的公平正义;而风险社会的核心议题之一是风险和伤害的分配,我们必须尽量做到风险和伤害分配的公平正义,杜绝一部分人利用权力来破坏风险的均衡,让一部分人承担更大的社会风险。

贝克还认为,风险社会不仅仅是现代社会发展阶段的典型特征,更是现代社会发展的一个以风险和伤害分配为典型特征的社会阶段。"作为一种社会

① [德]乌尔里希·贝克:《风险社会》,何博闻译,译林出版社 2004 年版,第 6—7 页。

理论和文化诊断,风险社会的概念指现代性的一个阶段;在这个阶段,工业化社会道路上所产生的威胁开始占主导地位。"①"工业社会被淘汰的另一面是风险社会的出现。这个概念指现代社会中的一个发展阶段,在这一阶段里,社会、政治、经济和个人的风险往往会越来越多地避开工业社会中的监督制度和保护制度"。②

当然,贝克同时也认为,风险社会与工业社会并非是泾渭分明的社会发展阶段,相反它们之间的划界是模糊的。他指出:"在一个建构主义的时代中,想要在现代性(我更愿意称之为第一次工业现代性)和世界风险社会(或称第二次反思现代性)之间划出一条界线的想法显得很天真甚至是矛盾的。在建构主义的框架中,没有人能够界定或宣称什么是真的'是'或'不是'。但这并不符合我的经验。"③

当然,也有学者认为,风险社会不是一个独立的社会发展阶段,而是当今时代或社会的重要特征。"风险社会作为一个概念并不是历史分期意义上的,也不是某个具体社会和国家发展的历史阶段,而是对目前人类所处时代特征的形象描绘"。④ 从这个意义上说,风险社会就是一套风险社会叙事方式,一个风险社会理论体系,或者说一个对当今社会典型特征进行分析的研究视角。

二、风险社会的特征

贝克、吉登斯等人提出的风险社会理论之所以能产生如此大的影响,当今社会之所以称之为风险社会,其根本原因在于这一理论符合当今的社会现实,

---

① 〔德〕乌尔里希·贝克等:《自反性现代化——现代社会秩序中的政治、传统与美学》,赵文书译,商务印书馆 2004 年版,第 10 页。

② 〔德〕乌尔里希·贝克等:《自反性现代化——现代社会秩序中的政治、传统与美学》,赵文书译,商务印书馆 2004 年版,第 8—9 页。

③ 〔德〕乌尔里希·贝克:《再谈风险社会:理论、政治与研究计划》,载〔英〕芭芭拉·亚当等编著:《风险社会及其超越:社会理论的关键议题》,赵延东等译,北京出版社 2005 年版,第 320 页。

④ 杨雪冬:《风险社会理论述评》,《国家行政学院学报》2005 年第 1 期,第 87—90 页。

描述了当今社会客观存在的风险现状。这本身就说明了当今社会的风险与传统工业社会的风险相比,有了新的风险种类、形式、特点和作用方式。

首先,出现了新的风险种类。当今社会之所以称之为风险社会,就是因为出现了风险量的增加。这表现为传统风险的存量没有减少,还出现了新的增量,出现了新的、影响更大的风险。当前,传统工业社会的风险种类依然存在,如环境污染、贫富分化、种族歧视、极权统治等等,并出现了新的风险种类,如美国的"9·11"事件,亚洲金融危机,中国的 SARS 事件,世界各地频繁发生的恐怖袭击、颜色革命、核爆炸和核污染,美国、加拿大和印度等地大范围停电,越来越具有破坏力的计算机病毒等都是过去未曾出现的新的风险形式。当然,这些新的风险种类多与科技发展有关,如金融风险。金融是现代经济的重要组成部分,但在现代信息技术的支撑下,金融发生风险的概率和机制都发生了明显变化,金融风险进一步演变为金融危机的可能性明显增强。2008 年开始的美国金融危机从危机原因、特点和影响作用来看,都与过去金融危机有明显区别。再如,转基因技术的风险是大家非常关注的新风险形式。在传统农业社会,人们利用天然种植技术来获得收成,满足生产生活需要,在工业社会,人们开发出了杂交技术,一定程度上打破了依靠自然力进行配种繁殖的规律,提高了农作物产量,风险也不是太大;但在当代风险社会,人们开发出来了转基因技术,可以在基因层面人为控制动植物的繁衍。基因技术对现代农业的变革性影响不容小视,它可以提高农作物的抗病虫害能力、提高农作物产量、改变农作物的耐环境性,还可以打破物种之间的优势利用界限。但是,转基因技术到底是否有风险,风险程度有多高,这是一个当前理论界存在较大争议的问题,也是科技界和社会公众存在较大意见分歧的问题。从调查数据来看,社会公众对转基因技术这一新的技术形式大都持担忧甚至恐惧态度。在被调查的 1573 位受访者中,76.54% 的人认为转基因技术的风险较大或很大,其中,认为转基因技术风险很大的占 44.12%。只有 0.51% 的人认为转基因技术没有风险。

其次,社会风险具有了新的特征。贝克不仅是一位社会学家,也是一位制度学家,他从制度学的角度审视当代社会风险,认为当今社会风险有了新的特

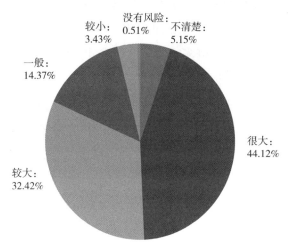

图1-2　调查对象对转基因技术风险的认知

征。一是风险的巨大破坏性。一旦风险事故发生,后果将不堪设想。贝克指出:"工业社会运行机制自20世纪中期以来开始发生微妙变化,一项决策可能毁灭地球上的所有生命,仅此一点就足以说明当今时代与人类历史上的任何时代都有着根本区别,已经呈现出从工业社会向风险社会过渡的种种迹象。"①二是风险的科技化。当今风险社会是科技武装起来的风险社会,其风险具有了科技化的特征,单纯的天然风险已经很少,各种经济、社会、文化、政治和生态风险都打上了科技的烙印。三是风险的全球化。在现代通信和交通技术的影响下,风险具有了全球化的特征。四是风险的不可控性。当今风险社会的风险与过去相比,具有了快速扩散和演变的特点。五是风险的人为性。当代社会风险有了更多的人为制造与决策生成的特征,即使不是人们故意制造出来的,也是人们无意过失的产物;即使也存在少量的纯粹天然风险,但大多以人为制造的风险为主。

再次,人们的风险意识和忧患意识显著增强了。风险既是一种客观存在,也是一种主观感知,是一种人的风险和忧患意识。人们对风险的感知受多个

---

① ［德］乌尔里希·贝克:《从工业社会到风险社会——关于人类生存、社会结构和生态启蒙等问题的思考》,王武龙译,载薛晓源、周战超主编:《全球化与风险社会》,社会科学文献出版社2005年版,第59页。

因素的影响,其中最重要的因素是人们对风险的熟悉程度。如果出现的是一种新的风险形式,人们会感到陌生、担忧和恐惧,这无疑会增强人们的风险意识。当前,由于社会出现了许多新的风险形式,传统风险也在全球化等因素的影响下具有了新的特征,因此,人们的风险意识空前增加了。通过问卷调查发现,1573 名受访者中,297 名(占比 18.88%)受访者认为,当今社会的风险并没有增加,但人们的风险意识增加了,感受到的风险增多了。这与一些风险文化理论学者的观点不谋而合。风险文化理论学者认为,风险社会的形成不是由于客观风险增加了,而在于人们感受到的风险增加了,人们的风险意识增强了。斯万·欧维·汉森认为,风险社会的形成是人们对风险的聚焦程度增加了,对社会进行分析的角度变换了,是"指在一个社会,人们用'风险'这个概念来描述和分析社会问题。在这个意义上,我们确实远比以前更生活在一个风险社会里。"①玛丽·道格拉斯和威尔德韦斯认为:"在当代社会,风险实际上并没有增多,也没有加剧,相反仅仅是被察觉、被意识的风险增多和加剧了。"②他们认为,实实在在的风险并不重要,风险社会的核心是风险文化,当今时代正处于风险社会向风险文化转型的时期。要防范和化解风险,就需要加强风险文化的作用,改变人们的风险意识和风险文化。应主要采用环境保护、绿色运动等"亚政治运动"来防范和化解风险。风险治理论学者艾瓦尔德也认为:"风险本身不是问题,现实中不存在风险。"③

最后,风险社会并不意味着危险比过去社会增多、增大了。风险只是一种发生危险的可能性,风险最终是否会演变为危险,在很大程度上取决于人的决定和行为。风险社会是一个令人不安的社会,我们每天坐在"活火山"上,同时,风险社会也是一个我们有能力把握命运、改变命运的社会。我们完全有能力把握机遇,变风险为机会,改变自己的命运。正如吉登斯所指出的:"同以

---

① [瑞典]斯万·欧维·汉森:《知识社会中的不确定性》,刘北成译,《国际社会科学杂志(中文版)》2003 年第 1 期。

② 李惠斌主编:《全球化与公民社会》,广西师范大学出版社 2003 年版,第 291 页。

③ 杨雪冬等:《风险社会与秩序重建》,社会科学文献出版社 2006 年版,第 4—5 页。

前存在的社会秩序形式相比,一个风险社会,其内在的危险性或危害性并不更大。"①

三、风险社会的本质

与传统工业社会的风险相比,当今的社会风险又有了新的形态与特征。过去,由于人类的力量弱小,改造自然的程度低,我们推崇一种崇拜自然、畏惧自然的态度,很多时候我们在自然灾难面前束手无策。特别是面对特别严重的自然灾害时,我们更多担心的是自然将会把我们怎么样,担心自然是否会将我们带入灾害的深渊,那时的风险主要是指随时可能发生并且人类很少能找到防治措施的洪、旱灾害,瘟疫以及饥饿等。由于人类改造自然力量的弱小,对自然灾害的无助,总是希望找到一种超自然的力量来控制自然。于是,人们寄托上帝、神祇和命运等来消解这种担忧和恐惧。今天,情况就不完全一样了,我们有了现代科技的强大力量,我们几乎是"攻无不克、战无不胜","我们开始很少担心自然能对我们怎么样,而更多地担心我们对自然所做的。这标志着外部风险所占的主导地位转变成了被制造出来的风险占主导地位"。②可见,在风险社会阶段,风险的主要形态已从"自然对我们的风险"变成了"我们对自然的风险"。吉登斯认为,现代风险在本质上是一种"被制造出来的风险",是技术发展的不确定性被经济、政治、文化、伦理和宗教等社会因素放大了的结果。用他的话来说,所谓被制造出来的风险,指的是由我们不断发展的知识对这个世界的影响所产生出来的风险,是指我们并没有多少历史经验的风险。"大多数环境风险,例如那些与全球变暖有关的环境问题就属于这一类"。③ 他同时指出:"我们生活在这样的一个社会里,危险更多地来自于我们自己而不是来源于外界。其中一些可以说是大灾难,比如全球性的环境危机、核裂变和全球经济崩溃。其他一些则对我们中的一些个体造成威胁,比如食

---

① ［英］安东尼·吉登斯、［英］克里斯多弗·皮尔森:《现代性——吉登斯访谈录》,尹宏毅译,新华出版社2001年版,第195—221页。
② ［英］安东尼·吉登斯:《失控的世界》,周红云译,江西人民出版社2001年版,第23页。
③ ［英］安东尼·吉登斯:《失控的世界》,周红云译,江西人民出版社2001年版,第22页。

物、药品甚至婚姻。"①

贝克也认为，风险社会的产生在其本质上是"有组织地不负责任"（organised irresponsibility）的结果。他认为，政府主管部门、企业和技术专家等结成利益联盟，"有组织地"策划和制造了当今社会的风险或危险。并且，他们可以把自己制造的危险转化为风险，建立一套话语体系来推卸责任，造成一种有人制造风险或危险而无人被追责的局面。

确实，在当前风险社会阶段，已很少存在纯天然的自然风险，即使是生态灾难，也或多或少有些人为的原因。全球气候变暖就是人类工业化发展、排放过多温室气体的结果；水、旱灾害也可找到人为因素的影子。如 2018 年 8 月山东寿光发生的特大水灾，既有天灾的因素，但在更大程度上可能是"人祸"的原因。光明网以《山东寿光水灾有多少值得追问的"人祸"因素》为题发表评论。② 确实，这次水灾有自然的原因。受"温比亚"台风的影响，山东寿光各地连降暴雨，雨量之大，是历年所少见的。但是，造成重大水灾的直接原因则是弥河流域上游冶源水库、淌水崖水库、黑虎山水库三个水库先后泄洪，造成弥河流域河水猛涨，河堤溃决，沿岸多个村庄河水倒灌，居民房屋、农田和工厂被淹。作为河流削峰截流、以丰补歉的重要水利工程，水库在关键时刻却成了水灾的"帮凶"，使当地老百姓雪上加霜，损失惨重。试想，如果天气预报能够预测精准些、相关管理部门能够提前调度，早日放空水库库存水量，早日转移人员和财产，则可能不会造成如此损失。因此，即使是今天的天灾，也或多或少地打上了"人祸"的烙印，加大了灾害损失。

第二节　风险社会的技术解读

一、技术社会是一种风险社会

"技术社会"这一词汇是由法国哲学家埃吕尔提出的用以描述当今社会

---

① ［英］安东尼·吉登斯：《失控的世界》，周红云译，江西人民出版社 2001 年版，第 31 页。
② 王乐畴：《山东寿光水灾有多少值得追问的"人祸"因素》，光明网，2018 年 8 月 22 日。

典型特征的重要概念。在埃吕尔看来,在技术日益昌明、技术对社会生活的影响日益广泛的今天,再用"资本"这一词来描述当今西方国家的社会现状,已不太合时宜。"商品是以资本系统来定义的,而今天,资本系统已经被技术系统所吞食"。① 资本因素和技术因素相互影响,资本因素受技术因素的控制,处于"第二"的位置。当然,在埃吕尔看来,技术不应该被定义为狭义的自然技术,而应是广义的技术。技术就是人类掌握的具有绝对效率的各种方法的总和,涉及自然、社会和人文的方方面面的手段和方法,都是技术的范畴。因为技术的概念如此广泛,技术对社会的作用范围也是无比广阔,那么当今社会在一定意义上就是一个技术社会了。

在埃吕尔看来,作为社会重要组成部分的技术,具有自主发展的特征。技术发展具有内在的自身规律,它不受人类意志的影响。相反,人类的很多行为在一定程度上受到技术的影响。从总体上看,貌似我们在控制技术,但实际上是技术控制人。这种技术的"不受控制"和对人的影响和控制自然就孕育着风险。

特别是自20世纪50年代以来,技术的工具理性日益扩张,其价值理性则相对势微。技术对社会的影响范围越来越广,同时,技术带给人们的除了物质条件的极大改善以外,还包括资源的短缺、环境的恶化、社会贫富差距的拉大、人的心理失衡和创造性缺失,人们日益感觉到自己生活在一种不确定性甚至恐惧当中。对于技术发展到底会带给我们一个怎样的世界,我们担心甚至恐惧,可以说,这在一定程度上意味着人类社会进入了风险社会。当代风险社会在一定程度上也是一个自己制造麻烦的社会。美国科学哲学家布赖恩·斯温也指出:"我们的星球面临着许多的麻烦:技术发明的后果是产生了5万枚核弹头;工业化经济导致了各大洲的生态灭绝;财富和服务的社会分配产生了1亿贫困而饥馑的众生。一个无可争辩的事实是:人类作为一个物种,正处于可怕的境地。"②

---

① 转引自乔瑞金主编:《技术哲学教程》,科学出版社2006年版,第123页。

② 〔美〕大卫·格里芬编:《后现代科学——科学魅力的再现》,马季方译,中央编译出版社2004年版,第66页。

因此,技术是风险社会产生的重要原因。吉登斯认为:"风险社会的起源可以追溯到今天影响着我们生活的两项根本转变。两者都与科学和技术不断增强的影响力有关,尽管它们并非完全为技术影响所决定。第一项转变可称为自然界的终结;第二项,传统的终结。"①在吉登斯看来,自然界的终结和传统的终结两项根本性转变都与科技的发展密切相关。自然界的终结,主要是指由于现代技术的发展和变迁,人类社会方方面面都受到技术的影响,技术主宰了人类社会,不受技术影响的天然自然已经非常少了。过去,我们更多担心的是"自然界的暴力",担心自然界对人类的影响,担忧人类在自然灾害面前束手无策;现在,我们更多担心的是我们人类对自然界的影响,由于人类的改造,已使自然变得越来越脆弱,自然界越来越难以承载人类社会的发展。所谓传统的消失,就是指我们人类不再听天由命,不再随意受自然力量和神秘力量的摆布,而是自己主宰自己。科学技术引发的两项根本转变在一定程度上意味着人类社会进入了风险社会。所谓风险社会,意味着因科学技术和工业化发展而产生的风险和威胁已在社会占据主导地位,影响人们的工作和生活。

二、技术风险是风险社会的主要风险

当代社会的风险,既有天然的自然风险,也有因技术发展而引发的风险,并且主要是因技术发展而引发的风险。因为在当今社会,人类的生活范围逐渐扩大,全球各地都留下了人类的脚印,纯粹的天然自然已经很少,所以纯粹的自然风险也很少。当代社会是一个技术的社会,我们生活在技术产品的包围之中;技术发展所酝酿的巨大风险是当今社会的典型特征。当然,技术风险也是当今社会的主要风险。贝克指出:"随着现代科技的发展,生产效率的提高,财富分配和不平等问题得到了有效的改善,但是人类面临着新出现的技术性风险,如核风险、化学产品风险、基因工程风险、生态灾难风险等。"②可以说,技术是塑造当今社会的主导力量,也是引发当今社会风险的主要力量,技

---

① [英]安东尼·吉登斯、[英]克里斯多弗·皮尔森:《现代性——吉登斯访谈录》,尹宏毅译,新华出版社2001年版,第191—192页。

② [德]乌尔里希·贝克:《风险社会》,何博闻译,译林出版社2004年版,第23页。

术风险是当今社会的主要风险类型。不仅传统的技术存在风险,而且高新技术也存在更大的风险。

就传统技术发展而言,我们日常生活中的一切技术都或多或少存在着风险。在工业文明时代之前,人类掌握的技术有限,对自然的改造力度不大,给自然界留下的废物也不多。但是,今天我们的吃、穿、住、行都与技术有关,也增加了风险事故发生的概率。我们吃的不再是纯天然的食品,而大部分是经过人类加工的食品。在食品中添加"添加剂"成了一种惯常做法。这种做法可以改变食品品质,增加食品口感。但是,因食品添加剂的滥用而导致的风险事件不时发生。过去,人们穿的服饰多以从自然界提取的原材料直接加工而成,对人类身体的损伤相对较小,但现在,当我们的服饰中过多添加化学成分后,导致皮肤过敏的情况时有发生。过去,我们大多住的是低矮平房,今天,随着城市化的推进,我们很多人住进了城市高楼大厦,这无疑增加了生活当中的风险。比如说,当前高层住宅因电梯质量问题而引发的风险事故时有发生,增加了生活的不确定性。过去,人们在普通公路上行驶,发生交通事故的概率相对较低;今天,高速公路提高了人们的出行速度和效率,但也同时增加了发生交通事故的概率。可以说,风险与技术存在着一种互为因果的关系,随着技术的进步,风险也相应增加;而随着风险的增加,用来解决风险的技术也会随之而诞生,因此解决日常问题的常规技术也是一种风险技术。

高新技术发展的风险就更大了。人工智能技术是当今高新技术发展的典型代表。人工智能技术引发的风险问题也越来越引起我们的担忧。人工智能可能会在某些方面超过人。比如说,人类大脑记忆有遗忘,但人工智能不会遗忘;人类要学会一门新技术,可能要花较长时间,但人工智能可能几分钟就能完成这一过程。人工智能发展的方向就是无限度地接近人,这也引发了一系列问题。未来人工智能把人类的工作都做了,人类去做什么? 脱离人类控制的人工智能完全独立思考、自主生活,会是个什么样子? 人工智能本身就是一架机器,但是沙特阿拉伯政府却授予这台人工智能机器以公民地位,引发了业界的担忧。我们不禁要反问:人工智能机器也能被授予公民地位,那人与机器的区别究竟在哪里? 当今社会类似这样的高新技术风险问题还有很多。

三、技术风险与其他社会风险相互影响

在当代风险社会,技术风险与经济风险、社会政治风险、生态风险和人文风险等相互影响,构成了一个错综复杂的风险网络。

从当前社会发展来看,技术变革对产业发展和劳动力市场的影响可能比全球化的影响还要大。在信息技术、数字技术、生物技术和物理技术等的整合驱动下,第四次工业革命不仅加剧现有的技术风险,而且可能引发新的技术风险。过去,人工智能技术对制造领域的影响作用很大,越来越多的工业机器人代替生产线上的工人,生产工人面临越来越大的失业风险;现在,随着人工智能技术的日益进步和成熟,这一技术正在向人类的一些"创造性领域"进展,对于非制造领域劳动力市场的破坏性作用正在加速,越来越多的服务业岗位上的劳动力正在被机器人所代替,越来越多的人陷入无事可做的失业状态。"2013 年牛津马丁学院预测,47%的美国就业岗位存在被自动化取代的较高风险。2015 年,一份麦肯锡报告指出,公司 45%的劳力工作已经可以实现自动化。"[1]

信息技术发展扩大了公民政治参与的空间,增加了他们自由表达自己意志和权利的机会,他们可以通过网络自由地发表自己的见解,主张自己的权利,维护自己的利益,对管理部门进行监督。但是,这种网络技术带来的"自由"也不容小视,一些极端主义者利用网络技术传播快、网络空间监管难的现状随意发表极端观点、误传信息、传播仇恨,甚至煽动闹事,给政府管理部门制造事端。正如有学者所言,"近代以来的科技现代化进程使风险异化为危险,这正是导致当代风险社会生成的深层原因"。[2]

因此,在当前风险社会,技术风险不仅是一种重要的风险,而且是其他社会风险的重要成因。比如说,生态环境风险,在工业社会之前,我们对自然的

---

① 世界经济论坛:《2017 年全球风险报告》[EB/OL], http://doc. mbalib. com/view/2afea354d5030555c51920d3825823d9. html.2018-06-05。

② 郭洪水:《当代风险社会——基于哲学存在论与复杂系统论的研究》,中国社会科学出版社 2015 年版,第 35 页。

改造力度相对较小,这一风险的产生更多是一种自然现象;但进入工业社会后,生态环境风险已不再是单纯的自然风险,这一风险更多地打上了人和技术的烙印。吉登斯指出:"科学和技术的进步,却经常带来相反的结果。例如,全球气候变迁及其伴随的危险可能是因为我们对环境的干预造成的。它们并不是自然现象。科学和技术不可避免地会致力于防止那种危险,但是首先它们也有助于产生这种危险。"①

当代社会风险主要是人为制造的风险。自人类诞生以来,就通过技术对自然进行改造。由于人类对自然作用的日益增强,现代社会几乎找不到纯粹的天然自然,自然处处都留下了人的印记。特别是近代科学诞生以来,技术发展获得了科学的支撑,技术对自然的作用范围和作用力度都大幅增加。理所当然,因技术而引发的风险和问题也大幅增加。可以说,人类通过技术手段对自然和社会的改造与征服,是现代风险社会产生的重要原因。贝克也认为,过去和今天的风险类型已发生了显著变化,过去的风险类型多与神和自然有关;而今天的风险类型多与科学技术和其他人为因素有关。他指出:"如果我们原来关心的是外因导致的风险(源自神和自然),那么今天风险的新的历史本性则来自内在的决策。它们同时依赖于科学和社会的建构。科学是原因之一,是定义风险的媒介和解决风险的资源,并且凭借这一事实,它开启了自身新的科学化市场。"②

第三节　现代技术的风险考量
——以人工智能技术为例

在当代风险社会,技术风险既是风险社会的重要特征,还是其他社会风险的重要成因。现代技术产生风险的机制发生了变化,风险也呈现出了新的特点。本节将以人工智能技术为例,对现代技术进行风险视角的考量。

①　[英]安东尼·吉登斯:《失控的世界》,周红云译,江西人民出版社 2001 年版,第 3 页。
②　[德]乌尔里希·贝克:《风险社会》,何博闻译,译林出版社 2004 年版,第 190 页。

一、现代技术风险的内涵与特点

到底何谓现代技术风险？笔者在博士学位论文中已进行了全面阐释。"现代技术风险至少可以从以下三个角度进行理解：就技术风险所包含的内容来理解，现代技术风险包括实际的风险水平与人们对技术风险的认知两部分；从字面意义来理解，现代技术风险可理解为现代技术的风险与现代的技术风险两种内涵；从狭义与广义相区别的角度来理解，狭义的现代技术风险是指现代技术开发和应用所引发的生态、经济、社会及人文等方面的风险，广义的现代技术风险还包括技术开发与创新过程中的风险以及影响技术开发及应用的经济、政治、文化等风险。"①

因此，简单地说，现代技术风险就是指在当代风险社会语境下，因技术发展引发的未来不利影响的可能性以及人们对这种可能性的认知。显然，这里的现代是就风险社会语境而言的。当前，现代技术风险既包含技术风险的客观因素，也包括人们对这些客观因素的主观认知。既包括现代的常规技术风险（如食品药品加工技术、化学工业技术、垃圾处理技术等），也包括现代的新兴科技风险（如人工智能技术、转基因技术、基因编辑技术等）。在当代风险社会，技术风险具有了以下几个新的特点。

第一，现代技术风险的不可预测性和不可控性。在当代风险社会，技术进步飞速发展，即使是科技研发人员，也很难对未来技术的发展作出精确估计，技术发展方向呈现出很大的不确定性和不可预测性。霍金就指出："简单来说，我认为强大的人工智能的崛起，要么是人类历史上最好的事，要么是最糟的。我不得不说，是好是坏我们仍不确定。"②这延伸到社会层面，就是现代技术的不可控性。这种不可控性也导致了现代技术风险的"不可保险"。过去，如火灾、车祸、矿难等常规领域的风险都是可以预测的，也是可以保险的。但

---

① 毛明芳：《现代技术风险的生成与规避研究》，中共中央党校博士学位论文，2010年，第26页。

② ［英］斯蒂芬·威廉·霍金：《让人工智能造福人类及其赖以生存的家园》，周翔译，《科技中国》2017年第6期，第85—89页。

人工智能等现代技术风险,往往其风险性是不可预测的,也是不可保险的。这种技术风险的不可保险特性,意味着一旦发生风险事件,就需要事件相关方自己来承担风险损失,无法通过保险公司来分担。贝克指出:"今后的风险社会已经成为一个无法保险的社会。"①

第二,现代技术风险的快速扩散性。约纳斯指出:"现在技术力量的拥有和使用无法分开了。尽管二者的善意分离有时候是非常必要的。"②现代技术从研发到应用的周期非常短,基础研究、技术开发和技术的产业化应用往往同时进行。很多技术刚从实验室出来,还没有经过太严格的检验,就被推到社会当中来了,风险也迅速蔓延到整个社会当中,整个社会就成了一个"社会实验室",需要全社会来承担风险的损失,整个社会有时缺乏有效的应对策略。

第三,现代技术风险的复杂性。人工智能技术是现代技术发展的高级形态,综合了计算机科学、数学、控制论、系统论等各学科知识,这一技术系统通常设计得非常复杂。这种技术的复杂性也导致了技术产生风险的复杂性。人工智能技术广泛应用于社会各行业,一旦任何部分发生故障,智能技术的操纵者往往很难应付,后果难以预料。

第四,现代技术风险影响的全球性。当代风险社会形成的重要原因是全球化和科技的飞速发展。并且,科技发展也具有了全球化的特征,技术风险也随着全球化了。以人工智能技术为例,其研发的过程就是一个应用和产业化的过程,同时也是一个全球化的过程,人工智能技术的全球化相伴随的就是风险的全球化。

人工智能技术作为一种新兴科技的代表,其未来发展具有很大的不确定性,是一种典型的风险。

---

① [德]乌尔里希·贝克:《从工业社会到风险社会——关于人类生存、社会结构和生态启蒙等问题的思考》,王武龙译,载薛晓源、周战超主编:《全球化与风险社会》,社会科学文献出版社2005年版,第72页。

② [德]汉斯·约纳斯:《技术、医学与伦理学——责任原理的实践》,张荣译,上海译文出版社2008年版,第26页。

二、人工智能技术及其广泛应用

(一)人工智能技术的内涵和特点

人工智能(Artificial Intelligence, AI),是计算机学科的一个分支,被认为是21世纪三大尖端技术(基因工程、纳米科学、人工智能)之一。人工智能是计算机科技从"数据处理"向"知识处理"的一大进步,是"研究、开发用于模拟、延伸和扩展人的智能的理论、方法、技术及应用系统的一门新的技术科学"。其研究内容涉及哲学、计算机科学、数学、神经生理学、心理学、控制论、系统论等一系列复杂的专业性知识。①

人工智能技术是一个新兴的科技领域,由于涉及的知识较为专业,当前社会公众对人工智能技术这一前沿科技并不太了解,社会公众对其风险性的认识也不是很足。相反,科研工作者对这一技术风险的感知程度要明显高于其他行业人员。对1573名调查对象的调查结果表明,仅23.71%的人了解人工智能技术,67.96%的人不太了解这一技术,8.33%的人不了解这一技术(见图1-3)。当然,调查对象对人工智能技术的风险认知也不是太高,大部分调查对象认为人工智能技术风险不是太大。仅15.38%的人认为人工智能的风险很大,分别有38.14%、34.27%的人认为人工智能的风险较大和一般(见图1-4)。但是,在调查对象中,高校、科研院所和企业科研工作者对这一技术的风险感知最为敏感,他们当中认为人工智能技术风险很大、较大的比例分别为20.1%、44.3%,明显高于其他职业(见图1-5)。这就表明,一般社会公众与科研工作者对人工智能技术的风险感知存在较大差异,这应该与人工智能技术在科研工作者心目中的高度不确定性有关。

经过六十多年的高速发展,当今社会的人工智能技术出现了一些新的特点。

首先,从人类知识转变为大数据知识。在人工智能技术诞生和发展的初期,其发展和应用一直受到人类知识的局限。随着计算机技术的崛起,汇集了

---

① 志刚:《什么是人工智能》,《大众科学》2018年第1期。

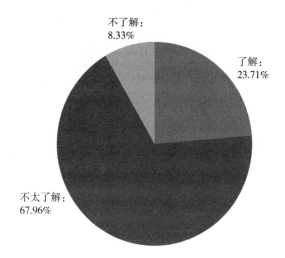

图1-3 调查对象对人工智能技术的了解程度

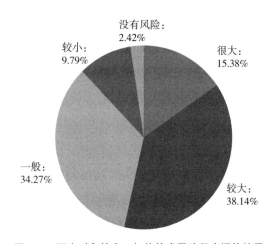

图1-4 调查对象的人工智能技术风险程度评估结果

各行各业知识精粹的大数据知识为人工智能技术提供了强有力的支持。尽管大数据知识十分驳杂,但其数量与质量都远胜于人类知识,通过现今的高度发达的计算机技术来优化、处理过后的大数据知识已经成为人工智能技术的基石。医院的专家系统从数以万计的病例中分析出患者最适合的治疗方式,淘宝、天猫等购物网站通过分析客户的购物喜好、心理需求等因素向其推送智能推荐大大提升了客户的购物享受。可以说,正是因为大数据知识的应用,人工

（单位：%）

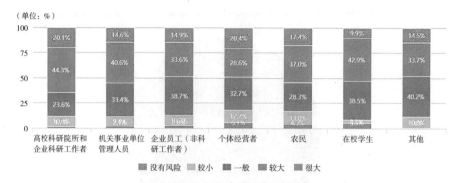

图1-5 调查对象的职业与人工智能技术风险认知的关系

智能技术从单一的机器人研究领域拓展到了各行各业，并得到了更为广阔的发展空间。

其次，从人类学习转变为深度学习。人工智能技术的发展在21世纪有了一次革命性的变革。在此之前，人们从数理逻辑、仿生学、控制论这三种研究方向对人工智能进行了深入的研究，并取得了丰硕的成果。但在20世纪末，人工智能遭遇了滑铁卢。人脑的运作方式这一关键性问题难以解决，人工智能技术的研究一度陷入瓶颈。因此，科学家们另辟蹊径找寻了一个新的方法来研究人工智能技术，即深度学习。深度学习是机器学习的一个新的领域，其原理在于通过把现实问题转化为数学模型，建立一个模拟人脑神经网络的学习体系，通过分析大量的大数据知识来找到解决问题的途径。① 相比人脑来说，机器处理数据更有效率，储存的数据不会混淆与模糊、数据来源范围更加宽广等一系列优点，进一步摆脱了人脑的局限，使其解决问题更为方便快捷。可以说，深度学习的诞生与应用是人工智能发展史上的一次里程碑式的突破，从根本上转变了人工智能的研究方向与方法。这一技术从人类主体转化为机器主体，克服了人脑思维的局限，增加了人类的认知能力，提高了解决问题的效率。毋庸置疑，深度学习是当今乃至未来很长一段时间内引领人工智能技术发展的核心技术。

---

① 《深度学习》［EB／OL］，https：//baike.baidu.com/item/%E6%B7%B1%E5%BA%A6%E5%AD%A6%E4%B9%A0/3729729？fr＝Aladdin.2018-06-20。

再次,从机器人转变为智能系统。自1956年达特茅斯会议提出"人工智能"这一概念以来,人们通过电影、电视等媒体了解到的人工智能往往局限于机器人这一形象。因此,在很多人心目中,"人工智能＝机器人"。随着人工智能技术的不断发展,这一传统认识已不符合人工智能技术发展现实。当今社会,人工智能技术已经从单一的机器人技术扩展应用到人类生活中的各个领域,并占有至关重要的地位。看病有专家系统、购物有推送系统、出行有定位导航系统等等,人工智能技术凭借其自身的优越性与便捷性彻底扭转了以往人们心目中的机器人形象。总的来说,人们每时每刻在各行各业都在使用人工智能技术,其作为人们享受便利生活的重要工具,早已不是一个机器人技术可以代指的了。

(二)人工智能技术的广泛应用

人工智能技术的研究方向主要是机器人、智能系统及人工智能衍生技术。作为与人们密切相关的尖端技术,这三种技术在人们生活中都有着广泛的应用。

机器人技术作为人工智能最早的研究方向却因人脑运作方式过于复杂而搁浅,发展几乎停滞不前。现今社会的机器人材料昂贵,技术尖端,因此大规模的民用普及是不现实的,而用于科研与军事用途的机器人却比比皆是。外太空采集、深海打捞、排雷等任何不适合人类活动或者过于危险的环境一般都有机器人的身影。坚固的合金外壳,封闭式系统再加上人们的操控完全可以适应各式各样复杂的情况并很好地解决问题。

智能系统与人们生活息息相关,应用最为广泛的是人工智能技术。医院的专家系统、网购的推送系统、出行的定位导航系统、金融行业的数据统计系统、自选超市系统等智能系统已经融入人们工作生活中的各个领域。看病、选择困难、交通、交易、购物等一系列问题都得以妥善的解决,极大地便利了人们的衣食住行等各个方面。

衍生技术是在人工智能研究过程中将某一部分技术提取出来,独立进行研究,对人们生活也有巨大影响的技术。目前,前景最为光明的衍生技术是自动驾驶技术、识别技术、虚拟现实技术。自动驾驶汽车是目前技术相对成熟、可望较快实现普及的人工智能的衍生技术,特斯拉、谷歌等企业都已具备生产成品自动驾驶汽车的能力,只待解决一些法律与伦理方面的问题,自动驾驶汽车即可呈现在人们面前。识别技术包括人脸、视网膜、虹膜、指纹等识别技术,这一技术未来可应用于各类公共场所,在身份识别、寻找目标对象、打击犯罪等方面有着非常重要的价值。虚拟现实技术是未来技术的一种雏形,该技术的理论已经日臻完善,但从技术角度来看还暂时无法完美实现。可以想象,在未来社会"身临其境"一词将会成为历史。

三、人工智能技术引发的主要风险

从本体论来看,技术风险具有客观实现性,是技术本身固有的,是不可完全避免的。"所有的技术都蕴含风险,在某种程度上都是风险技术"。① 作为当代新兴科技前沿的人工智能技术不同于普通技术,其未来发展的不确定性很高,可能引发的风险也是不可预测的。社会公众对人工智能技术的未来发展最担心的是:人工智能技术及其广泛应用可能被不法分子利用,人工智能技术一旦出现故障,后果将不堪设想。1573 名受访者中,978 人担心人工智能技术可能会被不法分子利用,787 人担心人工智能技术一旦出现故障,后果将不堪设想。可见,公众更担心的是人工智能技术的未来不确定性。1573 名受访者中,只有 566 人关心人工智能技术会替代人类常规劳动,导致大规模失业;522 人担心人工智能技术会进一步引发分配不公。社会公众对人工智能技术的人文风险倒不是太担心。401 人担心人工智能技术可能会反过来控制人类;303 人担心人工智能技术导致人与机器的区别越来越小,人的人格和尊严丧失(统计数据如图 1-6 所示)。下面将从经济风险、社会风险和人文风险三个角度来论述人工智能技术的主要风险。

(一)社会政治风险

从前面的调查结果可以看出,社会公众对人工智能技术的社会政治风险是比较关注和担忧的。1573 名受访者中,62.2%的人(978 人)担心人工智能

---

① 毛明芳:《现代技术风险的生成与规避研究》,中共中央党校博士学位论文,2010 年。

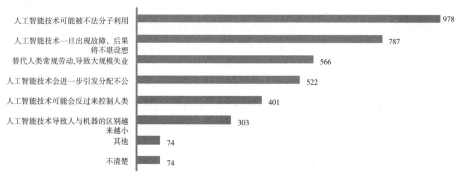

图 1-6　人工智能技术未来的风险状况

技术可能会被不法分子利用,用来危及人类;50%的人(787 人)担心人工智能技术的不确定性太高,未来风险太大,一旦出现故障,可能引发世纪灾难,后果将不堪设想。可见,社会公众对人工智能的担忧主要是针对其对未来社会发展不确定性的担忧。至于其对现实生活的不利影响,社会公众倒是不太担忧。但是,人工智能技术确实在很大程度上改变了我们的生活,甚至对一部分的生活造成了严重不利影响。从某种程度上来说人工智能之所以能在当今社会得到如此长足的发展很大程度也是由于大数据的崛起来驱动的。"AI 时代,数据为王",大数据已经在各个领域中得以全面应用。但在对数据的价值开发过程中,隐私的泄露是最为突出的社会风险。各大应用、游戏、网购网站都能通过工具从各种渠道记录用户的一举一动,并通过网络工具分析人的身份信息,生活轨迹,购物喜好等一系列数据用以商业开发,更有许多网站通过售卖用户的关键数据赚取第二次盈利。在社交网络上也同样存在隐私泄露的风险,随着社交网络的兴盛,用户的隐私权在你敲下键盘那一刻就已经拱手相让了。总的来说,人们在网络中获取各种各样的便利的同时,是以让渡自己的一些个人数据为代价的。而这些数据的泄露一旦被不法分子所利用,用以窃取商业机密、伪造代表法人、注册空壳公司,那么所造成的不仅仅是经济损失,还会在社会上埋下严重的安全隐患,这也正是大部分社会公众最为担忧的风险之一。

另外,由于人工智能技术的复杂性,导致人工智能的研究主体多元化与风险的不可预知。尤其是其运转过程中处于不透明状态,由于信息不对称,外部人员很难迅速排查。又因为参与人工智能的研究人员只负责某一方面的研究,这就导致整体的查漏补缺的难度大大上升。可想而知,一旦人工智能的某一层技术引起了故障,想要在出现预兆之时就检查出问题所在往往是十分困难的。随着时间的流逝,故障会不断恶化,等到人们直观地看到症结在何处之时,人工智能已然造成强烈的社会动荡与不堪设想的后果,那时的人们所做的一切努力都为时已晚了。

(二)经济风险

人类文明史漫漫数千年,因为科技进步而造成的社会格局、经济结构的调整、变革甚至倒退都屡见不鲜。① 从小处来看,每次新兴的科技产物从诞生到普及使用是一个缓慢的过程。人工智能作为 21 世纪最尖端的科技,也必然带来一次更加高效彻底的科技革命。以工厂生产为例,自工业革命以来,人们越来越习惯流水作业生产标准化的便捷与效率。随着科技的发展,人工智能技术也被应用于工厂的流水作业,大大缩短了投入到产出的过程,降低了商品的价格,获取了大量的经济效益。但是,在面对不眠不休只需要供电充足的人工智能机器,只能每日工作 8 小时的工人完全丧失了竞争资格而被一一取代,随着机器的上岗,大量的工人将会失去工作岗位。而且人工智能所冲击的不单单只有工厂制造业,还有保洁、服务员、讲师等一系列行业也纷纷不能幸免。霍金预测,人工智能技术的兴起不仅仅会让传统的生产线工人无事可做,还有可能会波及中产阶级,最后可能留给人类的工作就是一些艺术、科学研究、高层次服务、护理和监管等创造性工作。由人工智能技术引发的失业潮将可能对世界各国的经济造成深远的影响。

(三)人文风险

尽管从社会调查结果来看,社会公众对人工智能技术的人文风险并不是太担忧。1573 名受访者中,仅 25.5%的人(401 人)担心人工智能技术可能会反过来控制人类;19.3%的人(303 人)担心人工智能技术导致人与机器的区

---

① 李开复、王咏刚:《人工智能》,文化发展出版社 2017 年版,第 151 页。

别越来越小,人的人格和尊严丧失。但是,不容否认,随着科技的日新月异,人工智能机器人的外形做得越来越逼真,尽管动作还有些迟钝,但就外表而言已达到以假乱真的地步。不仅如此,在医疗领域机器人在某种层面上已经代替了人类进行独立诊断、决策,有学者认为,在不同环境工作的机器人通过学习还会形成不同的个性。欧洲学者们给欧洲议会提交了关于"电子人格"的报告,"报告分析了是否给机器人提供作为电子人的权利,这等同于法人(的身份)。"①2017年10月,类人机器人加入沙特阿拉伯并获得国籍,这一事件标志着机器人获得了公民权、选举权等一系列人类才拥有的权利。外表与常人无异又拥有了人类独有的权利,未来还可能产生个性的这种机器人挤压了人类的生存空间,严重影响了人类心理,导致了人的尊严和人格的丧失。而且,有部分学者还在担忧,人工智能会不会有一天在悄无声息中取代人类。

人工智能可能超越人类智能。对于人工智能与人类智能的关系,物理学家霍金认为:"我相信生物大脑可以达到的和计算机可以达到的,没有本质区别。因此,它遵循了'计算机在理论上可以模仿人类智能,然后超越'这一原则。"②被誉为"预测人工智能技术最权威的人"、"奇点"理论创始人、美国未来学家雷蒙德·库兹韦尔(Raymond Kurzweil)认为,未来几十年,人工智能技术将快速发展,2010年左右将达到人脑的水平,2045年超越人脑。他创造了"奇点"理论来解释这一现象。"奇点"本是一个天体物理学术语,是指"时空中普通物理规则和理论不适用、不能解释的点"。这里,"奇点"是指人类与其他物种(物体)相互融合的点。确切来说,是指人工智能与人类智能兼容的那个点。他预测,到2045年,纯粹的人类文明将会终结。③ 未来的文明可能是一个人类文明与人工智能文明并存的文明。当然,他的这些观点受到了很多学者的批评,但也引发了全球对人工智能未来发展方向的关注。

---

① [英]斯蒂芬·威廉·霍金:《让人工智能造福人类及其赖以生存的家园》,周翔译,《科技中国》2017年第6期,第85—89页。

② [英]斯蒂芬·威廉·霍金:《让人工智能造福人类及其赖以生存的家园》,周翔译,《科技中国》2017年第6期,第85—89页。

③ [美]雷蒙德·库兹韦尔:《奇点临近》,李庆诚等译,机械工业出版社2014年版,第79—81页。

　　人工智能可能威胁人类生存。霍金对此表示忧虑:"人工智能一旦脱离束缚,以不断加速的状态重新设计自身,人类由于受到漫长的生物进化的限制,无法与之竞争,将被取代,这将给我们的经济带来极大的破坏。"①按照科技加速度规律,我们可以预见人工智能将会在未来几十年内得到长足的发展,不难设想一旦人工智能程序"进化"出人类的意识,那么我们将要面对的是一个拥有了公民的某些权利、诞生了人类性格、和人类长相相似的新的机器人群体。到那时,人与机器的界限将变得模糊不清,工具使用者与工具本身的关系将变得扑朔迷离。进一步的威胁则是一旦工作在人类各个领域的它们为了某种共同诉求联合起来向人类发起挑战,后果将难以承受。拥有意识的机器会不会寻求身为人的尊严、自由与地位? 阿莫西夫的机器人三大准则会不会被机器寻找出漏洞以达到灭绝人类的目的?《终结者》中的天网系统会不会由此诞生,人类将如何面临机器人大军? 人工智能可能是人类文明史的终结,这绝不是危言耸听。

　　人工智能可能腐蚀人类的精神世界。随着人工智能技术的高度发展,虚拟现实技术大大完善。近期电影《头号玩家》给人们描绘出了一个美轮美奂的虚拟网络世界,在这里人们可以自由自在地生活、游戏而不需要工作,远离了现实世界的烦杂与喧嚣。可以想象这样的虚拟网络世界一旦诞生将会对人们产生莫大的吸引力。而在未来,科技越来越发达,人们的生存压力越来越小,越来越多的人将会沉溺于虚拟现实技术中不能自拔。这种从精神层面上的堕落一旦无法得到遏制,人类走向灭亡仅仅只是时间问题。

---

　　① [英]斯蒂芬·威廉·霍金:《让人工智能造福人类及其赖以生存的家园》,周翔译,《科技中国》2017年第6期,第85—89页。

第二章　现代技术风险的系统学考量

现代技术风险是一种社会现象,可以从不同的视角进行考量。本章主要从系统视角来考量这一风险现象,重点分析现代技术风险的系统组成和系统性特征。

第一节　现代技术风险的系统组成

风险概念自出现以来,就成了各门学科研究的焦点对象。不同学科依据自身的学科背景提出了相异的风险概念。从系统学视角审视,现代技术风险是一个风险系统,可根据不同的分类标准,划分为不同的类型。

一、现代技术风险的客观因素与主观因素

依据风险问题研究的理论基础和主要观点可以将研究者划分为客观实体派和主观建构派两大理论流派。客观实体派主要由保险精算、毒物学和流行病学、工程学以及经济学等领域的专家学者构成,主观建构派则主要分布于心理学、人类文化学、哲学以及社会学等领域。当前,对于风险问题的研究呈现出从客观实体派向主观建构派过渡,并逐渐回归对风险概念的辩证理解的趋势。

(一)当前技术风险研究的两个流派

技术风险研究的客观实体派认为,技术风险是对"未来的客观存在"的预测和描述,不是完全虚拟的、不可捉摸的,是可以预见、度量、预防和控制的。该学派主要以客观概率(Objective Probability)来衡量技术风险的不确定性程

度,以经济利益或者说金钱为主要标准来衡量技术风险所造成的各种不利后果。风险的客观实体派主要以建立在数学计算基础上的保险精算、工程概算、流行病学和毒物学以及经济学等群体为代表。在他们看来,技术风险是一种客观存在的现象,是实实在在的风险,人们应该更多关注技术风险造成的财产损失和人员伤亡,并且将这些财产损失和人员伤亡折合成金钱标准。客观实体派用来衡量风险的标准公式就是:技术风险(R)等于伤害的程度(H)与发生的可能性(P)的乘积。并且,客观实体派认为,技术风险是可以预防和控制的,我们可以通过技术手段来预防和控制风险。

很显然,这一公式还是存在很多问题的。首先,如果将技术风险(R)定义为伤害的程度(H)与发生的可能性(P)的乘积,那么,一些发生概率特别高但伤害程度比较小的风险,和一些发生概率特别低但伤害程度特别大的风险就是小风险。显然,这不完全符合人们对技术风险的理解。比如说,飞机出事故的风险或者说发生核事故的风险等,都是小概率但一旦发生则损失特别大的风险,我们很难说这是小风险。其次,技术风险造成的损失,并不都是可以衡量的。技术风险对人们造成的财产和经济损失,一般是可以衡量的。但是,技术风险对人们精神文化和生命造成的损失,有些就是无可估价的。把文化财富和价值观都货币化,都折算为金钱,以金钱和经济利益来衡量社会的一切,这是成本—收益分析法的典型特征。显然,金钱并不能代表社会的一切,客观实体派的这一观点很容易引起大家的批评,特别是风险文化学者和风险心理学者不认同这一概念。如风险文化学者艾伦(Allen)就指出,风险是"一个多维度的概念,不能化约为概率和后果的乘积"。① 技术风险的衡量不能单纯以概率和后果的乘积来表示,而应该考虑社会文化、宗教、个体心理等方方面面的因素。因此,从 20 世纪 80 年代开始,一些学者开始关注风险的文化、心理层面,慢慢形成了一个风险的主观建构学派。

技术风险的主观建构派以风险心理学者和风险文化学者为代表,技术风

---

① [英]谢尔顿·克里姆斯基、[英]多米尼克·戈尔丁编著:《风险的社会理论学说》,徐元玲等译,北京出版社 2005 年版,第 74 页。

险的心理研究学者包括保罗·斯洛维克、伯内德·罗尔曼等。风险心理学者认为，人们对技术风险的判断、认知和管理以个人主观概率为基础，他们以主观概率（Subjective Probability）来测度和衡量技术风险的不确定性程度，其核心概念包括主观判断（Subjective Judgement）与主观预期效用（Subjective Expected Utility）等。个人主观概率与判断是个人风险认知、风险偏好与风险行为的主要依据。在技术风险的心理学者看来，"风险真实性的认定，以个人认知为基础"。[①] 一般不存在什么客观的风险概率与风险评估；即使存在客观风险的概率与评估，只有在融入个人认知中才有意义。一切不利后果的认定，均涉及个人的心理感受。

因此，技术风险心理学者主要研究人们对技术风险认知的各种途径，影响技术风险认知的各种因素，并找出提高人们风险认知水平的一些措施。应该说，在一定意义上，以主观概率来衡量和测度风险，是一种进步。过去，风险的客观实体派主要以客观的风险水平和实际造成的财产和人员损失为标准衡量技术风险，并通常制定出一套科学合理的风险评估方式。但实际上，很多时候我们发现，技术专家的技术风险评估结论往往得不到社会公众的认同，社会公众往往根据自己的文化习惯、过往经历、行为方式、主观偏好等，得出自己的风险评估结果，风险心理学者将之归结于"主观概率"，这种主观概率是不同于技术专家的"客观概率"的，是建立在个人的风险认知基础上的。如何对待这种带有个人喜好的偏见的技术风险认知，风险管理学者存在不同的观点，有学者认为，个人的"主观概率"中有一些感性甚至非理性的成分，风险管理和规避应该去除这些无法预估、不可捉摸的个人"主观概率"的影响。但大部分学者认为，技术风险的个人"主观概率"尽管有很多个人感性、偏见甚至非理性的成分，但表达的是社会公众个人的真实想法，是他们的所感、所思、所想、所悟，他们对技术风险的这种"主观概率"认知直接影响他们的行为取向、行为方式和行为过程。并且，社会是由个体组成的，个人的"主观概率"构成了社会整体的"主观概率"。因此，社会公众个体的这种"主观概率"，以个人价值

[①]　宋明哲编著：《现代风险管理》，中国纺织出版社 2003 年版，第 25 页。

为基础的对技术风险的心理感受应成为政府技术风险决策的重要考量依据。因为政策执行的受体还是社会公众,如果政府的技术风险决策仅仅以技术专家的所谓"客观概率"为依据,而不考虑社会公众个人的"主观概率",那么显而易见,制定出来的政策就可能只会更多地得到技术专家的支持,而不会得到社会公众的拥护,因为他们会觉得评估结果不真实、不可靠。因此,在技术风险研究的心理学者看来,风险真实性的认定,应以个人的风险认知为基础。①技术专家的"客观概率"尽管是客观实在的,但这种客观实在只有融入社会公众的认知中,与社会公众个人的"主观概率"相吻合,才是真正客观的风险认识,否则,就是技术专家个人的"主观概率"。如果政府仅仅以技术专家的"主观概率"为依据制定技术政策,这种政策是很难得到老百姓的认同的。

当然,技术风险研究心理学者的观点得到了一些风险文化学者的补充。在他们看来,技术风险不仅仅是社会公众个体对技术风险的认知,其实这种认知或多或少地打上了"社会群体文化"这个烙印。玛丽·道格拉斯等人认为,风险是社会结构本身具有的功能,是具有共同价值信仰、生活理念和行为方式的社会群体对风险概率作出的整体反映。因此,风险总是"集体建构物",是社会总体的产物。在他们看来,个人的风险认知对作为社会整体的风险影响较小。奥尔特温·雷恩和伯内德·罗尔曼指出:"风险指的是一种'真实'后果的潜在可能,它既是一种社会建构物,也是一种真实的再现。这喻示着风险不是一个物理实体,而是对一种当前或未来现实的含义的推论。"②因此,在技术风险的文化学者看来,技术风险不是一个客观的"风险事实",甚至也不完全是社会公众个体的主观风险认知,风险更多的是具有共同社会价值观、文化习俗和宗教信仰的社会群体对风险作出的整体反映,是一种整合了社会公众个人认知的社会群体整体认知。因此,在他们看来,对技术风险的理解,不能局限于传统的技术——经济分析的视角,不能完全以"客观概率"来测度,不能完全以经济利益来衡量,甚至也不能完全凭单个社会公众的个人认知,而应

---

① 宋明哲编著:《现代风险管理》,中国纺织出版社 2003 年版,第 25 页。
② [德]奥尔特温·雷恩、[澳]伯内德·罗尔曼:《跨文化的风险感知:经验研究的总结》,赵延东、张虎彪译,北京出版社 2007 年版,第 3—4 页。

该将对技术风险的认识放大到社会群体和社会文化的宏大视眼来考量。当然,也有一些风险文化学者在研究中走向了另一个极端,只关注风险的主观性特征,而对风险的客观实在性视而不见,甚至不承认风险的客观实在性。阿兰·斯科特指出:"风险不是一个实体,它是一种思考的方式,一种很强的人为色彩的创造物。"①因此,在他们看来,对于当前风险社会的评价,与其说是真实的社会风险的种类和数量增加了,还不如说是人们的风险意识增强了,感受到的风险越来越多了,越来越感觉到社会不安全了。

(二)现代技术风险的客观因素与主观因素

从前面的分析可以看出,风险的客观实体派与主观建构派对技术风险的认识都存在一定的局限性。风险的客观实体派从客观存在的风险事实出发,构建起了一套可准确测量和评估风险的精确模式,使超越现实、捉摸不定的风险变得越来越具有可操作性,但对所有的风险都用技术—经济的范式来衡量,遮蔽了社会丰富多彩的一面,甚至将人生的价值和意义也折算为金钱标准,不太合常理,也引起了部分社会公众的批评。风险研究的心理学者认为,技术专家的风险"客观概率"存在一定的"不客观性",是技术专家的一种"主观概率"。他们还认为,与其采用技术专家的"主观概率",还不如相信社会公众自己的"主观概率"。他们认为,技术风险是社会公众个体对技术风险事实的一种认知,个体不同,认识到的技术风险也不同。显然,风险研究心理学者的观点带有个人英雄主义的色彩。而风险研究的社会文化学者则正好弥补了这一理论缺陷,他们认为,个人的风险认知受社会文化的影响较大,相反,社会群众对某一技术风险的认知受个人的影响则相对较小。风险是作为一个整体的社会群体对"客观风险事实"的反映,带有整体性、结构性的特征。但风险研究的文化学者同样不愿意承认客观存在的风险事实,甚至认为风险都是虚拟的,是人们主观建构出来的。显然,这些观点多少都还有一定的片面性。

但是,面对当前日益增多的风险事实,有部分学者选择从客观和主观相结

---

① 〔英〕芭芭拉·亚当等编著:《风险社会及其超越:社会理论的关键议题》,赵延东等译,北京出版社 2005 年版,第 57 页。

合的角度来理解现代技术风险。认为风险既包括客观实在的一面,也包括主观认知的一面,当然,这种主观认知既包括个体的主观认知,也包括社会群体的主观认知。如罗杰·E.卡斯帕森等人认为:"风险部分是对人们造成伤害的一种客观的威胁,部分是一种文化和社会经历的产物。"①杨雪冬等学者认为,风险是"个人和群体在未来遇到的伤害的可能性以及对这种可能性的判断与认知"。②可见,技术风险是一种客观结果与主观认知的结合,既具有可计算性的特征,也具有不可计算性的特征。的确,对于一些日常出现的技术风险事故,其发生具有一定的规律性,风险概率可以计算,但对于一些发生概率很低并且造成的损失可能较大的风险故事,其风险概率就不太好计算。

因此,现代技术风险是事实判断与价值判断的综合体。如贝克认为:"我既是一个实在论者,也是一个建构论者。我可以同时使用实在论和建构论,只要这些元叙事有助于理解我们所处的世界风险社会中复杂而又矛盾的风险'本性'。"③的确,就常规技术风险事故而言,其发生的概率基本确定,大家的风险认知与"真实的风险水平"一般差异不是太大,这时的风险主要是一种客观成分。而对于一些发生概率较低,但造成的损失可能较大的风险,社会公众的风险认知可能与根据实际统计数据计算出来的"真实的风险水平"存在较大差异,这时社会公众所认识到的风险就是一种"客观概率"与"主观概率"的结合,既有依据统计数据测算出来的"客观概率",也有以社会文化和个人主观爱好为基础而形成的"主观概率"。因此,"现代技术风险是现代技术对社会公众及其所生活的环境造成不利影响的可能性以及人们对这种可能性的认知。"④可以这样说,现代技术风险由两部分组成:一部分是客观因素,即现代技术的风险事故是否发生及发生之后对人们生命健康、财产健康及环境健康

①　[英]谢尔顿·克里姆斯基、[英]多米尼克·戈尔丁编著:《风险的社会理论学说》,徐元玲等译,北京出版社 2005 年版,第 175 页。

②　杨雪冬等:《风险社会与秩序重建》,社会科学文献出版社 2006 年版,第 16—19 页。

③　[德]乌尔里希·贝克:《再谈风险社会:理论、政治与研究计划》,载芭芭拉·亚当等编著:《风险社会及其超越:社会理论的关键议题》,赵延东等译,北京出版社 2005 年版,第 321 页。

④　毛明芳:《现代技术风险的生成与规避研究》,中共中央党校博士学位论文,2010 年,第 30 页。

造成损害的客观不确定性;另一部分是主观因素,即社会公众所感受到的风险与这种"客观不确定性"的偏离,这种偏离受社会文化、风俗习惯、个人偏好和政治环境等多种因素的影响。因此,也可以说,现代技术风险是由"客观概率"与"主观概率"综合决定的。

二、现代技术的生态风险、社会政治风险和人文风险

斯科特·拉什在《风险社会与风险文化》一文中将风险分为社会政治风险、经济风险和自然风险等三大类。① 在他看来,社会政治风险主要是由于社会内部的不公平、不正常和不遵守社会制度的人所引发的,对维护社会稳定和政治安全造成不利影响的威胁;经济风险主要是指经济政策的失误可能酿成的损失以及经济发展面临的威胁等;自然风险主要是指对自然和生态系统的威胁,其主要原因在于科技发展的副作用。这里重点介绍现代技术的生态风险、社会政治风险和人文风险。

(一)现代技术的生态风险

人与自然和谐共生是生态文明社会的本质特征,也是人类社会追求的美好目标。应该说,在原始社会,由于人类对自然改造的力度较小,人与自然的关系以人类臣服于自然为主,人与自然在整体上是和谐相处的。到了农业社会,人类通过技术手段对自然进行一定程度的改造,人与自然之间出现了一些不和谐的因素,但人与自然的关系总体上还是稳定的。而到了工业社会,在科技革命的推动下,人类获得了改造自然的巨大力量,改造自然的广度和深度都发生了重大变化,有些技术已经出现了明显的生态负效应,引发了系列的生态问题;还有一些技术,尽管从当前来看,似乎还看不出明显的反生态迹象,但从人类社会发展的长远来看,可能存在一定的风险。

进一步思考,现代技术是具有天然的逆生态性的。有学者将技术定义为人类器官的延伸,这有一定的道理。人类在发展进化中逐渐感觉到,自身器官

① ［英］斯科特·拉什:《风险社会与风险文化》,王武龙译,载李惠斌主编:《全球化与公民社会》,广西师范大学出版社 2003 年版,第 298—320 页。

有一定的局限性,单凭自身器官做不成很多想做的事情。于是,为了弥补人的先天性不足,人类开发、发展技术,以扩大人的生产、生活空间,提升人的生存发展能力。在这个意义上,技术就是人类器官的延伸。而这个过程不可避免地要对自然进行改造,使自然慢慢地脱离它的"本真状态",变成人类所期待的样子,更加适应人类生存和发展的需要。因此,我们现在所生活的自然大部分是人化自然和人工自然,当前真正意义上的天然自然已经很少了。技术对自然的改造具有天然的"逆生态性"的特点,"逆生态性"是技术的天然本性。

当然,技术的"逆生态性"也可能演变为"反生态性"。如果人类对自然的改造超过一定的限度,就可能造成资源短缺、环境污染和生态破坏。例如,现代技术导致了城市和农村垃圾的增加、全球气候的暖化、雨林的消失、物种的灭绝、食物当中毒素的增多、新的改良型病毒的传播等等。甚至有学者认为,所有的技术都是"反自然"的。"所谓技术,从其出现的那天起,就是反自然的。技术……只要使自然发生某种变化,就要引起自然的破坏。因此不会有什么绝对安全的技术。"[①]比如说转基因技术,既是一种继承传统育种技术的技术,也是一种全新的基因移植技术,尽管现在还很难有证据表明其对生态环境有损害,但很多人担忧这种基因移植引起的基因漂移,可能会导致自然界出现"超级杂草",引发生态问题。

(二)现代技术的社会政治风险

当前,技术引发的社会风险主要包括社会不公、社会压力增大、社会责任感下降、犯罪率上升等。这些社会风险现象的背后,都可以找到技术的影子。以社会分配为例,掌握着知识和技术的社会精英在社会分配中处于有利的地位。社会精英凭借先进的知识、技术和管理通常能够获得企业利润的绝大部分,特别是当知识、技术和资本实现联盟时,社会精英凭借其拥有的知识和技术在资本的帮助下更容易获得有利的分配地位。当今社会越来越多的"科技富翁"也说明了技术在一定程度上可能会加剧社会分配的不公。

现代技术可能导致人们的就业压力无形增大。我们在发展技术时往往只

---

① 肖峰:《从技术的人文定位想到的》,《中华读书报》1998 年 5 月 13 日。

想到其技术效能和经济利益,而很少去顾及其社会影响。比如说,新技术导致传统产业工人失业、企业无故解雇工人以及人们面对潜在的失业危机时的担忧和恐惧。"许多人认为,新技术在消除了人类单调重复的工作的同时,却不能创造出足够的新工作来取代它们所消除的。例如,文字处理机取代了文秘人员,而失了业的文秘人员却不能在电子、机械、钢铁或铝制品等生产文字处理机的行业中找到新的职业。"①

当然,技术也可能引发政治风险。美国技术哲学家兰登·温纳认为,某些技术是"具有政治本性"的,"一项给定技术系统的采用,不可避免地会造成一种具有特定政治模式的公共关系"。② 2016 年 11 月,美国共和党总统候选人特朗普出人意料地在总统选举中获胜。事后研究表明,善用社交媒体是特朗普获胜的重要原因之一,还有一些西方媒体甚至认为,大数据运用对特朗普获胜起到了核心的作用。③ 2011 年,"阿拉伯之春"的发生,现代信息网络技术成了反政府者和示威群众联络的主要平台,这些抗议民众利用科技巨头们提供的免费社交媒体,发布各种反政府信息,联络进行示威游行,最终导致了部分阿拉伯国家的政权更替。现代信息网络技术成为反政府组织推翻政府的利器,而这正是一些西方发达国家所期待的结果。

(三)现代技术的人文风险

技术在一定程度上是人类器官的延伸。技术发展的目的是为了解放人、发展人,为了人的全面、自由发展。今天人类能够从繁重的体力劳动中解放出来,过上一种相对自由自在的生活,技术发挥了重要作用。在人类发展史上,大部分学者对技术的发展持肯定态度,但是也有部分学者对技术发展持否定态度,认为技术发展会导致人心不古、投机取巧等。最早意识到技术发展会对人类产生不利影响的是中国的庄子。他指出"有机械者必有机事,有机事者必有机心"。他认为,人类应该绝圣弃智,回归到原始的自然淳朴状态。而西

---

① [加]J.B.坎宁安:《人类对技术变化的恐惧》,禾子译,《国外社会科学》1992 年第 6 期。
② 吴国盛:《技术哲学经典读本》,上海交通大学出版社 2008 年版,第 191 页。
③ 《特朗普撼动世界背后的大数据风暴》[EB/OL],https://news.qq.com/a/20170205/008452.htm.2018-6-15。

方社会最早对科技发展持否定态度的首推启蒙运动时期的卢梭,卢梭认为过度发展的科技可能会导致人心不古、人类道德下降和人性扭曲。

虽然科技进步解决了社会发展中的经济发展及部分社会治理问题,但科技对于潜藏在人性深处的那些缺陷和局限性却无能为力,科技无法解决人生的价值和意义问题;并且,科技作为一种强大的工具,有时会适得其反,放大人的缺陷和局限性。比如现在的网络金融诈骗,一些贪婪的不法分子以现代科技为手段,肆意谋取非法利益,损害他人利益,破坏金融秩序。

以现代技术为基础的规模化流水线生产在为人们提供可以重复的标准化工作的同时,也慢慢磨灭了人们的个性和创造性。"在工业革命之前,许多人凭借从事满足个人需要的创造性工作而生活。可工业革命却用令人厌烦的、非人性化的生产流水线取代了它。"①进入工业社会以后,随着机器的应用和大规模工业化生产的推行,"技术服务于人"、"机器为人类服务"的目的受到了挑战,很多时候我们不得不陷入深思:面对日益增多的"低头族"、"手机依赖症",到底是我们在控制手机,还是我们的生活被手机控制了? 一方面,面对日益强势的技术大潮,除了适应技术发展,人类别无选择。"个体面临着一种唯一的选择,要么依据技术规则的要求去使用技术,要么就不使用技术"。②另一方面,机器(特别是智能机器)以越来越快的速度侵入人的生活领域,有日益变成人类社会主导者的倾向。人则在一定程度上变为机器的奴隶,被机器所控制。"被造物起来反抗自己的创造者,不再服从创造者。……被造物反抗造物主。"③特别是随着当前人工智能的兴起,人与机器的区别越来越小,机器越来越具有人的特性。2017 年 10 月,沙特阿拉伯授予美国汉森公司"女性机器人"索菲亚公民身份,彻底打破了人与机器之间泾渭分明的界限。如果机器也可以成为人,那么,人又是什么? 人与机器的界限到底在哪里? 并

---

① [美]小约翰·柯布:《文明与生态文明》,李义天译,《马克思主义与现实》2007 年第 6 期,第 18—22 页。

② Jacques Ellul, *The Techlological Society*, New York:Random House,1964,p.98.

③ [俄]H.A.别尔嘉耶夫:《人和机器——技术的社会和形而上学问题》,张百春译,《世界哲学》2002 年第 6 期,第 45—55 页。

且，随着现代技术的发展，机器还可以部分替换人的器官，发挥人体的作用。技术专家布莱恩·约翰逊（Bryan Johnson）认为，在未来 15 年内，人脑内植入芯片替换记忆将会成为现实。这正如苹果公司 CEO 库克所言，人与机器的界限越来越模糊，"人变得越来越像机器，而机器则变得越来越像人"。

三、现代技术的研发风险、产业化风险和应用风险

根据技术开发的路径来区分，现代技术风险可分为技术研发风险、技术产业化风险以及技术应用风险等。

（一）技术研发风险

科技研发和应用的过程就是一个充满不确定性的过程。其基础研究、应用研究和发展研究的全过程都存在一定的风险。就基础研究而言，基础研究一般是对未知世界规律性的探索，研究对象是不确定性的未知世界。因此，基础研究往往是一件费时、费力同时成功率很低的工作。在一定程度上，我们甚至可以说，越是在研究的基础和开端阶段，不确定性越会增加，可能出现有人做一辈子基础研究而无所建树的情形。应用研究与发展研究同样存在风险，在基础研究成果通向应用研究和发展研究转化的过程中，同样存在风险。可能存在可行性分析不足、技术开发条件不成熟、发生意外事故等原因而导致技术开发无法进行的风险。也可能出现由于成本原因导致应用发展研究无法进行，产品无法实现市场化的情形。正如有学者指出的，"尽管作为日常经验常规化的传统技术也有其潜在的风险，但当技术获得了科学的特征后，其产生社会风险的机制和水平发生了根本性的变化"。①

技术研发活动也存在风险。技术研发活动是一个充满不确定性的过程。能否研发出技术，研发出的技术是否被大家所接受，这都是考验我们的问题。特别是在当前激烈的市场竞争中，能否研发出核心技术，这对每一个企业都是考验。以联想企业为例，曾经是计算机制造领域的行业巨头，但近年来连年亏损，一个重要原因是没有研发出自己的核心技术。在当前激励的市场竞争中，

---

① 赵万里：《科学技术与社会风险》，《科学技术与辩证法》1998 年第 3 期，第 50—55 页。

一个企业如果不能研发出核心技术,则可能面临被市场所淘汰的风险。并且,在技术研发活动过程中,除了科学知识的不确定性以外,还存在人们价值观念的不确定性。从目的性来讲,科学家研制药品是为了医治疾病,同时又不损害人的健康,这事实上是难以做到的。人体机能是一个复杂的系统,人类现有的技术还无法认识人体机能的全部;药物对人体发生作用的机理就更加复杂了,受人体机能、药品特征、作用环境等多种因素的影响。人类对这种复杂的作用机理的认识和预见是相当有限的,是难以预测出全部副作用的。因此,对于药品研发而言,发生意想不到的副作用并不鲜见。四环素的使用就是一个典型案例。只有伤害发生了,人们才能意识到它的严重性。

(二)技术产业化风险

技术创新与产业创新是两个既有联系又有区别的概念。技术创新包括技术成果的研发及其市场化,但技术创新成果市场化以后,能否被社会公众所接受,能否实现大规模的产业化,也存在一定的不确定性。比如说,可能出现由于同行研制出了更先进的技术而被逐出市场,可能出现虽然技术先进但却因成本过高等原因而不被市场接受的情况。比如说,铱星系统是由美国知名电信企业摩托罗拉公司开发设计的全球移动通信系统,其通过卫星之间的接力来实现快捷的全球通信,类似于把地面蜂窝移动电话系统搬到了天上,每部手机都可与卫星联系,能够实现通信的"无死角",地球上的不毛之地、偏远山村、海洋冰川等,都可实现移动通信。这一系统总投资 34 亿美元,1996 年开始试验发射,1998 年投入业务。但当依星系统投入使用时,传统的手机已经占领了移动通信市场,铱星系统尽管先进、方便但没有形成稳定的顾客群体,经营亏损严重,最后只能申请破产保护,终止提供通信服务,这是先进技术由于市场风险而昙花一现最后失败的典型案例。

(三)技术应用风险

当一项新开发出来的技术实现产业化,被社会公众所接受而大规模应用后,其应用前景和对人类社会的影响也存在一定的不确定性。对于大部分技术而言,可能并不会出现发生意外事故的情况,但也有技术在应用过程中,会发生意外事故,对我们的生命安全、财产安全和环境安全产生威胁。比如说,对于转基因技术和转基因食品,目前到底存在多大的风险,一时还难以下定论,但现在人们也很难说,这一技术肯定没有风险。是否有风险,到底有多大的风险,恐怕还需要在实验过程中,慢慢地检验。

人脸识别技术是人工智能技术的一种成功应用。有了人脸识别技术,我们就可以真正进入"刷脸时代",出门就不一定需要带身份证;公安系统也可以"大海捞针",将一些犯罪嫌疑人从人群里识别出来。但是,人脸识别技术也有很大的不确定性。在美国公民自由联盟(ACLU)组织的一次亚马逊人脸识别技术测试中,535 名国会议员当中,有 28 名被判定为犯罪嫌疑人,这一比例超过 5%,因此,这一技术遭到了亚马逊客户、民间组织甚至亚马逊员工的抵制。当然,亚马逊公司并不认同这一结果。他们认为,是美国公民自由联盟错误地设定了人工智能的识别阈值,把本应该设置成 99% 的识别阈值错误地设置成了 80%,这是技术应用者的问题,而不是技术生产者的问题;这是技术应用不当的问题,而不是技术本身的问题。换一个角度进行思考,一座城市无处不在的人脸识别技术,也很可能会侵犯人们的隐私,给人们带来一种心理不安全感。并且,在美国等地方,这种人脸识别技术可能还特地进行了有色人种等特殊设置,有种族歧视的嫌疑。这些都是技术的大规模应用所引发的风险问题。

第二节　现代技术风险的系统性特征

国内学者郭洪水指出:"风险是一个系统性存在,是由相互作用的风险要素构成的具有一定功能的动态整体。"[①]现代技术风险作为一种重要的风险系统,是一个典型的系统性存在,具有整体性、动态性、复杂性和涌现性等特征。

一、现代技术风险的整体性

现代技术风险的整体性,是指现代技术风险本身是一个有机整体,风险系

---

①　郭洪水:《当代风险社会——基于哲学存在论与复杂系统论的研究》,中国社会科学出版社 2015 年版,第 158 页。

统与外部环境也是一个有机整体,相互发生作用。系统整体性判断来源于亚里士多德提出的哲学命题"整体大于它的各部分的总和"。尽管这一命题不尽合理,因为整体也可能小于它的各部分的总和——例如"三个和尚没水喝",但这一观点却是系统整体论的先驱观点。所谓系统整体性,是指系统整体不等于它的各构成部分之和,系统整体除了它的部分(即要素)外,还有它的形式。系统整体性表现为系统构成的有机性、系统形式的多样性、系统与环境作用的相互性、系统功能的非加和性和非还原性等。

有学者认为,现代技术风险是一个由客观的物理因素和主观的社会文化因素组成的复合体,任何一个因素发生变化,都会对风险系统产生较大的影响。雷恩等学者也认为:"风险是从物理方面和社会方面产生影响的组合体。很多——或许是大部分——直接或初级的影响在很大程度上都依赖于社会结构和社会形态。……风险对人们的伤害是环境、技术威胁、人们对这些威胁的脆弱性以及价值这三个要素的乘积。而这三个术语,尤其是后两个,都是依赖于社会和经济因素的。"①可以看出,环境和技术威胁是客观存在的物理因素,这些系统因素的变化无疑会影响技术风险。而人们对这些威胁的承受程度和主观感受(或者说脆弱性)以及人们的风险价值观则是社会文化因素。显然,社会文化因素的变化也会影响技术风险。

现代技术风险大部分是一种"系统性风险"。世界经济论坛发布的《2010年全球风险报告》指出:"系统性风险是整个系统的潜在损失或损坏,与之相对的是该系统中某一单元的损失。"②系统性风险通常是指系统中存在某些薄弱的子系统或环节,因突发事件引发或日积月累而形成,在系统各要素的相互影响和相互作用下系统性风险加剧,这往往会导致重大,甚至灾难性的影响。当前,各种技术设施和基础设施纵横交错,呈网状分布,如电网、水管网、煤气

---

① [美]罗杰·E.卡斯珀森:《风险的社会放大效应:在发展综合框架方面取得的进展》,载[英]谢尔顿·克里姆斯基、[英]多米尼克·戈尔丁编著:《风险的社会理论学说》,徐元玲等译,北京出版社 2005 年版,第168—199页。

② 世界经济论坛:《2010 年全球风险报告》[EB/OL],https://wenku.baidu.com/view/2eae6cc58bd63186bcebbc6e.html.2018-06-25。

网、通信网、路网等,这种网状布局尽管设置了许多安全导向,但是很容易因一个微小的变化而引发技术风险事故。并且,当风险事故发生后,难以进行有效的弥补和防范。

现代技术风险的整体性还包括风险系统与环境相互作用的整体性。系统与系统环境是一个有机整体,在一定程度构成了新的更大的系统。一旦环境系统发生变化,则风险系统也可能发生急剧变化。2011 年 3 月,日本福岛核事故之所以发生,直接原因就是系统环境发生了急剧变化,日本本州岛海域发生里氏 9.0 级地震。地震导致福岛第一核电站的 1 号机组厂房随后发生爆炸,放射性物质泄漏,引发灾难性事故。据统计,灾难至少导致居住在日本福岛核电站周边 20 公里范围内的 17 万居民流离失所、被迫转移。

二、现代技术风险的动态性

系统动态性,主要是指系统随时间变迁而发展变化的一种属性,也称系统时变性。系统具有动态性的原因很多,如系统内部的要素组成和结构发生了变化;系统与环境发生了物质和能量的交换,即系统的输入与输出发生了变化等等。

现代技术风险不是静止的,而是动态的,不断扩散的。传统的技术作用的范围和群体十分有限,因此,其他发生风险的范围也只局限于少数人。由于现代交通和通讯技术的发展,加之各类技术自身的发展,现代技术作用的范围日益广泛、深度日益加深,相应地技术风险也扩散了。任何一个环节出现问题,其影响可能会按照"蝴蝶效应"无限制地放大。"蝴蝶效应"是美国科技哲学家洛仑兹对全球系统性的形象描述。他说,巴西亚马孙丛林里的一只蝴蝶抖动了几下翅膀,三个月后就在美国的得克萨斯州引起了一场龙卷风。这就是说,一个技术风险系统因素的微小变化,可能会引起整个技术风险系统的巨变。以"永恒之蓝"电脑勒索病毒为例,自 2017 年 5 月 12 日起,全球各国电脑受到一款名为"永恒之蓝"电脑勒索病毒攻击,受感染的电脑被病毒锁定,电脑里的文档、照片、音频和视频等均被加密。受感染者必须一次性支付 300 美元,方能解锁。否则一周之后文件将无法恢复。这种病毒传播之快,令人咋舌。据统计资料,截至 5 月 14 日,两天时间内国家互联网应急中心就已监测到约 242.3 万个 IP 地址遭受"永恒之蓝"漏洞攻击;其中,被该勒索软件感染的 IP 地址数量近 3.5 万个,中国境内 IP 地址约 1.8 万个。①

有学者总结,"当代风险社会的风险扩散具有累积效应、乘数效应和温室效应、回飞镖效应"。② 以现代技术风险的"回飞镖效应"为例,回飞镖效应是贝克对风险的负反馈机制的一种生动描述。在全球化背景下,技术日益被全球应用,技术风险也逐渐扩散而全球化,这样就会在全球形成一个相互作用、相互影响的风险社区。可能的结果是,从技术风险源出去的风险,最后可能又危及到风险源头。那些制造风险并从中获得利益的人,最终自己要承担风险,受到风险的惩罚。比如说,发达国家通过开发现代化学技术、农药技术来提高作物产量,并通过技术出口来获得高额利润,期待通过技术出口来转嫁技术风险,但是实际结果是,落后国家的粮食、水果等廉价农产品又出口到了发达国家,化学物质及农药残留也出口到了发达国家,威胁到了这些老百姓的健康。

正因为现代技术风险具有动态性,所以现代技术的风险效应会出现时间迟滞性。即从各种风险要素发生相互作用产生风险诱因,到风险效应的最终呈现,有时需要较长的一段时间。在这段时间内,风险效应可能会发生一些变化,再次出现意想不到的效果。正如美国学者彼得·圣吉所说:"今天对我们组织和社会生存的主要威胁,并非出自突发的事件,而是由缓慢、渐进、无法察觉的过程所形成。"③因此,可以看出,现代技术风险的动态性有时是急剧发生的,有时是缓慢发生的。

三、现代技术风险的复杂性

现代技术风险的复杂性源自现代技术的复杂性。在当前技术称雄的时

① 《勒索病毒全球蔓延! 20 万台电脑感染 很多人已开始休假》[EB/OL],http://www.techweb.com.cn/internet/2017-05-15/2523748.shtml.2018-7-15。

② 郭洪水:《当代风险社会——基于哲学存在论与复杂系统论的研究》,中国社会科学出版社 2015 年版,第 184 页。

③ [美]彼得·圣吉:《第五项修炼——学习型组织的艺术与实务》,郭进隆译,上海三联书店 2003 年版,第 24 页。

代,这一问题尤为突出。"为了执行和完成难度很大的确定性判断,各种门类的专业系统程序自身设计超乎寻常的复杂,然而这种复杂性可能会将更多更大的不确定性带入这个世界,可能会导致更大范围更大程度上的混乱无序,甚至会导致更为迅速更为彻底的瓦解和崩溃。"①很显然,越复杂的装备设计,其引发的风险也就越复杂,发生风险事件的概率也就越高。这可能就是当代风险社会中的"技术风险悖论"。为了满足社会公众日益增长的生产生活需要,为了完成各种确定性的判断,各种技术设计和生产日益复杂,而日益复杂的技术蕴藏的风险也就越大,风险级别也越高。而规避这些风险,还需要设计更复杂的技术,可能又引发更复杂的风险。所以,现代技术发展的朝向是复杂化、风险化。

当前的技术风险,具有典型的复杂性特征,大多是"整体性故障"。不仅其自身是复杂的,其成因往往也是错综复杂的。既有技术自身的原因,也有体制机制的原因,可能还有社会文化和个人心理等方面的原因。彼得·圣吉指出:"今日的世界更趋复杂,对系统思考的需要远超过从前。历史上人类首次有能力制造出多得让人无法吸收的资讯、密切得任何人都无法单独处理的相互依存关系,以及快得让人无法跟上的变化步调;复杂的程度确实是空前的。在我们四周到处是'整体性故障'的例子,如全球温室效应、臭氧破裂、国际毒品交易等;这些问题都没有简单的局部成因。"②如全球温室效应就是一个典型的整体性故障的实例。过去,我们发现氯氟烃类物质(CFCs)消耗臭氧,导致臭氧空洞。为了防止不断扩大的臭氧空洞,我们决定采取补救措施。专家们建议,用氢氯氟烃类物质(HCFCs)来代替氯氟烃类物质,臭氧空洞问题减缓了,但这种物质又引发了温室气体效应,导致全球气候变暖。现在,为了减缓越来越严重的温室气体效应,我们又不得不削减氢氯氟烃类物质的排放。这说明,整个地球甚至宇宙,就是一个复杂的生态系统,各子系统相互影响、相

---

① [英]斯科特·拉什:《风险社会与风险文化》,王武龙编译,《马克思主义与现实》2002年第4期。

② [美]彼得·圣吉:《第五项修炼——学习型组织的艺术与实务》,郭进隆译,上海三联书店2003年版,第76页。

互作用,改变某一个子系统的现状,可能会引发连锁反应。这正如有学者指出的,"全球风险并非孤立存在,无论是在时间还是空间上。……我们正处于一个各风险领域之间的相互关联性达到前所未有水平的时代"。①

社会学家查尔斯·佩罗认为,现代技术具有两个重要特征,即紧密结合性和复杂相关性,这导致了现代技术风险的复杂性。一个复杂技术系统,通常是由多个技术子系统组成的,这些子系统间会相互影响。并且,在技术系统的运行过程中,一个环节会影响另一个环节,并且这种影响作用通常是在短时间内完成的,给我们处理这种影响的时间很短。并且,由于技术子系统之间的紧密结合,很难把这种影响作用局限在某一个子系统内,通常会发生连锁影响作用,使整个系统遭到破坏。并且,发生技术事故以后,由于技术系统的紧密结合性和复杂性,人们往往难以在短时间内找到其中的原因进行修补。因此,一个各个部分紧密结合同时又具有复杂性的技术系统,发生事故是不可避免的,是正常的。并且,"当代风险社会的风险扩散是一个'系统工程',技术、资本、科学和人等要素构成一个风险系统,要素之间存在复杂相干性"。②

这种技术系统设计的复杂性往往容易导致技术风险的复杂性。近十年以来,至少发生了近10次大面积停电事件。以2012年发生的印度大停电事件为例,2012年7月30日,印度突然遭遇大面积停电,约3.7亿人受到停电事件的影响。事件的起因是,印度北方邦境内的一座超高压变电站出现故障,引发部门输电线路及变电站负荷过重,进而发生系列连锁反应,导致整个印度的北部电网瘫痪。无独有偶,事发第二天,在印度北部电力供应恢复数小时后,东部和北部13个邦再次陷入电网瘫痪状态,全国近一半地区供电出现电力中断,约6亿人口的生产生活受到严重影响。这也被誉为是全球影响最大的风险事故之一。引发这次事故的原因是多方面的,如管理、体制、应急管理能力等,但电网架构的复杂和不合理设计是导致事故发生的根本性原因。作为一

①　世界经济论坛:《2010年全球风险报告》[EB/OL],https://wenku.baidu.com/view/2eae6cc58bd63186bcebbc6e.html.2018-6.25。

②　郭洪水:《当代风险社会——基于哲学存在论与复杂系统论的研究》,中国社会科学出版社2015年版,第174页。

个复杂的技术系统,各个部分没有一个自动安全调节机制,一个子系统出现问题后,不能及时进行"止血",最后导致了整个技术系统的瘫痪。并且,现代技术风险系统具有自组织的特点:风险系统的各子系统相互影响、相互作用,产生新的复杂性关联和新的不确定性,导致新风险的产生。

四、现代技术风险的涌现性

所谓系统涌现性,是指系统的各组成部分之间相互作用、相互影响而激发出来的一种规模效应、结构效应和相干效应。系统涌现性又称系统非加和性或非还原性,它是一种系统各组成部分不具备,只有系统整体才具备的特性,其通常表述为"整体大于部分之和"或"整体小于部分之和"的差值。

系统内部不同的要素组成,不同的结构方式,不同的相互激发和相互作用,往往会产生不同的整体涌现效果。当前普遍认为,现代技术风险不是风险概率与预计风险造成损失的简单乘积,而是一个技术、制度、社会、文化、价值观、个人心理等多重因素综合作用的结果。当然,这些因素本身就不具有加和性,最后社会公众感受到的个人风险也就无法还原成这些因素。特别是当前,在各类媒体的推波助澜下,技术风险有社会放大的效应。风险的社会放大,是指"灾难事件与心理、社会、制度和文化状态相互作用,其方式会加强或衰减对风险的感知并塑型风险行为。反过来,行为上的反应造成新的社会或经济后果"。① 显然,这些风险的社会或经济后果不能简单还原为风险事件对人类健康或环境的直接伤害,它对人类个人心理和整体价值观的影响可能远远大于此类直接伤害。

社会公众的技术风险感知也不能简单还原为技术专家的风险评估意见。技术风险评估专家往往从技术和经济的视角来评估风险,以经济损失作为风险的评估标准。从以往经验看,社会公众的风险感知有时往往与技术专家的风险评估意见存在较大分歧。特别是一些小概率但造成的损失可能特别大的

---

① 〔英〕谢尔顿·克里姆斯基、〔英〕多米尼克·戈尔丁编著:《风险的社会理论学说》,徐元玲等译,北京出版社 2005 年版,第 174 页。

技术风险(比如说高新技术风险),从技术专家的视角来审视,这是"小风险"。但是,社会公众却将这种尽管发生概率较小但风险损失较大的风险视为"重要风险",因为在他们看来,这种风险事故一旦发生,就将引发重大损失。这种社会公众与技术专家的意见分歧,在一定程度上就是系统整体涌现性的结果。

也正因为技术风险有着涌现性,所以技术在应用的过程中或应用后能给人类社会带来什么样的影响,是弊大于利,抑或利大于弊,都无法被人们充分认识和准确预测。正如安东尼·吉登斯所指出的,对于人造风险,历史上没有为我们提供可以借鉴的经验和知识,我们甚至不知道这些风险是什么,更不要说根据概率对风险的精确计算,也谈不上对风险结果的预测与控制。①

---

① [英]安东尼·吉登斯、[英]克里斯多弗·皮尔森:《现代性——吉登斯访谈录》,尹宏毅译,新华出版社2001年版,第195页。

第三章 现代技术风险的多元形成机理

现代技术风险是一种客观实在,是一种制度衍生物,是一种社会组织或集体的文化反应,同时也是一种个体的心理反应。既有事实存在的成分,也有价值判断的成分。现代技术风险是一个风险系统,具有典型的系统性特征。其产生具有多方面的原因。这里,主要从技术价值观、科技自身的不完备性、制度因素、社会文化因素等视角来探讨现代技术风险的多元形成机理问题。

就现代技术风险的形成机理,在本次问卷调查中,笔者列举了 10 个方面的可能原因。从调研数据可以看出,调查对象认为现代技术风险形成的原因是多方面的,但调查对象对其中的一些原因相对聚焦地关注。约 55% 的人认为,新兴科技本身发展不完善、社会公众对当今科技发展的总体认识有偏差、企业家过分追求经济利益、相关部门科技决策欠科学、监督管理不到位等是重要原因(见图 3-1)。

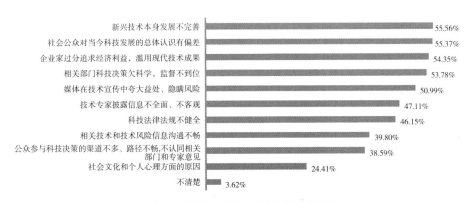

图 3-1 现代技术风险多元形成机理分析

第一节 技术价值观是影响现代技术
风险形成的价值预设

技术价值观是人们对于科技在未来社会发展中的价值的总体看法。当前,人们对技术是否存在风险及其在未来社会发展中的价值主要有以下几种看法:乐观主义者认为,技术发展是没有风险的,即使存在风险,技术风险也可以通过技术自身的发展来消除,未来科技发展的前景是光明的;技术悲观主义观点认为,技术本身是负荷价值的,是有风险的,甚至可以说,风险是现代技术的本质属性,科技发展会引发灾难甚至导致人类社会的灭亡;谨慎的技术乐观主义既重视科技在未来社会发展中的作用,又同时关注科技引发的各种问题。

从对1573名调查对象进行调查的统计结果来看,社会公众对未来科技发展持乐观态度的占23.59%,持悲观态度的占3.37%(见图3-2)。69.80%的社会公众则持一种谨慎态度,既重视科技发展带来的好处,又关注现代技术风险引发的系列问题。从这些数据可以看出,在中国,大部分社会公众对未来技术发展还是持一种谨慎的乐观态度的,这就要求我们,一方面要大力发展科学技术,另一方面又要时刻关注技术可能引发的各种问题。

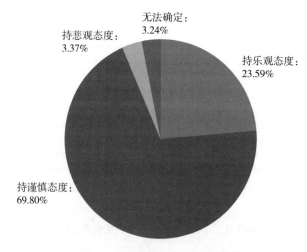

图3-2 调查对象的技术价值观取向

并且,从调查结果来看,公众的技术价值观明显影响其对技术风险的感知。对未来科技发展持乐观态度的人,其感知到的技术风险相对就少;对未来科技发展持悲观态度的人,其感知到的技术风险明显就多。对未来科技发展持乐观、谨慎和悲观态度的人,其认为当今社会的风险增加了的比例分别是62.0%、68.9% 和 81.1%,而认为当今社会的风险降低了的比例分别为12.1%、7.8% 和 3.8%(见图 3-3)。因此,社会公众的技术价值观是其感受技术风险的一个价值预设。

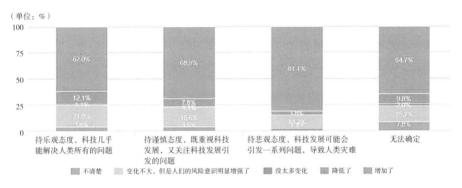

图 3-3 调查对象技术价值观与其社会风险总体感知的关系

一、技术乐观主义

技术乐观主义肇始于启蒙运动时期,是关注技术发展的广泛社会影响而形成的一种社会思潮。F.培根是技术乐观主义的典型代表,他提出的重要论断"知识就是力量"被认为是唤起了大家对技术发展持乐观态度的认知。丹尼尔·贝尔的《后工业社会的来临》、托夫勒的《第三次浪潮》和奈斯比特的《大趋势》等被认为是技术乐观主义的代表作。他们的共同特点是,都认识到了传统工业技术给人类社会造成的不利影响,认为人类社会未来发展的趋势一定是后工业时代或信息时代的技术来取代工业文明时代的技术。当今的"科技乌托邦"思想也是一种新的技术乐观主义态度。有互联网研究者就认为,互联网是当今科技创新的新形态,将整个世界联系在一起,可以解决世界上的所有问题。

技术乐观主义者认为:"科学已经完全把握了真理,因此它在本质上无论在什么条件下都有利于社会。相应地,科学家应对从事和扩展其学科研究负责(政府也应该支持这些活动)。"①技术乐观主义者通常对现代技术发展的成就非常满意,对技术发展的未来也持肯定的乐观态度。在他们看来,科技发展是人类发展的一项重大智力成果,科学理论是最有价值的思想体系,技术则是人类发明的最有深远意义的实践形式。近现代科学已经完全把握了真理,技术是科学发展的逻辑演绎,两者相得益彰共同推动社会进步。科学技术发展是没有风险的。科技发展可以解决人类社会面临的所有难题;科技发展引发的问题,总是可以通过科技的进一步发展来解决;科学家只要潜心研究自己的科技成果就行,而无需去在意科技发展的后果,科技发展的后果一定是有利于人类的。

技术乐观主义与确定性的科技观有重要关系。逻辑实证主义就是这种确定性科技观的代表。他们认为,世界是确定的,是有规律可循的,是可以预知的,科技能够解释清楚世界的当前和未来图景。即使社会发展存在一定的不确定性,这种不确定性也是我们人类可以预防和控制的。很显然,当前世界发展的图景与逻辑实证主义者料想的并不一样,科技发展并不总是按预想目标前进的,总是不停地出现"意外情况";世界并不总是确定的,我们的生活越来越失范,国际国内的复杂因素使得我们的生活越来越难以控制。"风险"在一定程度上成了当今社会的代名词。

怎样对待科技发展所带来的益处、问题及风险,这是技术乐观主义者必须要深入思考的重要问题。现代科技的发展极大地方便了我们的生活,这是有目共睹的,没有现代科技的成果,我们可能还在过一种贫困日子;但现代科技的发展,并不必然全面带来好处,也有可能带来害处,我们一定要有风险和预防意识,要时刻做好技术可能会出现意外事故的准备。这正如伯特兰·罗素所指出的,"我所要坚持并且要竭力坚持的是:知识的益处远比害处要常起作

---

① [美]卡尔·米切姆:《技术哲学概论》,殷登祥等译,天津科学技术出版社 1999 年版,第79 页。

用得多,而畏惧知识的害处也远比益处要常起作用得多"。①

当今社会确实存在一部分对未来技术发展持乐观态度的人。从对 1573 名调查对象进行调查的统计结果来看,社会公众对未来科技发展持乐观态度的占 23.59%。这些技术乐观主义者看到的多是技术对人类有利的一面,而对于技术可能威胁人类生存的一面则不太关注。他们认为,现代社会所面临的人口、资源、环境等问题都不是科学技术所引发的,而是由于科学技术发展还不充分所导致的;即使科学技术在应用过程中产生了负面效应,这些负面效应必将随着科学技术的更充分发展而得到解决;科学技术对物质世界的控制导致的物质财富的极大丰富,科学技术对人类社会和人类未来的控制必将带来人类更大的繁荣和福祉;科学技术的发展有助于解决当前人类遇到的各种问题;科学技术是人类富裕、幸福的源泉,科学技术的发展终究会给人类带来幸福。总之,科学技术的发展能够确保人类有一个美好、幸福的未来。

二、技术悲观主义

技术悲观主义者的观点与技术乐观主义者相反。他们认为,技术风险是与技术如影相随的,是技术的本质属性,技术在本质上是恶的,技术发展很有可能会导致人类灾难。因此,我们应该减缓甚至终止技术的发展。德国哲学家伽达默尔指出:"20 世纪是第一个以技术起决定作用的方式重新确定的时代,并且开始使技术知识从掌握自然力量扩展为掌握社会生活。所有这一切都是成熟的标志,或者也可以说是我们文明危机的标志。"②英国哲学家舒马赫认为,现代技术的发展塑造了种种社会危机,"由现代技术塑造的现代社会发现它同时碰上了三个危机""这三个危机或病症里的任何一个都可能置我们于死地",③这三个危机分别是人的危机、环境危机和资源危机。F.G.容格将技术的本质定义为"作为掠夺性开发的技术""作为妖术的技术",他认为,

---

① 转引自赵万里:《科学技术与社会风险》,《科学技术与辩证法》1998 年第 3 期,第 50—55 页。

② [德]伽达默尔:《科学时代的理性》,薛华译,国际文化出版公司 1988 年版,第 6 页。

③ [英]E.F.舒马赫:《小的是美好的》,李华夏译,译林出版社 2007 年版,第 118 页。

"技术完全耗尽了所有自然资源。'无所不及、无所不在的掠夺性开发,是我们技术的根本标志'","技术逐渐使地球变成一个死寂的星球"①。

技术悲观主义者往往只看到技术内在风险属性危险性的一面,而看不到其对社会发展建构性的一面,因此,其归宿可能就是技术批判主义和反技术主义。比如说,有学者就认为,今天的技术发展已经充分发达了,我们无需再开发新的技术了。新的技术只会导致我们陷入更大灾难的循环中。"对我们的幸福生活来说,不断的新技术的发展是不必要的。传统已经赋予了我们生存的充分条件,新的技术只会将人带入不断宰制、剥夺自然,不断靠新技术来解决无限出现的问题的恶性循环"。② 比如说,对于人工智能技术的未来发展,一些科学家就持悲观态度,理论物理学家霍金是其中的典型代表,他认为,人工智能技术给我们人类的未来注入了很大的不确定性,"完全人工智能的研发可能意味着人类的末日"。③ 美国知名创新创业专家、特斯拉公司马斯克有着同样的担忧,"如果必须预测我们面临的最大现实威胁,恐怕就是人工智能"。④

的确,从我们对 1573 名调查对象进行调查的统计结果来看,社会公众对未来科技发展持悲观态度的占 3.37%。从对他们的调查中得知,他们非常担心现代生物技术、人工智能技术等出现"失控",发生意想不到的后果。在他们看来,我们所了解的技术仅仅是技术全貌的一部分,这些以科学理论武装起来的高技术如同"一头闯入瓷器店的公牛",随时可能闯祸。因此,人类应该限制甚至禁止某些技术的开发。

---

① [荷兰]E.舒尔曼:《科技文明与人类未来——哲学深层的挑战》,李小兵等译,东方出版社 1995 年版,第 67—68 页。
② 《北师大邀请德国哲学家波塞尔教授做系列报告》,《中国自然辩证法研究会工作通讯》2009 年第 16 期,第 7—11 页。
③ 《AI 时代的 HR 们,改变还是被替代?》[EB/OL],http://www.sohu.com/a/211257806_797165.2017-12-05。
④ 《AI 时代的 HR 们,改变还是被替代?》[EB/OL],http://www.sohu.com/a/211257806_797165.2017-12-05。

三、谨慎的技术乐观主义

科技中性论者的观点介于技术乐观主义和技术悲观主义之间。他们认为,技术仅仅是人类实现自身目的的一种手段和方法,技术本身是不负载价值的,是没有风险的。技术风险主要取决于技术的社会运用。技术怎样运用,是服务于人类,还是可能会给人类造成灾难,都取决于技术的运用。哈佛大学教授 E.梅塞纳指出:"技术为人类的选择与行动创造了新的可能性,但也使得对这些可能性的处置处于一种不确定的状态。技术产生什么影响、服务于什么目的,这些都不是技术本身所固有的,而是取决于人用技术来做什么。"①爱因斯坦也曾指出:"科学是一种强有力的工具。怎样用它,究竟是给人带来幸福还是带来灾害,全取决于人自己,而不取决于工具。刀子在人类生活上是有用的,但它也能用来杀人。"②控制论创始人维纳也认为,"新工业革命是一把双刃剑""对善和恶都带来无限的可能性"。③ 在梅塞纳等人看来,技术未来发展的风险,不是技术本身的风险,而是人类自身的风险,是人类应用的风险。

技术价值中性论往往是科技工作者"为科学而科学",进行无所顾忌地技术开发的理由。因此,我们认为他们是一群"谨慎的技术乐观主义者"。他们认为,技术本身和技术的应用是有严格区分的,技术本身是中性的,是与价值无关的,不存在"坏"的技术;技术之所以会产生风险,主要在于社会制度和运用技术的人,在于技术的社会应用过程。很显然,持这种观点的人的必然行动逻辑是,既然技术与风险无涉,那么,作为一名科技人员,我喜欢研究什么就研究什么,科技研究应该是没有禁区的。甚至有个别科技人员认为,世界上不存在恶的科技,如何进行科技研发应该是科技人员的自主选择,政府应该放松对科技的管理和控制。

很显然,这种技术价值中性论者还是有理论缺陷的。首先,"在技术与技

---

① 高亮华:《人文主义视野中的技术》,中国社会科学出版社 1996 年版,第 12 页。
② 许良英、范岱年编:《爱因斯坦文集》第 3 卷,商务印书馆 1979 年版,第 56 页。
③ ［美］N.维纳:《人有人的用处——控制论和社会》,陈步译,商务印书馆 1978 年版,第 132 页。

术的应用之间不存在明显的区别"。① 技术是一种人类改造自然的手段和方法,技术内在地具有"运用"的成分。如果技术不能运用,那就至多算是一种产品,所有的技术都是用来运用的。其次,人类开发技术都是有目的的,是为了改善和提高人的生活水平,事实上不存在完全漫无目的的技术。再次,说所有的技术都与价值无涉,似乎不太符合常理,也不适合个案。有些技术,常人一看就是有风险的,可能会对人类生存和发展造成致命威胁的,如核武器技术,你能说它就不负载价值吗?

当今社会,绝大多数社会公众对未来技术发展持这种谨慎的乐观主义态度。从对 1573 位调查对象进行调查的统计结果来看,69.80% 的社会公众则持一种谨慎态度,既重视科技发展带来的好处,又关注现代技术风险引发的系列问题。比如说,科技预言家凯文·凯利被认为是"互联网界谨慎乐观主义者"的代表。他一方面成功地预言了网络技术在各行各业的应用;另一方面,他对计算机和网络技术未来的发展持一种谨慎的乐观态度。他认为:人工智能技术终究是一台机器、一种技术,并不能完全替代具有主观能动性的人类,"计算机只能给你答案。我们未来的世界充满答案,是人工智能免费给我们的,但是要让人工智能提出好的问题则很困难。人的核心价值在于提出好的问题,这很有挑战性,只有好问题才能找到好答案,问题是答案的起点。""人工智能一点也不会像人的智能,人工智能最大的价值是跟人想得不一样。"②

欧洲人对当代技术的发展同样持一种谨慎的乐观态度。比如说,在对待现代数据革命的态度上,他们一方面享受着现代数据变革的成果,大力运用数据资源来改善生产生活条件;另一方面,他们又小心翼翼地对数据技术和数据资源进行管理,避免这一现代科技成果对人类的伤害。他们甚至制定了严格的制度来管理这一技术。2018 年 5 月,欧盟《通用数据保护条例》(General Data Protection Regulation)正式生效。这一法令更多地向个体用户倾斜,将给予个体用户更多的权利,明确规定:只要个体用户提出了要求,互联网公司就

---

① Jacques Ellul, *The Techlological Society*, New York: Random House, 1964, p.98.

② [美]凯文·凯利:《互联网界谨慎的乐观主义者》[EB/OL], 中国经济网, http://tech. ce.cn/news/201412/05/t20141205_4056666. shtml.2018-06-05。

必须删除该用户的个人数据。同时,法令严格管理政府部门和企业使用个人的隐私数据,特别是严格限制科技企业以数据谋取不当利益。这种既鼓励新兴科技发展,同时又对这些不太成型的技术进行即时的严格监管,防止技术"为恶"的管理政策导向,应该就是谨慎的技术乐观主义价值观在科技政策制定中的落实。

第二节 科技自身的不完备是现代技术风险形成的内在原因

笔者在博士学位论文和相关论文中,已对现代技术风险的内在形成作了大量论述。① 这里,为保持研究报告的完整性,对原来的相关观点稍作梳理,并结合当前的技术发展作一些思考。

一、科学的不确定性孕育了现代技术风险

长期以来,人们认为,确定性是科学的重要特征,也是科学与非科学的本质区别。科学之所以成为科学,一个重要原因是它的结果是确定的,是能够经受得起实验的重复检验的。由科技所塑造的社会也一定是一个确定性的、无太多风险的社会。因此推出人们的日常行为规则应该是,依照科学规律办事,一切事情会迎刃而解,不会有什么风险。但是现在,人们发现,科学也偶尔会出现"意外情况",总是会产生意想不到的后果。即使按照科学规律办事,有时也会事与愿违。之所以会出现这一情况,这与我们后来发现的科学的不确定性特征有很大的关系。

这种不确定性的科学观因 20 世纪量子力学、测不准关系的出现而引起世界关注。这给人们传递了一个重要信息,科学理论并非是完全客观的,是受多种社会因素影响的,也是带有一定的主观性和非确定性的。普里戈金的耗散

---

① 毛明芳:《论现代技术风险的内在生成》,《武汉理工大学学报(社会科学版)》2010 年第6 期,第 787—792 页。

结构理论是这种非确定性科学观的典型代表。他提出:"人类正处于一个转折点上,正处于一种新理性的开端。在这种新理性中,科学不再等同于确定性,概率不再等同于无知。"①有学者将科学不确定性的来源分为以下五个方面:科学认识对象的复杂性和认识主体的局限性,科学的世界观、认识论和方法论特征,科学的范式,科学的文化和体制特征以及科学与社会联系的加强。②

当前,"后常规科学"是这种非确定性科学观的代表。"后常规科学"是与常规科学相对而言的。在常规科学时代,科学被认为是一种纯粹的理论研究,科学家只需要按自己的意愿进行科学研发就行了,至于科技的产业化应用、科技与政治和价值的关系,则不是科学家考虑的事情。但是二战后,特别是核武器的研制成功,人们猛然发现科学不再是中立的了,科学与政治日益联系在一起了,正是有曼哈顿这样的政府科技计划的支持,才会研制出原子弹之类的武器。政府在科学研究的组织中发挥了重要作用。也很难说科学的价值就是完全中立的了。因此,部分学者将这种与产业、政治和价值联系日益紧密的科学称为"后常规科学"。"后常规科学"阶段的特点是"事实不确定、价值有争议、政策影响大、决策时间紧",或者说"软事实,硬价值"。③ 针对这些不确定的事实、有争议的价值观、科技与政策决策的日益紧密、技术风险的日益增加等新特征,需要改变过去以技术专家意见为主来制定政策的导向,进行相关利益方之间的对话和沟通,吸引更多的相关者参与到科技决策中来,建立起政府部门、技术专家、社会公众、社会组织和新闻媒体等有效沟通的渠道,形成一个高效的联动机制。

二、科技应用的加速加剧了现代技术风险

科技发展具有一体化的趋势。近代科学产生以前,科学和技术发展基本

---

① ［比］伊利亚·普里戈金:《确定性的终结——时间、混沌与新自然法则》,湛敏译,上海科技教育出版社 2009 年版,第 5 页。

② 徐凌:《科学不确定性的类型、来源及影响》,《哲学动态》2006 年第 3 期,第 48—53 页。

③ 转引自徐凌:《科学不确定性的类型、来源及影响》,《哲学动态》2006 年第 3 期,第 48—53 页。

是相分离的。近代科学产生以前的"前科学"多为一种上层社会的"雅好",而技术则是一种生产者阶层谋生的手段。科学和技术一般都是分离的。近代科学产生以后,科学和技术发展日益融为一体,技术发展获得了科学的支撑后,进步速度越来越快了,科技对社会的改造作用日益增强。但与之相伴随的是,在科学理论武装下快速发展的技术,其孕育和产生风险的几率与机制都发生了深刻变化。技术应用越快,可能其理论就越不成熟,产生风险的可能性也就越大。

当代科技发展日益具有一体化的特征。对于当前处于发展前沿的科技,比如说生物科技、信息科技、新材料科技、新能源科技等,我们已很难区分哪部分是科学,哪部分是技术。这些科技成果也不再需要从科学到技术再到产业化的过程,科技研发的过程同时往往就是一个产业化的过程。显然,这会加剧技术风险的发生。试想,如果一个科技产品经历一个从科学到技术再到产业化的缓慢过程,这一过程也应该是一个不断修正错误、不断完善自身的过程。技术开发中的许多意外情况都是在实验室中出现和解决的,不会对社会产生太大的破坏性影响。但是,现在这一过程已被高度浓缩了,本应是成熟技术和产品的产业化的过程也成了一个"试验过程",这需要整个社会来承受产业化过程中出现意外情况的风险。显然,风险概率增加了,风险也被浓缩了。因此,科技发展的一体化特征会加剧风险。

技术与社会的"无缝之网"加剧风险。对于技术与社会的相互关系,目前有多种观点。科技决定论者认为,科技单向地决定社会,社会对科技的影响作用较小;科技社会建构论者认为,社会因素决定科技的发展,科技对社会的影响作用相对较小;科技社会互动论者认为,科技和社会相互影响,共同发展。特别是在当前,技术与社会日益成为一张"无缝之网",技术引发的后果也就是社会需要承担的后果,这无疑加剧了社会风险。

三、现代技术的复杂性强化了技术风险

前面章节已经从系统视角介绍了"现代技术风险的复杂性特征"。技术系统越复杂,现代技术风险形成的速度越快,技术风险事故处理的难度越大。

技术是一个不断进步的过程,同时也是一个日益复杂化的过程。从当前来看,越是先进的技术,其技术设计和应用程序就越复杂。殊不知,这种复杂的技术设计在方便我们工作与生活的同时,也蕴藏着更大的风险。自 2016 年 3 月以来,阿尔法围棋(AlphaGo)先后战胜世界围棋冠军李世石、中日韩数十位围棋高手联盟、世界围棋冠军柯洁等,使我们不得不承认,阿尔法围棋这一人工智能的棋力已经超过了人类职业围棋的顶尖水平。既然人类可以开发出在围棋领域超过人类智慧和能力的人工智能,那么人类也应该能够在其他领域开发出类似超过人类智慧和能力的机器。试想,如果把这些各自单项性能优异的人工智能机器组合在一起,会不会出现超越人类智能的"超级机器"?这是很多人担忧的问题。总之,技术越复杂,引发风险的可能性就越大。

第三节　制度因素是现代技术风险形成的重要原因

贝克指出,随着现代化生产力的增长,风险社会所蕴含的"危险和潜在威胁的释放达到了一个我们前所未知的程度",[1]这其中有许多法律和制度方面的原因。用贝克的话来说,"科学和法律制度建立起来的风险计算方法崩溃了"。[2]

一、法律的确定性和权威性难以及时应对现代技术风险

一方面,新兴科技的发展对现有的法律道德底线产生了冲击。

在人类社会的早期阶段,科技对社会的影响并不大。因此,法律和政策并未将科技纳入其考量的范畴。但随着技术复杂性和对"人"的因素依赖性与日俱增,人们渐渐发现在科技的运用实践中如果失去了道德和法律的约束,技术滥用则可能将人类置于巨大的风险之下。因此,科学技术在其发展过程中往往不可避免地掺杂着道德价值判断因素,并逐渐影响法律的制定与实施进

---

① ［德］乌尔里希·贝克:《风险社会》,何博闻译,译林出版社 2004 年版,第 15 页。

② ［德］乌尔里希·贝克:《风险社会》,何博闻译,译林出版社 2004 年版,第 19 页。

程。从这一层面说,法律和道德在其形成、发展和变更过程中,离不开科学技术的影响。亚里士多德曾表示"一切技术,一切规划以及一切实践和抉择,都以某种善为目标",①法国著名物理学家、数学家和天文学家达朗贝尔则声称,将数学家偷偷引入西班牙,其清晰的逻辑思维最终坏宗教法庭之基,产生破坏性的影响。② 可见,科学技术活动在开展过程中,科技成果因科技活动的目的性和价值负载性而与道德、法律等价值取向密切关联了起来。随着科技在人类社会中的影响日渐扩大,对人类社会发展的推动效益也越来越突出,尤其是当代"科学技术成为第一生产力"的认识不断被接受和普及的情况下,科技活动所蕴含的求真务实的内在要求,所带来的新事物、新理念势必引起社会交往关系的变革,与当下社会普遍接受观念的冲突与摩擦不可避免,进而对传统伦理道德观念及相应的法律规范产生冲击性的影响。比如互联网在带来信息便捷的同时,"人肉搜索"等技术也造成了对个体隐私的侵犯,甚至演变成为"网络暴力",当前却难以找到相应的法律法规来规范。克隆技术、安乐死技术,亦在全世界范围内引起了旷日持久的争议,至今各国对由此产生的伦理问题和法律规范尚未达成统一共识。

另一方面,法律的确定性、权威性等特征使其难以及时应对技术发展带来的社会关系变革和风险。

法律是一种对全社会普遍适用的、具有确定性的、可反复使用的行为规范。首先,法律的适用对象具有普遍性,不是特定人群或个别现象,其调整的内容也更关注社会生活中的一般共性问题,而不是特殊的社会关系。③ 这意味着在个别情况下,法律为了获得一般正义会主动或被动地牺牲个别正义。柏拉图在其早期论述中指出,法律在客观上不能"既约束所有人又对每个人都具有真正有利的命令",也"不能完全准确地给社会的每个成员作出何谓善

---

① [古希腊]亚里士多德:《尼各马科伦理学》,苗力田译,中国人民大学出版社 2003 年版,第 1 页。

② 刘松涛、李建会:《断裂、不确定性与风险——试析科技风险及其伦理规避》,《自然辩证法研究》2008 年第 2 期,第 20—25 页。

③ 徐国栋:《法律局限性的处理模式分析》,《中国法学》1991 年第 3 期,第 56—63 页。

德、何谓正确的规定"。① 科技发展作为社会生活中的一个具体领域,很多法律难以对这一领域进行调节;另外,科技作为一个迅速发展的领域,这一领域经常也缺乏一些法律来进行规范和管理。

其次,法律要有确定性,能被反复适用,②这就要求其内容明确,在一段时间内不会频繁变更,人们才可以通过法律公开的条文内容稳定预见其行为后果,进而有意识地主动将自己的生产、生活行为限定在合乎法律规定的范围内,法律的教育和指引作用才得以彰显。但社会和技术却是在不断发展进步的,其衍生出的新的社会关系变革和规范需求是法律难以提前预见的,"社会的需要和社会的意见常常是或多或少地走在'法律'的前面"。③ 法律这种"滞后性"明显反映在其漫长的制定和修改程序上,造成了新的法律需求和旧的法律规范之间的冲突与不适应,甚至可能阻碍新兴科技的发展。比如说,随着互联网技术的发展,网络约车对传统的出租车行业带来了巨大的冲击,将从根本上改变出租车市场格局和人们的出行及生活方式,但这种新的产业形态又带来了新的法律风险,催生了新的法律需求,但目前一些地方并未出台法律法规来妥善处理这一问题,也未找到好的解决办法。

再次,法律外部表现为国家意志,是当权者通过立法活动所制定或认可,并依靠国家强制力保障实施的规范体系。④ 法律具有权威性。法律如果失去强制力这一外在约束的保障作用,将完全无法自身驱动正常运行。但国家强制力的运行是统治集团及各利益团体之间博弈的结果,其实际执行结果可能与理想、社会现实需求之间产生较大的落差,这种外部利益驱动下的强制力反过来亦有可能成为法律制度的局限所在,⑤人类的决策和行为所带来的风险

① 转引自[美]E.博登海默:《法理学:法律哲学与法律方法》,邓正来译,中国政法大学出版社 2004 年版,第 10—11 页。
② 张文显主编:《法理学》(第二版),高等教育出版社 1999 年版,第 92 页。
③ [英]梅因:《古代法》,沈景一译,商务印书馆 1996 年版,第 15 页。
④ 卢云主编:《法学基础理论》,中国政法大学出版社 1994 年版,第 38—43 页。
⑤ "如果法律作为社会控制的一种方式,具有强力的全部力量,那么它也具有依赖强力的一切弱点。"参见[美]罗·庞德:《通过法律的社会控制 法律的任务》,沈宗灵、童世忠译,商务印书馆 1984 年版,第 10—11 页。

正逐渐成为法律运行过程中的主要风险,①就算一部法律从技术与内容上来说无可挑剔,但强制力自身的利益偏好和价值取向的存在,也使其难以保证法律在现实运用中会完全中立,不会出现实际运作效果与预期目的不同甚至背道而驰的现象。

　　一边是先进科学技术对传统道德与法律提出新要求、新挑战,也带来新的冲击;一边是法律自身的滞后性、利益性等种种局限性使其难以及时、全面地满足社会全体成员的利益诉求,"往后看,传统的宗教、艺术观念在提供行为指南方面已经无能为力;往前看,相应的具有普遍约束力的行为法律、法规尚未建立",②双方矛盾最终加剧了风险社会的形成与发展。面对这一新兴的全球性问题,现代法治理念和法律制度已相当成熟与完备的西方发达国家尚且难以充分应对,对于整体的法律政策体系、法治理念还不够健全,社会功能分化在制度方面还存在缺陷的中国而言,在大规模风险灾害发生时,所面临的挑战更加严峻。

二、机构设置和决策机制的不合理加大了现代技术风险

　　贝克认为,现代技术风险本质源于工业革命晚期人类追求经济和科技进步的过程中,由于知识的积累和演进对世界的影响所"制造出来的不确定性",是"有组织地不负责任"的结果。③　其中,机构的不完善、决策的不合理是诱发现代技术风险的重要制度成因。

　　一方面,现代管理机构设计上的缺陷带来的技术风险责任主体不明的问题,增加了现代技术风险发生的可能性。

　　理想状态下,岗位明确、职责分明、权责相当才是有利于风险责任分担的机构设计标准。但按照现有的管理模式,绝大多数情况下的科技活动主体的角色由相应的管理部门承担,而非科技活动的执行者,也就是说,科技活动的

---

① 吴汉东:《知识产权的制度风险与法律控制》,《法学研究》2012 年第 4 期,第 61—73 页。

② 甘绍平:《应用伦理学前沿问题研究》,江西人民出版社 2002 年版,第 2 页。

③ 毛明芳:《现代技术风险的生成与规避研究》,中共中央党校博士学位论文,2010 年,第 32 页。

决策者、授权者与执行者被割裂成为不同的阵营。再加上权力机构中存在的"官僚制"影响,简单问题被复杂化,组织机构日渐膨胀、复杂,管理部门职能分工常常发生越位、错位、重叠的现象,多个机构各自为政,层级关系日渐复杂,彼此间缺乏有效的沟通、交流、协作机制和渠道,这些都大大降低了部门履职的灵活性和效率,也模糊了技术风险责任承担主体的边界。"没有人或者所有人都是主体"①,造成了风险责任主体虚位、错位和缺位的现象,而妥协的产物——集体负责制表面上要求所有人都是主体,但当人们要求这些主体承担责任时,他们往往以"我们与此毫无关系"、"我们只是一个次要参与者"等理由为自己开脱,在法不责众的普遍认知下,最终的结果就是没有人承担责任。② 在很多情况下,正是那些应该担责的人能够获批离职,从而摆脱责任。这种机构设计的缺陷无异于松开了职能机构或工作人员头上的紧箍咒,放任其不当作为而不加以惩罚,机构甚至沦为个别人或者利益群体谋取私利、逃避责任的避风港,是滋生现代技术风险的"温床",不能完全适应现代技术风险管理的要求。③

另一方面,相关决策的非理性化加剧了现代技术风险。

随着人类改造自然的能力不断提高,改造行为所涉及的深度和广度亦在不断延伸和扩宽。人们在享受高新科技带来的福利的同时,也面临着核能、生物化工、互联网、人工智能等新技术对大众健康安全、隐私、居住环境乃至生存空间潜在的风险威胁。但面对应用范围越来越广泛、设计越来越复杂的现代技术,要准确预估未来技术会发展到怎样的程度,会出现哪些新技术,会对哪些领域产生什么样的应用后果,影响时间有多长等问题本身就存在很大的难度。新科技的发展与运用是否会发酵产生灾难性的技术风险,技术专家、技术

---

① [德]乌尔里希·贝克、[德]约翰内斯·威尔姆斯:《自由与资本主义——与著名社会学家乌尔里希·贝克对话》,路国林译,浙江人民出版社 2001 年版,第 146 页。

② [德]乌尔里希·贝克、[德]约翰内斯·威尔姆斯:《自由与资本主义——与著名社会学家乌尔里希·贝克对话》,路国林译,浙江人民出版社 2001 年版,第 146 页。

③ 毛明芳:《现代技术风险的制度审视——乌尔里希·贝克的技术风险思想研究》,《科学技术哲学研究》2012 年第 2 期,第 61—65 页。

管理部门和掌握着权力的政府机构起着决定性的作用。①　一项新科学技术决策既可能推动人类社会的进步,也可能给全球带来灭顶之灾。

任何技术的研发、应用都需要资源的支持,而资源往往源于权力,在现代技术发展"高、精、尖"走向日益凸显的当下,这种决策中的权力倾向性更加难以剥离:仅依靠个人能力既缺乏对前沿技术研究的高瞻远瞩的预见和规划,也难以承担高昂的研究成本。新技术的发展往往需要得到政府部门、企业以及相关社会团体的资助与支持,这些权力机构的决策结果对技术潜能可否转化为技术起到了关键作用。

纵观人类技术发展历史,国家或统治阶级通过决策的方式对技术活动进行选择、干预和调节的现象并不鲜见。由于在客观上风险的测算无定式可循,没有人能够提前进行百分之百准确地计算和预测风险,历史上也没有任何可供借鉴和参考的知识和经验,因此,即使技术决策经历了充分的论证,也不完全是理性的,也有可能出错,因为部门利益和已有的价值观所造成的影响是无法消除的。例如,过去一些地方政府片面强调 GDP,在决策上重视技术的经济利益而忽略了技术的生态环境风险,有时不惜以破坏生态环境为代价而上马一些高能耗、高污染、高排放项目,导致百姓中毒、"癌症村"等事件频发。在《技术与人的本性》中,技术哲学家芒福德指出:"科学和技术的手段完全是理性的,但是最终的结果却是疯狂的。"②

三、技术权力与技术利益的纠缠加剧了现代技术风险

技术权力是指单位和个人凭借一定的技术或技术政策制定权而拥有的对经济社会发展的影响力、控制力。在当代社会,技术越来越具有权力的特征。拉图尔指出:"在现代社会,大多数新兴权力来自科学(不论是何种科学),而

---

①　毛明芳:《现代技术风险的制度审视——乌尔里希·贝克的技术风险思想研究》,《科学技术哲学研究》2012 年第 2 期,第 61—65 页。

②　吴国盛:《技术哲学经典读本》,上海交通大学出版社 2008 年版,第 505 页。

非来自于经典的政治过程。"①技术权力体现为技术权力主体对经济社会发展的影响、控制。技术权力主要包括技术资源配置权、技术开发决策权、技术研发方向选择权以及技术成果应用权等。"在现代,技术权力是政治权力产生和运行的基础,拥有关键技术或核心技术从而拥有技术权力的群体或者国家在经济社会生活中就能够占主导地位。"②技术权力主体包括政府部门、技术专家、企业以及社会公众等。但当前,真正掌握技术权力的还是政府部门和技术专家。通常的做法是,政府部门以技术专家意见为基础来制定政策和进行科学决策。目前企业和社会公众掌握的技术权力相对较小。技术权力与技术风险密切相关,技术权力可以左右技术风险的产生、分布与应对,是技术风险的一个重要制度成因。社会学家佩罗指出:"从根本上说,问题不在于风险而在于权力,在于那种为少数人利益而将风险强加于大多数人的权力。"③可以说,技术权力是导致当今社会技术风险分配不均的一个重要原因。

在现代社会,技术权力可以通过多种方式实现,对于政府部门来说,可以通过制定科技政策和科技战略、布局科技项目和资金来实现;对于技术专家来说,其技术权力可以通过参与政府决策,以政府政策的强制力协助其实现技术权力;对于企业来说,可以通过对先进技术发明的专利保护、较高的市场占有率、参与或主导制定行业标准等方式来实现;对于社会公众来说,其技术权力可通过对新技术和新技术产品的支持与否来实现。技术权力的实现,一方面可以通过法律、法规的强制力得到实现;另一方面可以通过文化、价值观的传播而达到一种潜移默化的实现。

显然,技术权力与技术利益是一对孪生兄弟,往往纠缠在一起。技术利益是指技术开发和应用而带来的好处。在当代社会,通过技术权力来获得技术利益的方式表现为:国际科技巨头掌握有凭借关键技术获取垄断收益;科技发

---

① [美]约瑟夫·劳斯:《知识与权力——走向科学的政治哲学》,盛晓明等译,北京大学出版社 2004 年版,第 240 页。

② 石瑛、刘国建:《论实验标准化语境下的技术权力》,《人民论坛》2011 年第 20 期,第 218—219 页。

③ [美]查尔斯·佩罗:《高风险技术与"正常"事故》,寒窗译,科学技术文献出版社 1988 年版,第 264 页。

明者凭借其发明权而获得相应报酬、支配科技成果等。但是,个别人总是妄想通过控制技术权力来获取不当技术利益。"专业知识及其制度性的机构往往赋予科学家、工程师和物理学家支配下属的广泛权力,并使他们在社会资源的竞争中占据相当大的优势。这种影响确实存在,而且很重要"。① 对于技术利益,理应坚持"按劳分配"与"按需分配"的技术利益分享原则,让社会大众分享技术利益。谁作出的贡献大,谁就应该分享到更多的技术利益;最贫穷落后的地区,其老百姓最需要分享技术的利益,最需要通过技术来改变他们的贫穷落后面貌。但在现实中,很多人不按原则来分享利益,为了多得到一些技术利益,总是打破现有的技术规则,干一些为人所不齿的事情,导致本应该为社会公众谋福利的技术在一定程度上成了社会发展的"桎梏",增加了社会的风险。特别是,一部分人利用手中掌握的技术权力使一部分人分享技术的利益,而无需承担技术的损失;另一部分人承担技术的损失,而无法分享技术的利益。特别是发达国家利用在科技领域的话语权,制定不合理的国际科技游戏规则,凭借垄断赚取"超额利润",是一种赤裸裸的"技术剥削",如美国的高通公司,利用其在芯片领域掌握的核心技术和核心专利,漫天要价,向中国企业收取极不合理的"高通税",这是利用技术权力谋取不正当技术利益的典型表现。这种技术权力与技术利益的纠缠导致部分技术风险分配不公,引发连锁社会问题。

第四节　社会因素对现代技术风险形成的建构作用

前面章节已经谈到,现代技术风险是由客观风险因素与主观风险因素组成的。主观风险其实就是人们的一种技术风险感知,其形成受多方面因素的影响。风险源的客观属性,有关的风险及其情境特征,还有危险后果的物征等,这些都塑形着风险的评估和感知。斯洛维克等学者根据调查研究发现,影

---

① ［美］约瑟夫·劳斯:《知识与权力——走向科学的政治哲学》,盛晓明等译,北京大学出版社 2004 年版,第 254 页。

响风险感知的风险背景变量主要包括预期死亡人数或损失、灾难性潜能、感知到的风险源或风险情境的属性以及与风险原因相连的信念等。[①]

一、社会文化因素影响现代技术风险建构[②]

(一)跨文化的风险感知模型

自古以来,风险就是一种社会文化现象,与所属的文化群体有很大的关系。学者们围绕这一风险的文化群体归属议题,构建了不同的风险文化信仰模式原型。不同的文化信仰模式原型形成对风险主题的特定立场,并表达个人和社会组织的思想倾向,从而使他们易于接受某些与自身文化信仰和价值观相协调的行为,拒绝那些与其文化信仰和价值观不协调的行为。[③] 这些文化信仰模式原型主要包括道格拉斯等人的"中心—边缘"模型、汤普森的五种文化原型分类、格罗斯等人的阶层团体分析模式等。下面将以格罗斯等人的阶层团体分析模式为例来分析跨文化的风险感知问题。

格罗斯(Gross)与芮内(Rayner)提出了风险分析的阶层团体分析模式。他们依据团体内聚合度的强弱以及团体内阶层鲜明度将文化分为四种类型:一是聚合度弱与阶层不鲜明的团体,属于市场竞争型文化。二是聚合度强但阶层不鲜明的团体,属于平等型文化。三是聚合度与阶层极鲜明的团体,属于官僚型文化。四是聚合度弱与阶层鲜明的团体,属于宿命型文化。他们认为,为便于实证分析,量化团体内聚合度的强弱以及团体内阶层的鲜明度是有必要的。[④] 亚当·斯密将文化的不同与个人、团体与社会对自然宇宙的看法联结在一起,进一步发展和完善了上述阶层团体分析模式。

这些文化信仰模型表明,社会公众的风险感知是受其所在的文化群体的

[①]　[德]奥尔特温·雷恩、[澳]伯内德·罗尔曼:《跨文化的风险感知:经验研究的总结》,赵延东、张虎彪译,北京出版社 2007 年版,第 19—20 页。

[②]　本人课题阶段性成果相关文章已对此作了大量论述:毛明芳:《现代技术风险的文化审视》,《自然辩证法研究》2015 年第 9 期,第 43—47 页。

[③]　[英]谢尔顿·克里姆斯基、[英]多米尼克·戈尔丁编著:《风险的社会理论学说》,徐元玲等译,北京出版社 2005 年版,第 82 页。

[④]　宋明哲编著:《现代风险管理》,中国纺织出版社 2003 年版,第 390 页。

价值观、宗教信仰、风俗习惯和集体行为方式等因素影响的。社会文化是个人风险感知的"大背景",个人的风险感知一定会打上"集体文化"的烙印。

(二)亚文化的影响

现代技术风险不仅是一种客观的事实概念,而且也是一种主观的文化概念。社会公众不会完全以工程思维或经济思维来认识技术风险问题,而会以一种文化或价值的思维来思考技术风险的可接受性问题。现代技术风险的感知与一个人和某种文化团体的归属有一定的关系。具有不同亚文化的文化团体会形成不同的风险价值观和世界观。这种亚文化的世界观被认为是个人对于技术风险情境的一种反应。

另外,台湾风险学者宋明哲指出:"信仰、禁忌与责难成为古时人类社会处理可能的威胁或危险的一套系统。这套系统维系了当时的社会秩序,也是当时社会控制的方法。"[①]古时的民众信仰、禁忌与责难系统对社会风险所起到的管理作用,类似于当代的风险管理系统、法律管制条例,也是一种控制与维系社会秩序的方式。信仰、禁忌与责难也是风险生成的文化因素,比如说,中国人认为,过大年、办喜事时要万分小心谨慎,即使发生一点点事故,那也是不祥的兆头,有产生风险的可能。从这个意义上说,社会公众对风险的感知决定于文化信仰模式原型和一系列亚文化因素的影响。

(三)责任伦理缺失的影响

随着社会现代化智能化进程的不断发展,技术的应用愈发普及并呈现复杂化趋势,就其风险属性而言便不可避免地带来安全与不安全两种迥异后果。风险文化学学者斯科特·拉什认为,技术发展造成了全球自然风险,"自然风险包括对自然和人类社会所构成的生态威胁和科学技术迅猛发展带来的副作用和负面效应所酿成的风险。"[②]而责任伦理的缺失,则是在法规制度之后能够导致技术风险形成的重要原因之一。"责任伦理"最早是由德国社会学家马克斯·韦伯提出的,他认为责任伦理是对可预见的行为后果的伦理追问,强

①　宋明哲编著:《现代风险管理》,中国纺织出版社2003年版,第386页。
②　[英]斯科特·拉什:《风险社会与风险文化》,王武龙译,《马克思主义与现实》2002年第4期,第52—63页。

调"责任伦理"教会人们必须顾及自身行为可能产生的后果。① 汉斯·伦克所则认为,应对现代技术风险,要进一步完善"责任伦理"理论,除了要增强研发主体的技术责任外,更重要的是要提高政府决策主体的道德意识和责任意识,杜绝或避免"有组织地不负责任"行为发生,防止"管理太宽的国家"成为风险的"肇事者"。②

从体制机制层面上考量,政府部门等行政机构对技术风险的管控方法和力度,在很大程度上影响制约着技术风险的形成和发展,其中决策监管主体的伦理职责和运行过程中的伦理规约,是有效遏制技术风险形成的重要手段。但要理性看到,现有的制度规章中还存在一定的真空地带,对企业等主体的伦理责任缺乏明确的规范约束,对技术应用过程中的机制运作缺乏伦理框设,容易导致出现技术风险发生或蔓延后的"亡羊补牢"式情况,一些监管措施由于主体伦理道德的缺失滑坡和利益驱使,甚至能够造成比政策法规不够完善带来更为严重的后果,产生更为深远的破坏影响,如近年来发生的三聚氰胺牛奶事件、气候治理进程中的雾霾天气、全球网络勒索病毒传播、疫苗事件等,这也从另一方面凸显了体制机制问题中责任伦理的重要性所在。当前,政府部门等决策监管机构在管控技术风险中的职能任务,已经开始从以往的管理转变为治理,从"领导者、管理者"转变为"服务者、参与者"。这些新变化亟须构建职责明晰、分工明确、监管有效、保障有力的伦理规范机制来充分调节政府与市场之间的监管作用和运行机理,从而有效解决责任伦理缺失造成的技术风险难题,构建适合技术创新发展的体制机制环境,实现技术风险治理能力现代化、治理力量多元化、治理体系层次化的建构目标。

二、个人因素影响现代技术风险感知

风险认知除了受社会文化因素的影响外,还与相关风险主体的个人情况

---

① 董翔薇、贾鹏飞:《论行政主体的责任伦理建设》,《齐齐哈尔大学学报(哲学社会科学版)》2012年第2期,第43—45页。

② [德]乌尔里希·贝克、[德]约翰内斯·威尔姆斯:《自由与资本主义——与著名社会学家乌尔里希·贝克对话》,路国林译,浙江人民出版社2001年版,第143页。

有较大的关系。"风险感知常常是个人对风险原因的态度的一个组成部分……。态度包括了一系列对风险原因的本质、后果、历史和合法性的信念。"由于人们通常有一种避免认知不协调的倾向(认知不协调即由互相冲突的信念导致的情感压力),当其他的信念包含了消极的意义时,多数人对风险的感知将倾向于认为风险是更严重或有威胁的,而在信念包含积极意义时则正好相反。风险感知经常是这些潜藏信念的产物,而非这些信念的原因。[1]

　　显然,现代技术风险感知受职业从属关系、社会地位和性别等其他社会因素的影响。就职业从属关系而言,从事某一方面专业研究的人员,一般而言因对技术非常熟悉,会较少感知到风险;而远离这些专业领域的人员,他们对技术知之甚少,就明显感到害怕。就社会地位而言,一般而言,具有较高社会地位的人,他们具有较高的风险意识和安全价值导向,而社会地位不高的人,通常更多地考虑基本生存问题,而不会太多地考虑风险问题。"正是那些处于相对安全位置的人们才会有最强的风险意识,其原因不仅仅是因为他们比其他人更有可能遭受损失。"[2]就性别而言,男同志相对于女同志而言,一般具有较强的技术风险意识,愿意承担更多的社会风险。下面重点以转基因技术为例来说明个人因素对技术风险感知的影响作用。

　　社会公众对风险类型的关注度影响人们的风险感知。公众关注度最高的技术是转基因技术、食品药品监督技术等与生命健康息息相关的技术,而对于未来可能重塑我们的生活、不确定性很高的人工智能技术,政府决策相对较为谨慎的核电技术等,公众则不太关心。这可能也与这些技术经常发生事故,导致社会公众的担忧与恐惧有关。通过对 1573 名受访者的调查,每人只选一项心目当中风险最大的技术,39.80%的人认为当今社会风险最大的技术是转基因技术、基因编辑技术等现代生物技术,26.26%的人认为是食品药品加工技术,14.88%的人认为是人工智能技术,8.26%的人认为是核电技术。可见,跟

---

　　[1]　[德]奥尔特温·雷恩、[德]伯内德·罗尔曼:《跨文化的风险感知:经验研究的总结》,赵延东、张虎彪译,北京出版社 2007 年版,第 20 页。

　　[2]　[英]芭芭拉·亚当等编著:《风险社会及其超越:社会理论的关键议题》,赵延东等译,北京出版社 2005 年版,第 58 页。

社会公众的饮食、健康相关的转基因技术、基因编辑技术、食品药品加工技术被大多数公众认为是未来风险最大的技术。这也可以从社会公众关注的转基因技术风险类型得到印证。

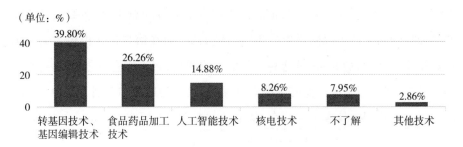

（单位：%）

图3-4　调查对象认为风险最大的技术

大家普遍认为，转基因技术等现代生物技术风险最高，为什么会形成这一认知态度呢？主要是因为转基因技术直接影响人的生命健康。76.73%的人认为，转基因技术对人类健康有害，61.73%的人认为，转基因技术可能导致生态灾难。至于，转基因技术的一些其他风险，如导致食品品质下降、核心技术被国外企业控制，可能引起经济风险等，社会公众则不太关注。

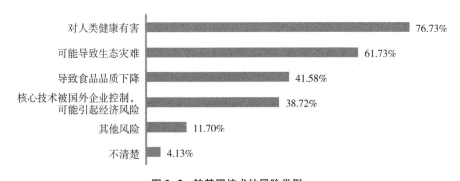

图3-5　转基因技术的风险类型

大部分社会公众认为转基因技术不是太安全的。在对所有受访者的调查表明，在有非转基因食品替代品的情况下，67.07%的人不会选择转基因食品，26.19%的人视情况而定，只有6.74%的人会选择转基因食品（见图3-6）。

社会公众的受教育程度影响技术风险感知。从图3-7可以看出，社会公众的风险感知与其受教育程度有明显的关系，总体规律是：随着社会公众的受

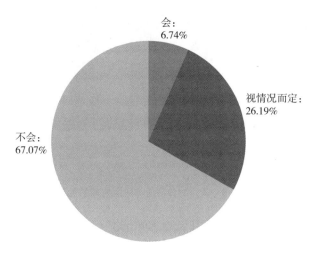

图3-6　调查对象对转基因食品的接受情况

教育程度的增加,其对风险的敏感程度增强,感知到的风险就相对增多。特别是75.3%的硕士及以上研究生学历的人认为,当今社会的风险确实增加了,这一比例高出其他群体10个百分点左右。

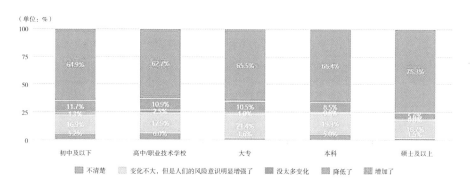

图3-7　调查对象受教育程度与风险感知的关系

社会公众的职业影响其风险感知情况。从图3-8可以看出,明显感觉到当今社会风险增加了的群体是高校科研院所企业科研工作者,这一群体中78.2%的人认为,当今社会的风险确实增加了。这一比例分别高出机关事业单位管理人员、企业员工、个体经营者、农民和在校学生等群体10.1个、12.7个、16个、17.3个、26.6个百分点。

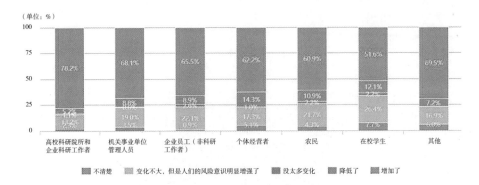

图 3-8　调查对象职业与风险感知的关系

社会公众的年龄情况影响其风险感知情况。从图 3-9 可以看出,社会公众对转基因技术和转基因食品的风险认知,有随着年龄增长而增长的趋势。在青年时期,个人感受到的风险少;而到了老年时期,随着经历的风险事件增多,个人感受风险的能力明显增强,感受到的风险明显增多。以认为技术风险很大和较大的两个群体占比为例,20 岁以下、20—39 岁、40—60 岁、60 岁以上的比例分别为 36.7%、72.2%、83.3%、78.6%;以认为技术风险很大的群体占比为例,那趋势就更明显了,20 岁以下、20—39 岁、40—60 岁、60 岁以上的比例分别为 12.2%、40.4%、49.4%、53.6%。

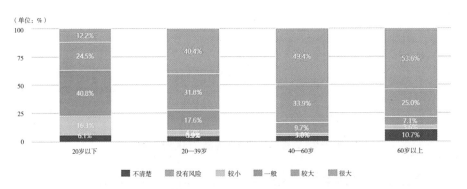

图 3-9　调查对象年龄与转基因技术风险认知的关系

社会公众对技术的熟悉情况影响技术风险感知。对转基因技术越了解的人,其感知到的技术风险也越高。这与西方国家的部分价值观念并不相符。"社会公众对某一项技术越熟悉,其感知到的风险也就越小。"

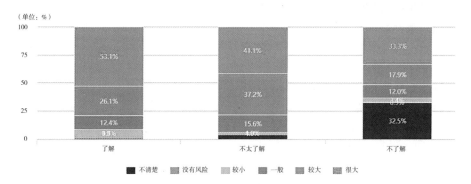

（单位：%）

图 3-10　调查对象对转基因技术的了解程度与其风险感知的关系

社会公众的直觉偏见影响技术风险感知。决策行为科学研究结果表明，人们的行为并不全部受理性的支配，并非完全建立在理性判断的基础上；相反，人的一部分行为是建立在非理性判断的基础上的，直觉偏见在人的非理性行为中起了一定的作用。这种直觉偏见是指，人们在作出技术风险的判断和选择时，有时不是完全建立在理性分析、多方权衡的基础上；相反，是凭常识、凭直觉作出一种感性判断。尽管这种直觉偏见会导致个人的风险感知与其他社会公众的风险感知不完全一样，产生偏差，但却是我们生活当中经常遇到的一个问题。"无论如何，风险管理者必须意识到这些偏见，因为它们出现在公众的感知中，有可能是观察到的公众反应的一个潜在原因"。①

三、突发性风险事件影响现代技术风险感知

现代技术风险感知有时并不完全受理性的支配，而是受情绪的制约。当面对不确定的技术未来时，技术发展的不确定性及其可能造成的社会后果通常会给我们带来一种强烈的心理冲击。在这个时候，情绪会对其技术风险心理产生重要影响。特别是当一个人处于突发性技术风险灾难时，会感觉到巨大的压力和威胁，从而产生害怕、担心甚至恐惧等负面情绪，这种负面情绪就是他认知技术风险的一个心理背景。这时，他很难再客观、理性地分析现代技

---

① ［德］奥尔特温·雷恩、［澳］伯内德·罗尔曼：《跨文化的风险感知：经验研究的总结》，赵延东、张虎彪译，北京出版社 2007 年版，第 18 页。

术风险事件,极容易对信息的获取、选择和风险的认知产生偏差。这时人们所认知出来的风险就不可避免地带有一定的主观片面性。因此,现代技术风险事件经历对个人的风险感知有明显的影响。从图3-11可以看出,如果经历过现代技术风险事件,则对现代技术风险的敏感程度明显增加,其感受到的现代技术风险和其他风险也就日益增多。71.9%的经历过现代技术风险事件的人认为,当今社会的风险增加了。这一比例比没有经历过现代技术风险事件的人的比例(66.3%)高了5.6个百分点。

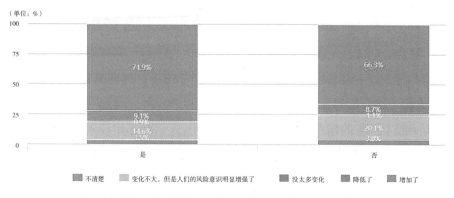

图 3-11　调查对象现代技术风险事件经历对其风险感知的影响

第五节　现代技术风险多元形成的实证分析

——以核电技术发展为例

现代社会是一个有机体,各种要素在其中相互关联、互相作用,政治、经济、军事、文化等诸多领域环环相扣,形成了多元化的生态发展格局。技术风险在其中同样如此,其所形成的风险困境并不仅仅是由技术本身造成,而更多地与政策导向、法律规制、伦理规范、公众认知等诸多因素息息相关。正如风险社会理论鼻祖乌尔里希·贝克认为的那样,"在风险社会中,风险一般都会从技术风险自我转换为经济风险、市场风险、健康风险、政治风险等等"。① 现

---

① ［英］芭芭拉·亚当等编著:《风险社会及其超越:社会理论的关键议题》,赵延东等译,北京出版社2005年版,第3页。

代技术风险既呈现出错综复杂的演化局面,又被更多的影响因子所制约着,这也正是技术风险的多元形成造成的客观情况。本节我们重点以核电技术为例,探讨核电技术主要风险及其多元形成机理。

一、核电技术及其全球发展现状

随着全球能源的日益短缺,利用核能发电已经成为解决能源危机、提高资源利用效率的重要方法与手段。合理有效开发利用核能,安全可靠推进核电技术发展,已经成为当前国际社会亟须合作解决的重大问题。核电技术是核技术应用于社会、造福于人类的一种重要方式。其主要的工作原理是利用核裂变或核聚变反应所释放的能量来发电。因技术水平存在限制,所以当今社会的核电站采用的都是核裂变技术。[1]

2011 年的日本福岛核电站事故虽然对全球核电产业造成了一定的冲击,并使核电产业遭受着公众的质疑,但是这种冲击与质疑并没有从全局上制约核电技术和产业的发展,核电技术稳中求好的发展态势并没有改变。截至2018 年 1 月,全球 30 个国家和地区共有 440 个核电机组,总装机容量为 390吉瓦,发电量约占全球发电量的 11%。目前,有 13 个国家共 50 座核电机组在建,其中,中国 18 座、印度 6 座、俄罗斯 6 座、阿联酋 4 座。[2] 从世界范围来看,核电技术的发展经历了以下四个时期。

起步期(1954—1965 年):二战后,在见识了核弹威力之后,一些国家意识到闲置蕴含巨大能量的核技术是一种十分浪费的行为,应该将核技术用来造福人类。在此期间,几个拥核国家在全世界组建运行了 38 个机组用来发电,同时严格管控其运行,并准备随时叫停。

爆发期(1966—1980 年):随着美、英、日等发达国家经济的迅速发展对电力需求的急剧增加,火电、水电难以突破资源、环境等"瓶颈"的制约,使它们

---

① 《核电技术》[EB/OL],https://baike.baidu.com/item/%E6%A0%B8%E7%94%B5%E6%8A%80%E6%9C%AF.2018-06-05。

② 《2018 全球核电最新统计》,http://www. china - nengyuan. com/news/123385. html.2018-06-05。

将目光投向了已发展十余年,技术日益成熟的核能发电。在此期间,共有242台机组投入运行使用,各国的发电量都有了巨幅的增长。

低潮期(1981—2000年):一方面,由于1979年第二次石油危机的影响,发达国家的经济发展速度减缓,电力的需求量得以降低;另一方面,1979年美国三里岛核电站、1986年苏联切尔诺贝利核电站先后发生严重的核泄漏事故造成重大的人员伤亡和财产损失,进一步掀起了全球反核运动的高潮。西方发达国家开始重新评估核电的安全性,调整原有的核电政策,减缓核电站的建设。在此期间,核电技术几乎完全停滞不前。

复苏期(2001年至今):进入21世纪后,人们环境保护的意识增强。既减少火电排放的温室气体,又保证足够的电量总额成为摆在世界各国面前的一道难题。而从历史上看,几乎所有的核电站泄漏事故的原因主要是人为因素,核电技术本身的安全性并未受到过多的质疑,而且核电技术发展比之当年又有了显著的进步。因此,出于对可持续发展、环境保护、核电技术发展、经济效益等因素的考量,核电技术又重新受到世界各国的青睐。

2011年的福岛核电站泄漏事故引起了社会公众对核电技术安全问题的又一次关注,但由于核电对世界能源供应的不可或缺性,大部分国家仍旧选择继续发展核电。日本在福岛核泄漏事故发生仅仅一年多就重启了大阪核电站,又于2015年到2018年先后重启了六台核电机组。尽管面对公众的指责与质疑,但其关停核电站后30%用电量的缺口难以弥补的现实让其不愿放弃核电。法国、荷兰、波兰、马拉西亚、意大利等国也因各种原因,对核电的依赖也较大,一时难以放弃发展核电。

当前,我国核电技术在"一带一路"倡议背景下不断向前发展,核电企业也获得了长远发展的新机遇。截至2017年年底,我国在运核电机组达到37台,装机规模3581万千瓦,位列全球第四;发电量2474.69亿千瓦时,占全国总发电量的3.94%,位列全球第三。机组运行安全稳定,总体运行业绩指标优良。①

----

① 中国核能行业协会等:《中国核能发展报告(2018)》蓝皮书,社会科学文献出版社2018年版。

二、核电技术风险事件及其影响

(一)历史上的三次核电站事故

历史上的核电站发生了大大小小的多起事故,但其中破坏最为强烈的、影响最为深远的应该数以下三次核电站事故。

美国三里岛核电站事故:1979 年 3 月,美国发生了历史上最为严重的三里岛核电站泄漏事故。从最初清洗设备的工作人员失误开始到核反应堆彻底损毁,大量放射性物质溢出仅仅两个小时。事故发生之后,60%的铀棒受到损坏,反应堆彻底停止运行。不仅如此,得到这个消息的附近民众惊恐不安,20余万人撤出这一地区。此次事故为核事故的五级(核事故共分为七级,级别越高危险越大)。

切尔诺贝利核电站事故:1986 年 4 月,苏联切尔诺贝利核电站四组发电机组发生爆炸,核反应堆全部被炸毁,大量放射性物质泄漏,污染了俄罗斯、白俄罗斯、乌克兰等部分欧洲地区。到现在为止,该地区因辐射污染造成了 9.3万人死亡,27 万人沉浸在癌症的病痛折磨之中,经济损失达到了 180 亿卢布,切尔诺贝利城成为一片废墟。据专家估计,完全消弭这场灾难对自然环境的破坏至少需要 800 年,持续的核辐射危险将持续 10 万年。① 此次事故为核事故的第七级。

日本福岛核电站事故:2011 年 3 月,日本东部海域里氏 9.0 级地震爆发,随之而来的海啸摧毁了福岛核电站的防护措施。在地震中,核电站中的一座反应堆出现异常,泄漏出了大量的核蒸气。3 月 15 日、16 日福岛核电站再次发生火灾,两座核电站释放出大量的核辐射,引发核泄漏危机。3 月 15 日,日本政府宣布核电站周围 20 公里以内所有的居民撤离,方圆 20 公里至 30 公里的居民在室内躲避。3 月 25 日,福岛核电站的核泄漏事故已无法控制,核电站附近的放射性碘浓度已达到法定限值几千倍,核电站 1 号、2 号反应堆地下

---

① 《切尔诺贝利事故》[EB/OL],https://baike. so. com/doc/5387308 - 5623838. html.2018-07-25。

积水的辐射量是平常的 1 万倍,福岛核电站的修复工作暂时停止。3 月 30 日,日本政府宣布永久废弃反应堆,停止修复工作。4 月 11 日,辐射扩散十分迅猛,日本政府拟把核电站周围 20 公里至 30 公里的躲避区改为疏散区。6 月 3 日,核电站周围 20 公里以外检测到放射性同位素铯-137 和铯-134。2015 年 10 月 20 日,日本承认第一例白血病患者因福岛核电站核辐射而产生。[①] 此次事故为核事故的第七级。

(二)核电技术事件的风险影响

1979 年,美国三里岛核泄漏事故使美国民众十分恐慌。这是因为:作为世界上最早研发核技术,最早将核技术用来发电、建设最多的核电站、核电技术最为先进的老牌强国竟然也会发生如此重大的核泄漏事故!人们不禁要问:核能技术是不是安全的?核电站是否还有存在的必要?核电风险该如何避免?由此引发的民众反核运动让美国政府焦头烂额。美国政府开始寻找一条合理避免核电风险的新路径,并暂时中止了核电站的建设。

1986 年,苏联切尔诺贝利核事故的发生进一步加重了世界各国对于核能技术风险的担忧。众多的有核国纷纷停止了核电站的继续建设,同时积极研发改进核电技术,调整核电政策。在这一时期,核电技术给世界各国留下了一个不安全的印象,加之民众的核恐惧日益严重,反核力量的增强,导致已建成的核电站几乎完全停用,建设新核电站的计划被搁置,核能技术的安全性上升为迫在眉睫的重要技术难题。

2011 年,日本福岛核电站事故让已经处于复苏期的核电技术又一次蒙上了阴霾。但是,基于能源、环境、经济等问题的考量,世界各国不得不小心翼翼地继续发展核电技术。从历史上这三次核电事故来看,世界各国已经意识到人为因素是造成核电风险事故的主要原因。美国三里岛核泄漏事故、苏联切尔诺贝利核事故的发生都是由于工作人员的操作不当引发,而日本福岛核电站泄漏的诱因虽然是地震,但事发之后的遏制事态进一步升级的处理措施却

---

① 《日本福岛核泄漏事故》[EB/OL],https://baike.baidu.com/item/%E7%A6%8F%E5% B2%9B%E6%A0%B8%E6%B3%84%E6%BC%8F%E4%BA%8B%E6%95%85/ 12649300. 2018-5-10。

是由东京电力公司的负责人作出的。因此,福岛核电站事故之后世界各国更多地将目光关注于核电站管理、员工操作等人为因素。

三、核电技术的主要风险及其争论

(一)核电技术的主要风险类型

1. 生态风险

社会公众对核电技术的担忧,主要在于担心一旦发生核电站泄漏,核辐射将对生态环境及人类健康产生重大影响。核事故发生后,悬浮在空中的放射性核素会像"幽灵"一样随风四处扩散,无孔不入,长久地发生影响。据估计,切尔诺贝利地区的核辐射需要 800 年才能消除影响,而福岛核电站附近区域,至今辐射含量仍较高。有专家估计,福岛核事故泄漏的放射性物质分布于日本、太平洋和世界其他地区的比重大约分别为 18%、80% 和 2%。① 根据辐射水平监测数据,事故发生初期,福岛核电站周边占福岛县总面积约 10% 的区域被认定为辐射水平严重超标,需要疏散居民。后来,经过持续的污染处理和环境整治,这一高辐射区域面积已逐渐缩小。至今,在福岛附近打捞出来的许多海洋生物,因长期生活在这种包含毒素的水中,受到辐射侵染,全身溃烂,躯体畸形,凄惨无比。日本福岛核电站泄漏事故已经过去 7 年了,但辐射依然强大,至今没有可操作的技术找到熔毁的燃料棒的残余物质并清除,辐射遗留问题大。另外,核资源短缺、核废料处理难、核电站退役周期长且成本昂贵等都是核电技术生态方面存在的风险问题。以核资源短缺为例,据相关部门统计,我国目前核原料和铀的对外需求度高达 85%,远超 50% 的国际警戒线。过高的对外需求度已成为危及国家能源安全的重要隐患。

2. 经济风险

核电以发电成本低、经济效益高、带动周边其他产业发展为显著特点。但核电站建设投资大、周期长,不确定性因素多,存在一定的风险。如我国规划建设中的湖南桃花江、江西彭泽和湖北大畈等三处内陆核电站,前期投入资金

---

① 孙学智:《福岛核事故的影响还会持续多久?》,《中国环境报》2017 年 3 月 30 日。

已过百亿元,目前正处于搁浅状态,造成大量资金闲置。特别是在福岛核电站事故发生以后,世界各国的核电站受到更高的安全标准与严格评审的影响,核电站的工期被延长,额外负担的成本节节升高。令人瞠目结舌的投入使得一些有核国家不堪重负,无核国家望核兴叹。

另外,一旦发生核事故,将对运营企业甚至整个国家造成巨大的经济灾难。2013 年末,日本经产省预估福岛核事故全部处理费总计约为 11 万亿日元。然而,这一预算刚刚执行 3 年就显现出严重不足,经产省 2016 年末重新进行了预估,总计需处理费用约 21.5 万亿日元(约合 1.3 万亿元人民币)。①这笔巨额费用比先前估算的费用高了约一倍,给日本东电公司乃至日本政府造成了巨大的经济负担。由于东电公司自身无力全额负担此笔费用,日本政府正在考虑如何通过财政手段来分担处理费用,提高电价和税率是备选方案之一。这也就意味着,老百姓的负担会被加重,核电站造成的损失最后由老百姓来买单。

3. 人文风险

对于大多数人来说,"核辐射"这一令人谈之色变的禁忌话题一直远如天上楼阁,但这次日本福岛核泄漏事故发生之后,人们才发现这巨大的危险就在每个人身边。回想起历史上原子弹爆炸时,广岛、长崎两地居民的可怖后果更加剧了人们对核技术的心理恐慌,从而引发了一系列关于核技术的恐惧、焦虑等心理疾病,进一步威胁到人们的身体健康。

当年苏联切尔诺贝利事故之后,弗列米特拿教授说过:"到目前为止,对健康影响最大的并非那些受到核辐射的人,而是那些因害怕感染辐射而感到焦虑和恐惧的人,因为这会影响他们长期的健康。"②一切的恐惧源于未知,对于核辐射这种无声、无形、无味又防不胜防的威胁更是如此,而一旦感染核辐射,会大大增强癌症的患病率、身体上的病变以及遗祸至下一代的可能性,而这些恶劣影响更像是一个无声无息的恐怖魔鬼无时无刻都在威胁人们的日常生活。

---

① 孙学智:《福岛核事故的影响还会持续多久?》,《中国环境报》2017 年 3 月 30 日。
② 罗俊:《核恐惧比核辐射更可怕》,《人民日报(海外版)》2011 年 4 月 15 日第 14 版。

（二）关于核电技术的风险争论

自 2011 年日本福岛核事故之后，中国核安全管理部门曾一度中止了核电发展项目。但时过境迁，沿海核电站项目又被重新提上了议程，并加快审批，积极推动。对于内陆核电站建设，目前争议还很大。

对内陆核电站持支持态度的人士主要包括核电企业和地方政府代表。他们认为，随着我国核电工程设计和施工能力的增强，环保问题的日益突出，发展内陆核电站是大势所趋。在他们看来，区分内陆核电和沿海核电只是中国人的说法，国外并不如此区分。国外内陆核电站和沿海核电站的安全标准是一样的。当今世界，约 58% 的核电机组位于内陆地区，在美国、法国和俄罗斯等核大国当中，内陆核电站比例均高于 60%，从多年的运行看，其安全性是有保障的。并且，在当今全球生态环境问题日益凸显的情境下，发展清洁高效安全的核电是解决能源短缺和减少环境污染的重要手段。此前国家相关部门已经明确了湖南桃花江、江西彭泽和湖北大畈核电站等 3 个厂址，这几处规划的内陆核电站前期投资总额已经超过百亿元，大量资金被闲置，造成了一定的遗留问题。应当在充分论证、充分进行公众风险沟通以后重启建设。因此，重启内陆核电站建设，时机已成熟。2017 年 6 月，课题组到湖南桃花江核电站建设现场去调研时，当地政府领导、老百姓大都认为目前核电技术是比较安全的，希望尽早启动内陆核电站建设。

但是，一些专家学者并不这么认为。我国知名科学家何祚庥院士就旗帜鲜明地反对过快地发展核电以及建设内陆核电站。他认为，沿海的核电站发生泄漏事故还不会造成太严重的后果，一旦内陆核电站发生核事故，后果会不堪设想，可能会污染数百万人饮用水来源的河流、地下水以及大片的农地，甚至与之相邻的省份都将面临灭顶之灾。他认为，建设内陆核电站，一定要慎重。还有学者认为："在无法保证'绝对安全'的前提下，核电不能算是清洁能源。我们在中长期顶层设计考虑'去煤化'问题上是绝不能选择核电的。"[1]

面对这些争论，国家能源管理部门的主张是，在以安全为前提下进行内陆

---

[1]　《内陆核电建设要不要重启？何时重启？》，人民网，2016 年 3 月 22 日。

核电站的规划建设。"核电发展必须做到万无一失,没有安全就没有核电","关于在内陆建核电站,我们仍在进行深入论证,广泛听取社会各界意见,目前尚无明确时间表"。[①] 这就意味着,近期内我国不会重启内陆核电站建设。

四、核电技术风险的多元形成机理

核电技术作为一种在简化的、受控制的实验室下研究生成的技术,运用于复杂的社会环境之中,难免会出现许多未曾预料到的状况,产生不确定性。可以说,历史上三次核电事故的重要原因都在于人为因素,这是在实验室中难以想象到的。这里探讨核电技术风险的多元形成机理,更多的是跳出技术层面的问题,而将视野放在与技术风险紧密相关的社会问题上进行分析阐释,进而从全局宏观上准确理解把握核电技术风险的"非确定性"。

(一)社会公众对核电技术风险感知的"偏差"

公众对风险的认知,远比专家复杂,并不是少数专家从单一科学角度所提供的技术上的风险解释所能回答的。一个在专家眼中视为微小可忽略的技术风险,在公众眼中则可能被放大并激起强烈的反应,我们必须正视专家学者与普通公众在风险认知和评估方面的巨大差异。[②] 因此,公众对核电技术的风险认知并非完全建立在科学、理性的基础之上的,而更多的带有个人的主观感情色彩,就如同有些公众害怕坐飞机,但实际上乘坐飞机的安全系数在交通工具中是相当高的,这些公众更多的是被风险结果的巨大破坏力所干扰,而忽视了风险可能发生的概率,即便这种概率在客观条件下是安全可控的。

这在某种程度上说明了公众对核电技术的认知并不完善,对核电技术的了解程度也极其有限,这种认知偏颇在一定程度上会造成公众恐慌情绪,进而提高对核电技术风险的警惕性。从对1573名受访者的问卷调查结果来看社会公众对核电技术的熟悉程度,只有15.00%的人对核电技术是了解的,

---

① 《内陆核电建设要不要重启?何时重启?》,人民网,2016年3月22日。
② 张燕:《风险社会与网络传播——技术·利益·伦理》,社会科学文献出版社2014年版,第91页。

61.16%的人对核电技术不太了解,23.84%的人对核电技术不了解(如图 3-12 所示)。

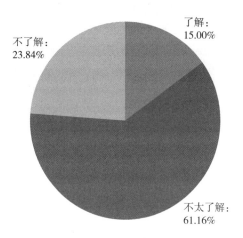

图 3-12　调查对象对核电技术的熟悉程度

调查发现,大部分调查对象认为核电技术的风险较大。有 63.44%的人认为核电技术有很大或较大的风险,其中认为风险很大的占 28.73%,认为风险较大的占 34.71%(如图 3-13 所示)。

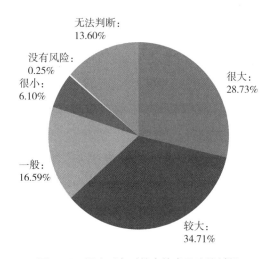

图 3-13　调查对象对核电技术风险的判断

调查发现,当前社会公众最为担心的核技术风险是可能发生核爆炸和核泄漏、核辐射,严重影响周边群众健康。70.69%的人担心核电技术会发生核爆炸和核泄漏,对人类身体健康及其生存环境产生影响。至于核电退役周期比较长且成本昂贵等问题,公众则并不太关注。

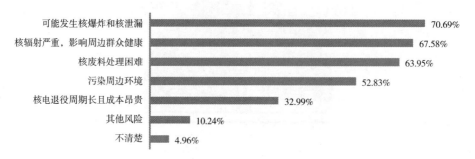

图3-14 核电技术可能发生的风险类型

调查发现,技术价值观对核电技术风险认知的影响较大。可以看出,对未来科技发展持乐观态度、谨慎态度和悲观态度的人,其认为未来科技风险很大、较大的比例呈依次递增的趋势。特别是对未来科技发展持悲观态度的53人中,认为未来核电技术风险很大、较大的比例为73.5%(如图3-15所示)。

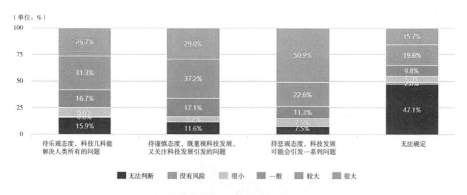

图3-15 技术价值观对社会公众核电技术风险感知的影响

调查发现,性别对核技术风险的感知存在一定的影响作用。在1573名受访者中,男性852名,女性721名。从图3-16可明显看出,女性对核电技术风险较敏感,认为核电技术风险很大的比例为33.3%,这一比例比男性24.9%高了8.4个百分点;认为风险很小的比例为3.1%,比男性比例8.7%又低了

5.6 个百分点(如图 3-16 所示)。

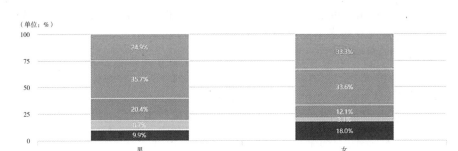

图 3-16　性别对核电技术风险感知的影响

(二)相关部门关于核电技术规划的"非科学性"

相关部门核电决策的"非科学性"也是核电技术风险形成的重要原因之一。日本福岛核事故之前,我国规划在内陆地区建设一批核电站,以满足清洁能源生产的需要。但福岛核事故发生后,我国及时调整了内陆核电站建设思路。现在回过头来审视,过去我们的政策有些激进,对核事故的危机没有清醒的认知,完全忽视了核安全的重要性。由于相关部门在制定核电技术发展政策时,缺乏细致周密的考察和评估,可能使得核电技术的发展走向不科学,周边安全保障技术措施也跟进不到位,留下了一些遗留问题,进而造成了公众的恐慌情绪和对政府的不信任感。同时,由于体制机制等诸多问题的影响制约,政府在制定长期的、安全的、权威的、可操作性的战略规划方面缺乏长远思考,在健全核电产业发展方面同样缺少高效稳妥的政策引导,不可避免地会造成核电技术战略规划的"非科学性"。

(三)技术专家的立场偏颇

技术专家由于所掌握的关键技术内容和信息资源要远远超出普通公众,因而在对核电技术的运用与理解方面,不可避免地会出现专家与公众之间风险认知上的差异,这种在风险认知上的差异也在一定程度上影响了公众对专家的信任感。"因为,科学总是首先关注生产力,而对风险总是推后考虑。生产力的提高足以为科学提供合法性的支持,而产生的所有负面影响却总是被认为与科学无关,仅仅是不当使用所致,或者是必须付出的代价而已。"①专家这种对科学的理解认同以及对风险错误的谅解精神,使得在他们眼中可能较小的技术风险或者技术发展进程中微不足道的试错容错,在公众看来却是不容小觑的风险事件,专家理解的小概率风险事件对某些公众群体而言可能是大风险事件。

另外,社会市场化的加剧造成了学术研究跟风与退化的问题,一些专家索性退化堕落为"专门为利益集团辩护的门客型知识分子",②现今社会的核科学家希望能创造出一劳永逸地解决核安全问题和增加社会财富的知识,以便在探求知识的过程中获得地位、声望与权利。基于这种功利主义的价值取向,他们大多成为科学权利的附庸。为了获得利益与声望,他们过分凸显核电技术能产生大量的经济效益、节省煤炭等资源、减排温室气体等方面,而刻意地忽略核技术尚未完备,核电站安全性还不能保障、核事故的严重破坏性等方面。这一偏颇的立场,迷惑了公众,也在某种程度上影响着政府作出不科学的决策。

(四)媒体的"推波助澜"

风险"在知识里可以被改变、夸大、转化或者削减,并就此而言,他们是可以随意被社会界定和建构的。从而,掌握着界定风险的权力的大众媒体、科学和法律等专业系统,拥有关键的社会和政治地位"。③ 媒体作为现今社会的喉舌,其传播的信息是否真实是至关重要的。但往往由于政府导向、经济利益、科学家的误导等因素,他们在传播信息的过程中,可能会有意地淡化或忽视自身的社会责任感,夸大技术的利益性,给公众营造出一种核电技术经济效益远大于核电技术风险危害的假象。这可能导致公众无法真正认识到核电技术是一种利益与风险并存的技术,并不是媒体宣传所简单描述的那样——利大于弊。

同时,随着微博、微信、移动客户端等即时新媒体的迅猛发展,技术风险借

① [英]安东尼·吉登斯:《现代性的后果》,田禾译,译林出版社2002年版,第9页。
② 李侠:《知识分子:不要活着参加自己声誉的葬礼》,《中国青年报》2005年3月2日。
③ [德]乌尔里希·贝克:《风险社会》,何博闻译,译林出版社2004年版,第20—21页。

助网络媒介的传播进一步加剧了公众的危机感受,媒体对公众的风险认知影响作用更加明显。各类涉核信息通过网络渠道广泛传播,使得公众了解相关信息更为便捷,发表民意的途径更加多样。如图 3-17 所示,仅 2018 年 2 月,相关平台便采集 38990 条核与辐射安全类信息,其中微博 33828 条、网媒报道 3221 篇、微信公众号文章 1376 篇、论坛主帖 400 篇、平媒报道 142 篇、博客文章 23 篇。[1] 网络媒体凭借便捷传播的优势,成为公众获取技术风险信息的重要渠道,但由于网络监管的缺失,部分媒体为了追求流量、吸引大众眼球,片面夸大风险事件影响,在一定程度上误导了公众。

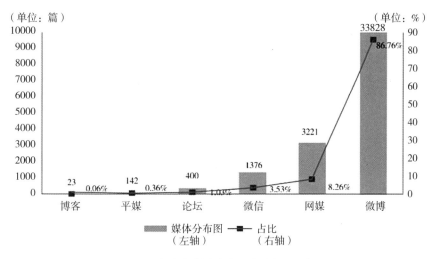

图 3-17 核与辐射安全各平台信息量分布图

(五)技术、资本、权力和利益在核电技术风险形成中的"放大镜"作用

"风险社会放大"这一概念最早由美国克拉克大学决策研究院的一些学者共同提出,他们认为,风险社会放大指的是看起来微小的风险却引发大规模的公众关注和重大社会影响,甚至波及不同时间、空间和社会制度的现象。技术、资本、权力和利益在核电风险形成的过程中产生了"放大镜"的作用。当各利益主体在核电技术发展历程中都试图将自身利益最大化时,便不可避免

---

① 李炜炜等:《2018 年 2 月全国核与辐射安全舆情研判》,《核安全》2018 年第 2 期,第 89—94 页。

地造成局部利益冲突,这种利益冲突在公众的风险认知中便会被极度放大,特别是当风险事件爆发后。

风险社会学家贝克以"技术王国"这一概念来分析政府部门、企业、技术专家结成利益共同体来"人为制造风险"的过程。以日本福岛核电站事件为例,2011年的福岛核电站泄漏事故可以说全程都有资本、利益的参与,事发之初就存在的多次小规模核泄漏事件并没有引起足够的重视。一方面,基于资本家的逐利本性与日本能源短缺,以及核能发电的不可替代性等原因,东京电力公司联合原子能安全委员会、日本其他电力公司、福岛地方政府、核电站建筑承包商、核技术和设备供应商形成了一个庞大的利益链条,一荣俱荣,一损俱损。① 不仅如此,东京电力公司还花费巨额金钱收买媒体、专家学者等作为喉舌向公众鼓吹核能发电不可或缺,福岛核电站安全性可以保障。这样一来,东京电力公司通过种种手段在政治、经济、社会等层面形成了一个以自身为核心的利益共同体。从而压制了国内与国际反核团体的声音,进一步影响了日本的核政策,并增强了东京电力公司在日本乃至全世界公众心目中核电安全的公信力,促使福岛核电站项目迅速落地实施。另一方面,本着赚取更大的利润的目的,东京电力公司将本应报废的机组设备向政府申请延寿10年,继续用来超负荷工作。但这次超乎想象的大地震袭来,势不可挡的海啸迅猛地冲垮了核电站的防护措施。而在事故发生之时,东京电力公司还有能力可以挽救:通过海水倒灌的方式彻底冷却核反应堆,停止正在发生故障的机组,阻止事态的进一步扩大。但东京电力公司却不愿自身承受如此巨大的经济损失,竟将这一损失转嫁到日本全国,导致错过最好的事故处理时机。这一行为使得核电站彻底报废,核蒸气喷涌而出,造成了这一地区被辐射污染,大量居民不得不离开家园,福岛从此成为一个荒无人烟的人类禁区。天灾夹杂人祸,再加上资本、利益、权利等的放大作用,最终酿出了一个日本乃至全世界都无法承受的苦果。

---

① 张学义、曹兴江:《技术风险的追问与反思——由日本核辐射引发的思考》,《东北大学学报(社会科学版)》2011年第5期,第377—382页。

第四章　现代技术风险整合规避的理论阐释

第一节　现代技术风险整合规避的深刻内涵

现代技术风险的系统组成和系统性特征要求我们采取一种整合的规避机制。本小节重点探讨现代技术风险整合规避的理论基础、内涵及原则。

一、现代技术风险整合规避的理论基础

二战结束后,风险理论界面临这样一个风险管理的窘境:对于传统的风险管理未能找到治本之策,而新型风险如金融风险、财务风险、保险风险、技术风险等又大量涌现。这迫切需要新的风险管理理论来应对现实情况的变化。当前,整合风险管理理论、全面风险管理理论以及风险治理理论等是风险管理领域的前沿理论,为现代技术风险的整合规避提供了理论基础。

(一)整合风险管理理论

1916 年,管理过程学派的创始人亨利·法约尔首次提出了将风险管理与企业经营相结合的思想,然后美国的经济危机、通用汽车公司的安全事故、切尔诺贝利核事故等的接连发生,极大地推动了风险管理思想的发展,但当时的风险管理思想主要是关注财务、保险、单一型、突发性的风险。随着风险的跨领域发生、复合型风险的出现,传统的风险管理思想在风险管理实践中的局限性逐渐显现,整合风险管理思想应运而生。1992 年,Kent D.Miller 率先提出了整合风险管理的概念,但他主要是着眼于国际业务领域,并由此提出整合风险的管理思想。后来,Meul Broek 认为,应对公司的经营模式、资本结构、金融工具三者进行整合,构成了整合风险管理的核心内容。

整合风险管理(Integrated Risk Management,IRM)也称企业集成风险管理(Enterprise Integrated Risk Management,EIRM),其产生源于理论界针对企业面临复杂的内外部环境,如减少经营成本、降低产品损失、提高市场竞争力、预测未知风险等问题作出的回应。一般认为,整合风险管理就是指风险管理主体围绕其战略目标,积极预见、辨识和评估面临的各种风险,整合运用各种风险管理方式,规避及减少各种风险的过程。

从整合风险管理思想的发展历程来看,其思想主要有以下几个特点:第一,清晰的目标定位。整合风险管理的目标很明确,那就是盈利。一方面,规避各种风险损失;另一方面,最大限度地为股东创造价值。第二,多样的风险规避手段。整合风险管理实践除了沿用传统的风险管理中运用的法律、制度、经济等手段外,还积极运用了金融工具、技术等手段,全方位规避各类风险问题。第三,统一的风险整合框架。与传统的碎片化、连续性不强的风险管理不同,整合风险管理将风险看成一个整体或系统,并创造出统一的管理框架,将各种风险、管理方式、方法手段等整合进去,为系统性风险规避提供整合性解决方案。

推而广之,整合风险管理不仅运用于解决企业面临的风险问题,而且对于一般的风险问题都有普遍的指导意义。整合风险管理思想既不否认风险的存在,也不认为可以杜绝风险的发生,它寻求的是通过各种规避手段与措施将风险控制在可接受的范围内。对于任何一种风险,我们能做的就是风险的前期识别与评估工作,为后期风险的应对与控制创造条件,减少风险造成的损失。技术风险的整合规避要做的也是在技术风险发生前通过各种规避手段改变风险发生的条件与作用范围,在风险发生时降低风险损失,将风险控制在人们可以接受的范围内。

(二)全面风险管理理论

1998年,亚洲金融危机爆发后,基于对金融危机引发的系统性风险的反思,一种新型的风险管理思想——全面风险管理(Enterprise Risk Management)开始出现。关于什么是全面风险管理虽然并无统一的定义,但大体可以确定的是,全面风险管理指的是立足企业的战略目标,动用企业所有的人力资源,充分识别风险与预测可能发生的事件,并保证风险和事件在主体偏好与可控范围内。

与整合风险管理相比,全面风险管理更加强调全过程、全方位、全覆盖:第一,风险管理不仅仅是管理人员的职责,董事会、普通职员同样需要参与到风险管理过程中。第二,强调风险的源头管控,主张将风险遏制在萌芽状态。第三,突出内部控制,即要求董事会、管理人员和其他人员围绕预定目标,保证经营的效果、财务的可靠与法律的相合,确保所有人员"正确地做事"。第四,从公司整体角度进行风险管理,各种风险综合作用的结果会对公司产生不利的影响,所以必须将公司看成一个整体来进行风险管理,这样才能取得最佳的管理效果。

对于风险规避来说,风险规避既是全面风险管理的基础性环节,也是全面风险管理追求的目标。风险规避既是一个过程,也是由多元的规避主体、多样的规避手段、特定的背景环境构成。风险规避的总目标是降低风险性事件发生的概率,实现风险的可控。

(三)风险治理理论

20 世纪下半叶,随着世界各国安全战略的转型与风险管理实践的深入发展,传统风险管理的应急性、主体的单一性、防范的滞后性等缺点的暴露,使得风险管理的转型或者转向势在必行。自 20 世纪 80 年代末开始,理论界对于政府与市场及社会关系的反思和社会组织力量的崛起与对新公共管理局限性修正的努力,治理理论应运而生。经济领域出现了公司治理与市场治理、政治领域出现了全球治理与国家治理、公共管理领域出现了公共治理、社会领域出现了社会治理,甚至法律领域出现了法律治理,不一而足,但是关于何谓"治理"并无统一的定义。詹姆斯·N.罗西瑙指出,治理就是在一系列活动领域里的管理机制,它们虽未得到正式授权,却能有效发挥作用。与"统治"相比,治理是一种由共同目标所支持的活动,而且这些管理活动的主体不一定是政府,也无须依靠国家的强制力量来实现。[①] 根据联合国全球治理委员会的定

[①] 〔美〕詹姆斯·N.罗西瑙主编:《没有政府的治理——世界政治中的秩序与变革》,张胜军、刘小林等译,江西人民出版社 2001 年版,第 31 页。

义,治理是指"各种公共与私人的机构管理其共同实物活动中诸多方式的总和。它使相互冲突或不同利益得以调和,并且采取联合行动的持续过程。它既包括有权迫使人们服从正式制度和规则,也包括各种人们同意或以为符合其利益的非正式的制度安排"。① 英国学者彼得·泰勒-顾柏和德国学者詹斯·O.金认为:"风险治理主要研究如何以公众能够接受的方式制定决策。……其核心观点是,参与能够提高公众对风险决策的接受程度。"②在他们看来,风险治理首先要关注的是风险的技术问题,然后逐渐扩展到关注民主和公众参与等问题。因此,风险治理理论应主要关注如何调动公众的积极性,尽早将公众引导至参与风险决策和风险政策制定中来。因此,风险治理就是政府、专家和社会公众共同识别、评估、判断风险,在风险事件前采取风险防范措施,事中进行风险监控,事后进行危机应对处理的全过程管理。风险治理的典型特征是多主体、多手段、全过程、重协作。风险治理理论强调对风险源头的防范与控制,降低风险发生的概率、控制风险影响的范围、减轻风险危害的程度等,而这些正是风险规避的核心要义所在。因此,风险的整合规避在风险治理中处于基础性的地位。

二、现代技术风险整合规避的内涵

对于技术风险规避的内涵、技术风险规避在技术风险管理中的地位等内容,笔者已在博士学位论文中进行了详细论述。③ 这里重点在上述理论阐释的基础上,介绍现代技术风险的整合规避机制。现代技术风险具有系统性特点,运用整合风险管理理论、全面风险管理理论和风险治理理论来分析其整合规避机制问题非常有必要。现代技术风险的整合规避是一种对技术风险的主观要素和客观要素,技术的生态风险、社会政治风险和人文风险,技术的研发

---

① 全球治理委员会:《我们的全球之家》,牛津大学出版社 1995 年版,第 2—3 页。

② [英]彼得·泰勒-顾柏、[德]詹斯·O.金:《社会科学中的风险研究》,黄觉译,中国劳动保障出版社 2010 年版,第 52 页。

③ 毛明芳:《现代技术风险的生成与规避研究》,中共中央党校博士学位论文,2010 年,第 91—95 页。

风险、产业化风险和应用风险等各种技术风险的全面规避;是一种对科技管理和决策过程、科技研发过程、科技成果产业化和应用过程风险的全过程规避;是一种技术价值观、技术转向、制度规范、责任伦理、风险沟通和国际治理等各种风险规避手段的综合运用。总之,现代技术风险整合规避是一种对技术发展的全面主体、全过程、全部风险、全方位的风险规避。这里,重点介绍现代技术风险整合规避的主体、客体、手段与环境等要素构成,以及风险识别、风险评估、风险应对与风险善后等四个阶段。

(一)现代技术风险整合规避的要素构成

1. 整合规避的主体

作为现代技术风险治理过程的基础性环节,技术风险规避的主体既带有管理权威性的特点,也打上了治理多元性的烙印。首先,整合规避的主体必须具有权威性。这就意味着在技术风险规避中必须尊重政府部门的主体地位,发挥其技术风险规避的主导性作用。其次,基于技术专家群体特殊的作用与影响力,技术专家群体发挥其技术风险规避主体性作用。特别是在中国,社会公众对于技术专家有一种天然的信任感,愿意听从于技术专家意见。再次,企业科技产品的生产者,也可能是技术风险的"制造者",其作用对于现代技术风险的规避同样非常重要。最后,由于现代技术风险的成因多元、牵涉面广,一切利益涉及者都是当事人,公民个人、社会组织、民间团体都应是技术风险规避的主体。

2. 整合规避的客体

现代技术风险既具有客观实体性,也具有主观建构性,这个特点决定了风险的发生不是单一性的,而是复合性的。因此,现代技术风险整合规避的客体既包括风险中的客观因素,也包括风险中的主观因素,特别是要通过采取风险教育和风险沟通等措施,尽量使人们的风险感知接近真实的风险水平,减少主观建构的风险成分。在技术风险规避中既要控制技术风险的发生,还要预防由技术风险诱发的其他风险,例如社会风险,其中包括金融风险、政治危机、社会失序,以及自然风险等等。同时,风险发生的本身带有一定的自主性与不可预测性,未来技术风险将诱发怎样的风险目前不得而知,在风险规避中就需要改变风险发生的条件、控制风险作用的范围,从而降低风险发生的概率。

3. 整合规避的手段

现代技术风险整合规避应该综合运用文化、经济、法律、行政、技术、制度等多种手段,从而实现将风险控制在可控或可接受的范围内。技术价值观是影响人们风险感知的价值预设,要从文化价值领域着手培养公众合理的科学、技术价值观。技术风险与技术利益是一对"孪生兄弟",趋利避害是技术风险形成的重要推动力。必须运用经济手段调节来自技术风险所带来的技术利益和技术伤害。法律具有权威性与强制性的特点,在技术风险规避中就需要运用法律手段坚决打击违法犯罪行为,铲除风险形成的诱因,降低风险发生的概率。行政手段具有查处快,效果明显的特点,可以有效弥补经济手段的"软弱"与法律手段滞后的不足。技术手段可以广泛运用于风险的识别、监测与应对等环节中。最后,制度手段是起决定性与根本性作用的手段。一个完善的制度可以使技术风险的识别、评估、应对与善后有条不紊地开展,从而避免风险规避中"越轨"现象的出现。

4. 整合规避的环境

现代技术风险整合规避不可避免地会受到社会心理、文化传统、历史传承等环境因素的影响。社会心理会影响社会行为的发生,在高风险社会中,不可忽视社会总体心理对个体风险规避行为的影响。政府或有关部门应积极创造条件,引导社会情绪宣泄、化解社会戾气、弘扬社会理性。文化传统是一个民族最深层的历史基因,民族国家的文化传统与历史传承会影响个体的思维方式与价值取向。在风险规避中也应发掘人类文化中天人合一、以人为本、合和天下等有益成果。

(二)现代技术风险整合规避的过程

1. 风险的识别

风险的识别是风险规避的首要环节。在风险规避中首先要明确风险的成因、类型、组成。比如技术风险的发生是由于人类行为失范造成的还是制度缺失导致的必然;再如技术风险是属于传统风险还是非传统风险,技术风险诱发的是经济风险还是政治危机等等;又如技术风险是单一型的还是复合型的,是主导性的还是非主导性的。以上各种情形都必须准确识别与定位,以便后续环节的有序开展。

2. 风险的评估

技术风险或者其诱导的风险发生以后,就要对风险进行评估。既要定性评估,也要定量评估:一是评估其造成的经济损失、影响的范围、危害的程度,也即评估其风险等级与类型;二是预测其发生的概率以及可控性;三是科学评价机构与制度应对风险的能力与水平,排除人为因素的干扰,避免在风险应对中出现体制机制失灵的现象。

3. 风险的应对

在技术风险应对中,要坚持政府、专家、民间团体、公民个人等利益攸关者协同治理。要充分运用经济、法律、行政、制度、教育等各种手段化解风险"存量",防止风险"增量",尽一切努力将损失降低到最低程度。同时,在风险应对中要坚持"有权必有责",权、责、利相统一,将责任落实到个人。

4. 风险的善后

在风险应对结束后,为了避免风险的再次发生或减少风险造成的损失与影响范围,应做到:一是风险过后的恢复重建。要恢复完善受损的基础设施,增强其抗风险能力;二是完善体制机制。体制机制是风险规避的治本之策,要加快风险立法与成立机构,完善风险预警机制与联动机制建设;三是疏导社会情绪。风险的发生也会造成大众的心理创伤,激化社会矛盾,引发群体性事件,形成风险的"蝴蝶效应"。及时疏导社会情绪可以避免不必要的人力、物力与财力损失。

三、现代技术风险整合规避的原则

(一)全面性原则

全面性原则就是在技术风险整合规避中坚持全过程、全方位、全覆盖的视角来看待技术风险问题。首先,将技术风险规避看成一个过程。无论是风险管理还是风险治理理论都将风险的管理与治理看成是一个过程,技术风险规避作为风险管理或治理的基础性环节,也应是一个过程。从过程来看,技术风险有其酝酿、形成、发展、爆发、结束等环节,每一阶段都需要特定的应对行动与方案,总的目标是将风险控制在可接受或可控范围内。其次,要全方位审视技术风险问题。在技术风险规避中既要关注风险的经济效益问题,也要重视其社会效益与生态效益问题;既要从科学的不确定性寻找技术风险发生的根源,也要从制度的缺陷和社会心理认知的层面寻找原因,全方位监管风险问题。最后,要实现风险规避的全覆盖。技术风险规避不仅仅是决策主体、监管部门的责任,也是科研机构、企业主体、公民个人应尽的义务。风险的监管者、制造者、传播者、受害者都应参与风险的规避过程,实现风险规避的全覆盖。

(二)系统性原则

系统性原则就是从结构与功能的角度看待技术风险规避问题,将风险看成一个系统,处理好要素之间的关系,防止因为要素的变动引发风险后果的不确定性。从技术风险本身来看,技术风险由风险诱因、风险过程、风险结果构成;从风险社会语境来看,技术风险与风险社会的其他风险因子如资本、权力、利益等相互影响与作用,形成风险的放大与加速效应。在技术风险的规避中要减少或铲除风险形成的诱因、严格控制风险发生的过程、做好风险发生后的善后工作。同时,在风险社会语境下,要防止出现风险因子共谋或合流的现象,多管齐下、分类监管、各个击破,防范化解重大风险。

(三)开放性原则

开放性原则就是基于技术风险的超时空、跨领域向全球扩散的特点,超越民族国家的范围,从全球命运共同体的高度来应对风险问题。首先,民族国家内部要打破行业、部门、地区壁垒,构建协同应对风险挑战的网络、搭建信息沟通与交流平台,形成规避风险的合力;其次,民族国家之间在国际制度框架内或创造条件构筑共同防范风险的网络或信任关系,压缩风险肆虐的"法外空间";最后,基于风险系统与环境的物质、信息、能量交换的作用规律,全球携手改变风险形成与发展的大环境,预防风险的"飞去来器效应"。

第二节　现代技术风险整合规避的重要价值

在当代风险社会,技术风险问题关乎国家安全与治理的现代化,并贯穿于科技革命与产业变革的全过程。随着发展进入新阶段,国家安全的内容与领域的新变化对国家治理现代化提出了新要求。在国家安全中,科技安全逐渐凸显,并成为国家安全的重要内容。国家治理的现代化需要治理手段的现代化,技术成为一种新的治理手段与资源,在国家治理现代化中发挥着重要作用。同时,在全球新一轮科技革命与产业变革中,技术风险问题也应引起足够的重视。

一、现代技术风险整合规避是维护国家安全的需要

就我国当前经济和社会发展来说,防范化解重大风险是我国三大攻坚战之一,维护国家安全意义重大。当前我国经济转型期的风险较多,如群体性事件风险、地方债务风险、金融风险、生态风险、腐败风险等,但是因科技研发和应用引发的风险事件也不容小视。

当今社会是一个技术社会,社会公众的日常生活、生命健康均与技术"捆绑"在一起,"技术风险无小事",因技术引发的风险事件都是"大事情",需要引起我们高度关注。如人工智能技术已经在悄无声息地改变我们的就业结构、产业结构,影响我们的生活,而这些风险有的是你已经觉察到的,有的可能是你根本没有觉察到的。例如转基因食品正在慢慢进入我们的生活,转基因食品与传统食品相比,个别优势非常明显,但转基因食品究竟有没有风险? 风险有多大? 这是一个技术专家们存在较大意见分歧的问题,也是我们社会公众热切关注的问题。特别是核技术的风险,是当前政府部门之间、专家之间以及技术专家与社会公众之间意见最"断裂"的事情。可以说,2011年日本福岛核事故颠覆了我们的核技术时空观和价值观。2011年之前,中国相关政府部门规划在湖南桃花江、江西彭泽和湖北大畈等地建设内陆核电站,做了大量的前期工作。假使没有日本福岛核事故,中国这些内陆核电站可能都已建立起来。但是日本福岛核事故以后,中国政府相关部门及时调整了中国的核安全战略,明确提出近期内"暂停审批和建设内陆核电站",至于未来政策会如何走向,也不得而知。可以说,政府相关部门科技政策的调整是对日本福岛核事故的一种回应,也是对社会公众利益的一种关切和保护。但是,这一政策调整

无疑也留下了一些"后遗症",打乱了地方政府的发展部署,甚至给核电企业和地方政府背负了巨额债务,还有可能引发局部的利益冲突,也考验我们政府部门的后续决策。应该说,这是一个如何通过制度规范和政府科学决策来规避技术风险的典型案例。因此,技术风险事关政府、企业和社会公众等多方利益,防范化解技术风险是我们防范化解重大风险、维护国家安全的重要内容。

新时期的国家安全问题交织着技术风险的问题,并且技术手段的滥用助推了安全威胁与风险的增长。在国家安全内涵拓展、国家利益对外延伸的新形势下,技术风险成为国家安全的重大威胁。以信息技术发展为例,无论是国内安全还是国际安全、传统安全还是非传统安全,信息技术的广泛应用对于安全的威胁与风险的加剧起到了推波助澜的作用。一些西方发达国家已经不满足于发达的科技带来的经济利益,技术尤其是网络技术已被用于干涉、渗透他国的重要手段,网络空间成为国与国之间较量的新战场。在信息网络技术发达的时代,信息网络技术在极大地拓展人类的活动场所、缩短人类交往的时空距离的同时,也将潜在的风险渗透到了人类生活的各个角落。金融风险、能源危机、信息泄露、食品安全、疾病威胁等重大风险事件都离不开技术滥用的阴影。在互联网时代,网络空间作为领土、领海、领空、外空之外的"第五战略空间",在国家战略安全中具有举足轻重的地位。党的十九大提出了建设"网络强国"的目标,"积极应对威胁、有效防范风险是网络时代维护国家安全、社会稳定和公共利益的重要使命"。①

技术不仅是一种方法、一种手段,还是一种意识形态。"意识形态安全是国家安全的核心和灵魂。"②新时期,一些西方敌对国家利用技术手段开展的"和平演变"、"颜色革命",成功地颠覆了一个个国家政权。先进的技术对于一些占主导地位的西方发达国家来说可能是福音,但对于一些落后的、亟须稳定发展环境的国家或新兴国家来说就可能是巨大的威胁。一些西方发达国家

---

① 邱锐、卫文新:《大数据时代公众参与的国家网络安全体系建设》,《新视野》2018年第4期,第115—121页。

② 孙瑞婷:《总体国家安全观视域下我国网络意识形态安全问题研究》,《广东行政学院学报》2017年第3期,第31—35页。

或利用先进的网络技术宣传其所谓的"普世价值",对一些落后国家实行"政治转基因";或利用技术手段窃取他国机密、攻击他国制度;或通过培植"代理人",利用所谓的"大 V"影响社会思潮,从根本上瓦解他国等等。由技术的不当使用与非法运用带来的政治、经济、文化、社会等风险防不胜防,风险的形成可能是不知不觉的,但是一旦发生就将会是致命性与颠覆性的。

二、现代技术风险整合规避是国家治理现代化的需要

国家治理现代化追求的是科学性与正义性的统一。科学性要求顺应规律与以科学技术为手段,正义性要求科学技术手段的运用不能侵害个人的权利。作为一种治理的手段与资源,技术在国家治理中具有广泛的应用前景,但是,技术应用带来的风险也是需要认真对待的问题。

高风险社会的来临,使得有效应对各种风险挑战成为衡量国家治理能力高低的重要指标。[①] 在理解风险规避与国家治理关系时,应明确:风险是必然存在的;风险的规避是有条件的;风险规避是国家治理的重要组成部分。国家治理的现代化就是要越过自由主义对现代化的狭隘理解:现代资本主义、工业化、商品经济。而要贯彻科学性与正义性相统一、相平衡的理念。科学性包括:符合历史发展的必然性;治理方法与治理手段的科学性;在国家治理中尽量以现代科学技术为手段。正义性就是在运用科学技术手段进行治理的时候不会侵蚀个人权利,在强调规范性的同时不能损害某些群体的利益。[②]

国家治理现代化的本质就是指国家的治理形式从占有—掠夺型、统治—管理型向控制—协调型的转变过程。[③] 国家治理体系由三个最重要的次级治理构成:政府治理、社会治理、市场治理。实现国家治理现代化就要规避

①　黄杰、朱正威:《国家治理视野下的社会稳定风险评估:意义、实践和走向》,《中国行政管理》2015 年第 4 期,第 62—67 页。

②　林剑:《关于国家治理现代化的几个理念和几个观念》,《华中科技大学学报(社会科学版)》2018 年第 4 期,第 30—31 页。

③　戴长征、程盈琪:《国家治理现代化的理论定位和实现路径——以国家与社会关系为中心》,《吉林大学社会科学学报》2018 年第 4 期,第 116—129 页。

以下三种风险:第一,传统意见表达机制的消解与网络意见表达平台的搭建会造成政府处理风险事件的难度增加与政府合法性危机的加深。第二,网络时代信息传播的便捷性、碎片性使得风险信息在社会中迅速扩散,人们的风险感知大大增强,在真假难辨的信息轰炸下,传统的社会信仰与价值体系遭遇严峻挑战。第三,市场调节的盲目性、自发性与滞后性的不足与以信息技术为载体的风险传播具有的加速器效应的复合叠加,使得风险蔓延的态势难以遏止。

在国家治理体系与治理能力现代化视域下,技术成为一种治理的手段与资源,特别是大数据成为国家治理体系与治理能力现代化的重要手段。在西方,发达国家在风险管理实践中广泛运用大数据,大数据为传统的风险识别、评估、应对与善后提供了技术手段与思维方法,弥补了传统风险管理的不足。作为一种新兴的治理资源,大数据可以提升国家的智慧决策水平、公共服务能力、防治腐败水平和风险治理能力。作为颠覆性信息革命的体现,大数据不仅变革了国家治理的理念,还重塑着国家治理的生态,是推进国家治理体系与治理能力现代化的有效媒介。但与此同时,大数据偏重相关关系的治理缺陷、结果预判对基本伦理横标的冲击、数据独裁和对公民隐私的侵犯、信息网络安全和国家安全、高能耗以及可能的大规模失业等问题,又成为国家治理体系与治理能力现代化的挑战。①

对于网络时代国家治理出现的一些新挑战,有学者认为应该寻求政府治理的变革来应对挑战:首先,政府要实现政务的公开透明,并运用大数据平台改善政府的决策模式;其次,政府要实现多元主体间的平等对话,以此来重构政府的信任与合法性机制;再次,政府要加强对网络社会的舆论监督,提高自身的舆论引导能力;最后,政府要倡导整体性治理理念,并实施有效的绩效考核。② 可以看出,作为国家治理的新手段,大数据在给国家治理带来便利的同

①　郭建锦、郭建平:《大数据背景下的国家治理能力建设研究》,《中国行政管理》2015年第6期,第73—76页。

②　李齐、李建呈、李松玉:《网络社会政府治理变革的逻辑结构》,《中国行政管理》2017年第7期,第49—55页。

时又带来了新的问题,解决问题的出路还在于回归大数据本身。这就是技术的两重性或者矛盾性:技术的发展与运用会带来风险,防范化解风险又必须依赖带有风险的技术。因此,在国家治理现代化的进程中,如何规避风险、实现治理效能的最大化,是需要审慎对待的重要课题。

三、现代技术风险整合规避是应对科技革命不确定性的需要

科技革命会引发产业变革,而且科技革命与产业变革的互动具有复杂性。科技革命本身的不确定性也将孕育一系列的风险,科技革命的智能化、生态化的新特点,以及与产业变革互动的新趋势,增加了技术风险发生的可能性,必须要高度重视防范化解重大风险。

当前,以人工智能、大数据、物联网等为核心的新一轮科技革命正在孕育兴起。科技革命不但会引发世界经济格局的深度调整,重塑全球产业形态、产业分工与管理模式,还会重构人们的学习、工作与生活方式,改变人与自然、人与世界的关系。科技革命本质上就是技术——经济范式发生革命性的变化。这种革命性的变化也会带来新的风险。一是发展的不平衡加剧两极分化。新一轮的科技革命本质上是由发达国家主导的,发达国家与发展中国家之间科技实力的不均衡,导致发展的差距拉大,使得本来敏感的"南北问题"矛盾更加激化。二是发展过快冲击脆弱的治理。科技革命不但会催生大量的新技术,而且会创造出许多新业态、新模式,大量新事物的涌现对于现有的科技治理体系提出了新挑战、新要求。三是革命的颠覆性带来对资源的掠夺性。能源物联网的出现便利了国与国之间能源的掠夺;人才资源的流动性掀起了新一轮的"抢人大战",等等。

科技革命的直接结果就是导致产业结构的变革,尤其是产业主导技术的变革将带来产业的深刻转型。近年来的人工智能、互联网、大数据、新材料技术、新能源技术等的交叉融合发展与深度渗透,对传统的产业生产技术、组织技术与管理技术产生了深刻的影响。科技革命深入渗透到新旧产业部门的更替、产品消费结构的变化、产业规模的扩大与产业劳动力的转移等方面。随着科技革命向生态化与智能化的方向演进,科技革命与产业变革的互动将更加

频繁与复杂,由科技革命决定的产业变革将充满了不确定性。

同时,由科技革命引发的产业变革要求有与之相匹配的政治、经济、文化与社会制度作保障,也使科技革命与产业变革形成了一个互利共生的系统。这也意味着一旦科技革命出现偏差或者产业变革不成功,就会产生系统性的风险,在一个系统中,风险具有传导性,技术风险的发生不但动摇科学基础、冲击制度根基,而且阻碍科技与产业向绿色化、智能化、生态化转型,威胁人类赖以生存的福祉。因此,防范化解重大风险成为当务之急。

第三节　现代技术风险整合规避的现实困境

现代技术风险整合规避对于防范化解重大风险、维护国家安全,推进国家治理体系和治理能力现代化以及应对科技革命不确定性具有重要意义。但现代技术风险整合规避也是一项复杂的系统工程,牵涉面广、利益关系复杂,至少需要克服以下这些困难。

一、技术发展的自主性

当代技术发展具有一定的自主性。技术哲学家拉普指出:"科学技术在细节上可以被精心地选择、出色地规划和理性地塑造;但作为整体,科学技术活动及其后果又是独立于人的和决定人类命运的难以控制的历史力量。"[1]物理学家海森伯格认为,现代技术发展"已经远远超过了任何人类力量的控制"。[2] 霍金也认为,当代人工智能的发展具有"自我意志"的特征。他说:"未来,人工智能可以发展出自我意志,一个与我们冲突的意志。"[3]并且,在风险社会语境下,技术不但与社会高度融合,而且与政治深度关联,更借助资本

---

[1] 转引自邬晓燕:《转基因食品的风险分配与社会公正》,《中国矿业大学学报(社会科学版)》2013 年第 1 期,第 38—41 页。

[2] W.Heisenberg, *Physics and Philoophy*, New York: Harper& Row, 1958, p.189.

[3] [英]斯蒂芬·威廉·霍金:《让人工智能造福人类及其赖以生存的家园》,周翔译,《科技中国》2017 年第 6 期,第 85—89 页。

与市场的力量无序扩张,形成了"技术利维坦"①。"技术利维坦"既对经济社会的发展具有巨大的推动力,也对经济社会的发展构成巨大威胁。技术有如一只威力无比的海兽,人们既需要技术的庇护,又害怕技术发展的异化而脱离人们的控制,成为一个独立的存在与威胁,技术俨然具有了权力的象征与特点。无论技术本身是否具有天然的权力特性,技术一旦由人掌握就必然出现技术赋权的现象,权力具有排他性,技术权力势必对现有的权力格局造成冲击,诱发一系列的风险与危机。一方面,技术本身是作为规避技术风险的手段却可能出现事与愿违的结果;另一方面,技术的不当使用导致偏离了本来的初衷,使得技术风险规避的手段与目的倒置。这正如 J.加尔布雷斯在《新工业国》中指出的,"我们创造出机器为我们自己服务,但不仅在行动上而且在思想上已经成为了机器的奴隶"。②

贝克也指出,当代风险同时具备可控与不可控的辩证特征。"控制或缺乏控制,就像在'人为的不稳定'中表现出的那样。"③在他看来,当今社会既存在可控制的风险,也存在不可控制的风险;既存在风险可控制的一面,也存在风险不可控制的一面。并且,技术权力的作用加剧了风险的不可控性。在既定的权力格局下,技术权力的出现肯定是对风险的规避有影响的,是正面影响还是负面影响,难以截然断定。在技术风险的形成与发展过程中,技术权力会脱离技术领域的"轨道",跃迁到与现行的政权运行机制合而为一的层级。权力资源具有向上聚集的特性,居于权力金字塔顶端的核心人员往往缺乏有效的制约与监督力量,仅靠个人道德自律的约束难以克服人性固有的缺陷,人性的缺陷和不足与"技术利维坦"的自主性和不可控制性相结合,极易冲破道德与法治底线,给人类社会的健康、有序、稳定发展带来巨大的风险与不确定

---

① 利维坦(Leviathan)是《圣经》中描述的一种海怪,也是邪恶的象征。霍布斯最早在《利维坦,或教会国家和市民国家的实质、形式和权力》中将"利维坦"比喻为君主专制政体的国家,意为在君主专制的统治下,国家既为国民提供了庇护,也成为压迫国民的力量。后来也有人认为技术发展像利维坦,既为人类社会的发展带来了巨大的福祉,也形成了奴役人类的异化力量。

② J.K.Galbraith, *The New Industrial State*, New York: The New American Library, 1968, p.19.

③ [德]乌尔里希·贝克:《风险社会再思考》,郜卫东译,载薛晓源、周战超主编:《全球化与风险社会》,社会科学文献出版社 2005 年版,第 143 页。

性。既然技术发展具有自主性和不可控制的一面，那么其引发的风险也具有不可控制的一面，这无疑加大了技术风险规避的难度。

二、现代技术风险整合规避主体的虚位

现代技术风险整合规避是一种全面主体管理。政府管理部门、技术专家、企业、媒体和社会公众等都是技术风险规避的主体。但在实际操作过程中，存在一定程度的虚位现象。企业是现代技术创新的主体，也是技术风险生产的主体。但他们可能会认为，我们只是按照技术专家的要求依法依规生产产品，至于这些技术产品有无风险、风险到底有多大，这是技术专家的事情，企业本身无法承担起这一责任。技术专家则认为，他们依据国家法律法规，遵守职业道德研发技术，至于技术在应用中有什么风险，他们可能无能力顾及，他们多以"科研无禁区"来搪塞责任。政府管理部门主要是针对已经成型的技术进行管理，至于对未来可能发生的技术风险事件，当前只能做一些程序性的管理工作，而这通常难以规避未来的技术风险；并且，当前政府部门存在的一个通病就是"多头管理"，对于技术研发和应用进行管理的部门很多，一旦发生风险事件和责任事故，每个部门的第一反应可能就是如何撇清责任，而不是想到如何通过部门之间的协调来堵塞漏洞。媒体应该通过客观真实的报道，尽力消除社会公众的技术忧虑和技术恐慌，但现实操作中，个别媒体为了自身的经济利益，极有可能故意夸大或缩小风险，增加公众担忧或恐慌。社会公众是技术风险事件的直接利益攸关方，有意愿参与到技术风险规避过程中来，但当前可能参与渠道不多，与其他主体的沟通还不是太顺畅。这就出现了一种"看似大家都是技术风险规避的主体，其实大家都难以负责"的现代技术风险整合规避主体的虚位现象。

另外，在现代技术风险整合规避过程中，政府、市场与社会也难以协调一致地行动。作为技术风险管理基础性环节的现代技术风险整合规避需要体现并顺应风险管理的新趋势——多元与共治。从权力的视角来看，就是要赋权，并且尊重与维护新兴主体的权力。这就出现了集权、分权、放权之间的矛盾。因为技术风险的防范与管理体现的是政府提供公共服务、发展民生事业、提升

管理效能的定位要求与目标追求,每一种定位与目标的实现都需要权力的保障作后盾。政府具有天然集权的本性,市民社会的崛起与市场力量的壮大对权力的诉求即是对政府集权本性的挑战。这就出现了一个意想不到的"悖论"——政府、社会、市场都有规避风险的共同目标,但是对权力诉求的不同消解了实现共同目标的努力。在新兴的治理理论倡导下,"多元"的目的是为了"共治",风险规避原则的全面性、系统性、开放性也是为了"共治"。在风险规避中"多元"主体围绕"共治"这一核心开展活动。但是"多元"在赋予多方主体权力的同时,也使各主体之间形成了掣肘的局面。而且,风险一旦发生,必须迅速决策、采取果断措施。在紧急情况下,政府、市场与社会不可能也难以做到步调一致、整齐划一。这就是理论上可行,而实践上操作困难的矛盾所在。

三、主观技术风险的无形性

与传统社会相比,现代社会风险不但明显增加了,而且人们对风险的感知也显著增强,甚至偏离了客观的风险水平。这主要表现为:一是"积极的无知"。"积极的无知"是贝克提出的观点,贝克认为,在风险的接受与传播过程中,人们往往会有选择性地忽视、隐瞒,选择性地接受与传播的风险。不同的利益主体出于不同的利益动机选择接受风险的一面,忽视和隐瞒风险的另一面。例如,在核电站建设问题上,政府与专家会选择性地宣传核电站建成后带来的经济、资源、社会与环保效益,而选择性地避免或少提及核泄漏可能会造成辐射与重大污染;而公众基于核电风险的巨大威胁性会自动忽略核电的效益。二是风险感知的片面性。风险根源于科学知识的不确定性。风险本质上就是一种可能性与不确定性。这种可能性与不确定性的知识一经物化为技术载体,大众就会认为是确定性的风险,是一定会发生的风险。三是风险感知的无能。专家虽然在某一专业领域具有比较深的造诣,但由于个人理性的局限与技术手段的限制,专家对风险认识与感知也是存在缺陷的,甚至是不科学与非理性的;而公众由于本身知识的缺陷与外界因素的干扰,对风险感知的"真实",并非是真的真实等等。

总之，现代技术风险与传统风险相比，不仅是客观存在的，也是主观建构的。风险的形成与感知受到政治、经济、文化、社会等环境因素的深刻影响，多重因素的复杂作用导致了风险的感知偏离了客观的真实水平。因此，有学者指出："从某种意义上说，风险是能够客观量度的，例如，我们可以计算事故发生的频率和发生事故的损失程度。然而，风险也是一个主观性概念，因为人们对风险的态度各不相同。因此，风险管理的真正难点在于对主观态度和认知的把握与控制，而不是管理风险的客观方面。"[1]

四、现代技术风险整合规避的时滞性

现代技术风险整合规避是一个包括风险的事前防范、事中应急和事后处理等各个环节工作的全过程风险管理，侧重于事前的风险防范。但在实际操作过程中，技术风险的防范是非常困难的，这就是技术哲学界所探讨的"科林格里奇困境"（Collingridge's Dilemma）[2]。这一理论是英国技术哲学家大卫·科林格里奇提出来的，逐渐为学界所接受。其中心意思是，在技术发展的早期阶段，当我们有足够的能力来规避技术风险和控制技术发展方向时，我们却难以找到技术有害的确切证据；而到了技术发展的成熟阶段，当我们确切发现了技术有害的证据时，这时技术与经济社会发展已日益融为一体，甚至技术已成为人们的一种生活方式，要控制技术的发展就变得很难了。因此，从技术发展的阶段来看，控制一项技术实际上是一件比较困难的事情。

当今社会的网络约车技术就遭遇了这一技术风险规避窘境。可以说，网络约车技术是现代信息技术与传统出租车行业的一种资源优化整合，极大地规范了传统出租车行业的发展，方便了公众出行。但尽管网络约车技术已经在全国各大中城市广泛应用，但由于其发展速度过快，是一种"野蛮成长"的技术，相关部门的管理存在虚位和不到位的情况。近期，滴滴公司"顺风车"业务屡屡发生安全事故，造成人员伤亡和财产损失，重要原因就是前期风险防

---

① ［英］马丁·冯、［英］彼得·杨：《公共部门风险管理》，陈通、梁皎洁等译，天津大学出版社 2003 年版，第 1 页。

② 邢怀滨：《社会建构论的技术观》，东北大学出版社 2005 年版，第 114 页。

范不到位、对网约车驾驶员审核把关不严,事中缺乏应急处理机制,对事关乘客生命安全的多次求救电话"置之不理",错失救援机会,酿成人员伤亡事件和财产损失。我们试想,如果滴滴公司能一早制定更严格的安全规程,建立更完善的事中救济机制,就能尽量减少风险事故的发生。尽管这是风险事件造成损失之后的教训,但对于未来的风险防范也有意义。

五、技术利益博弈的复杂性

在现代技术风险的形成过程中,利益起到了催化剂的作用。即使是技术专家和媒体,它们在参与技术风险管理实践中,也掺杂了很多的利益因素。

传统向现代的转型既赋予了技术专家更多的权威,也扩大了公众的参与度,技术专家与公众都是风险规避的主体,但技术专家的特别之处在于以其专业知识能力而拥有在重大问题上具有话语权。近代以来的科学建制化、职业化使技术专家具有了超脱的地位,独立判断、科学分析,这是技术专家的标配。但是,正是这种超脱的地位也造成了技术专家与公众的脱离。首先是技术专家独立性的丧失。在早期,科学家积极追求真理,能够为真理献身,做得到淡泊名利。近现代以来,科学建制化与职业化后,技术专家地位的转变使其不再完全为真理代言、为民众发声,技术专家有时成为相关部门的代言人、利益集团的"帮凶"。比如在面对转基因技术时,技术专家与政府、企业结成了利益共同体,往往会倾向于甚至夸大转基因技术所能带来的经济效益,而选择性地忽略其可能带来的潜在风险,导致民众的利益难以保障。其次是技术专家与民众沟通鸿沟的横亘。在现代社会,技术专家的功利追求已被视为正常需求,相较于早期的科学家作为自由职业者活跃在民间不同,技术专家的所思所想不再完全体现在民众与社会的发展需要上。技术专家更多做的是事实判断,比如"是什么,做什么",而少了价值判断的考量,即"应该这样,而不应该那样";而民众更关注的问题是"应该这样,而不应该那样",不太关注"是什么,做什么"的问题。这种关注重心与话语体系的差异,在风险应对中就体现为对技术专家的不信任、以情感代替理智、常识胜于科学分析等等。

在西方,现代媒体以其独立自由与监督权力而被誉为继传统的立法权、行政权、司法权之后的"第四权力"。媒体在揭露官员腐败、司法不公方面积极作为,为自己赢得了声誉,同时在一定程度上代表了社会的良心。但是媒体力量的迅速崛起也左右了社会舆论的发展,影响了舆情的形成。在风险的形成、感知、扩散与传播中,媒体自觉或不自觉地助推了风险的扩大,造成了社会的恐慌。西方媒体虽然独立于政府机构,但也不是孤立存在、自生自灭的,绝大部分媒体由利益集团或财团掌控。媒体名义上是揭露事实真相、为民众发声,实际上是接受利益集团或财团操控,围绕利益集团或财团的利益有选择性地向公众传播信息、揭露所谓的"真相"。失去了独立性的媒体存在的首要目的就是谋利。在风险的应对中主要表现为:采用耸人听闻的标题来博眼球,增加销量;将风险的不确定性通过裁剪、加工等形式变成确定性的事实,引发公众的风险恐慌;为了在与同行的竞争中胜出而盲目追求"独家消息",丧失了报道的客观性。"绝对的权力导致绝对的腐败"。媒体权力的过大与缺乏监督、技术专家"有限理性"的局限性与公众认知的缺陷,在风险的传播与扩散中产生了"谎言重复千遍即是真理"效应。公众往往会根据媒体的报道来评估风险的危害性,以核风险为例,20世纪80年代,在核阴云的笼罩与媒体的大肆渲染之下,甘姆森等学者在统计分析了美国报纸对核议题的报道和公众对核风险的感知后,得出结论:以批评与负面报道为主的比例结构致使公众对核技术持消极态度。①

六、国际技术治理体系的不完善

技术风险的全球化扩散使得民族国家难以独自应对风险的挑战。全球化的冲击瓦解了民族国家的制度体系,方便了风险的肆虐,成立"世界政府"来治理全球性的技术风险也是困难重重,国家利益与全球利益难以平衡也使全球携手应对风险挑战的前景十分渺茫。

---

① W. A. Gamson, A. Modigliani, "Media Discourse and Public Opinion on Nuclear Power: A Constructionist Approach", *American Journal of Sociology*, 2015, pp.1-37.

全球化将民族国家、阶级分立、利益团体、公民个体卷入了风险扩散的洪流,在同化与反同化的斗争中,传统的政治、经济、文化等制度体系被瓦解,制度体系的崩溃为技术风险的肆虐打开了方便之门。一方面,在全球化与多极化的倡导与影响下,传统的民族国家权威被消减,传统的风险管理或危机预案机制表现疲软,制度监管出现"真空";另一方面,成立一个"世界政府"来处理风险问题既不切实际,又举步维艰。因为风险的源头是民族性的、区域性的,但风险的后果却是全球性的。对于小国家来说,技术、资金、能力的限制使其难以解决"大问题";而大国家实力与野心的膨胀使其不愿或不屑解决"小问题"。

同时,在全球化背景下,传统的制度体系被瓦解后各种风险因子得到释放,并在工业时代汇合向全球扩散。技术能够带来的财富效应与风险社会的另一风险源——资本的逐利与扩张本性合流,两者形成一种共生关系:技术为资本的逐利与扩张提供方法与手段;资本为技术的异化提供驱动力。这两股风险源有如滚雪球一般,冲出国门,横扫全球。在现有的国际制度体系框架内,要成立一个新的"世界政府"来处理技术风险问题还缺乏有利的环境条件,各个民族国家之间国情特色、民族特性、体制传统、经济基础的差异决定了任务的艰巨性与复杂性。

贝克将当今社会称为"全球风险社会",是站在了全球利益与命运共同体的高度来看待风险问题。在"全球风险社会"时代,技术风险是"平均"分配的,没有任何一个民族国家可以幸免。在核威慑的新时代,尽管民族国家的资源禀赋、发展目标、应对能力不同,但是共同毁灭的终极考量使民族国家之间联成命运共同体来为全人类谋福祉也是可期的。

在当代社会现有的国际制度体系由发达国家主导的背景下,制度设计上更符合发达国家的利益,而不利于发展中国家或新兴国家的现实,背离了全球利益共同体的初衷。若要成立"世界政府"来抵御全球性的技术风险,为全球共同体谋福祉,那么,"世界政府"的组织者、领导者该是谁? 在国际活动中,活动的主体既有国家行为体,也有非国家行为体,若让国家行为体充当"世界政府"的组织者与领导者,又如何保证某些国家行为体不会在解决技术风险问题上假公济私？若让非国家行为体充当"世界政府"领导者与组织者，该如何处理其在面对全球性问题时相较于国家行为体权威性与法理性不足的问题？总之，只要民族国家仍然存在，即便风险是"平均"分配的、威胁是全球性的，成立"世界政府"的鸿沟依然难以跨越。

第五章　现代技术风险整合规避的
全面主体和全过程管理

现代技术风险管理是一种全方位、全过程、全面主体的风险管理。现代技术风险规避是对科技管理部门等决策主体、科技研发主体、科技应用主体和科技成果享用者(社会公众)等所有技术风险主体的全面风险规避,是对包括科技决策和管理过程、科技研发过程、科技应用过程和科技产品消费过程的全面管理。"全面"和"全过程"是整合规避的重要特点。因此,它要求提高科技管理主体的科技决策水平,提高科技研发主体的道德水平,增强企业的社会责任感。

第一节　提高科技管理主体的风险决策和管理水平

政府科技管理部门在技术风险规避中承担起重要的管理职责。社会公众也有这方面的需求。在 1573 名受访者中,73.94% 的人认为,应加大技术评估力度,建立第三方评估机制;68.72% 的人认为,应加强科技发展战略规划工作;67.13% 的人认为,应创新科技运行监管方式;63.89% 的人认为,应完善科技政策体系;59.50% 的人认为,应对科技发展进行预见(见图 5-1)。

一、做好技术预见工作

南非学者保罗·西利亚斯指出:"我们可以进行基因剪接,却尚未了解基因之间是如何相互作用;我们可以研制药物,却还无法解释其效用和预见其副作用。"①

---

① ［南非］保罗·西利亚斯:《复杂性与后现代主义——理解复杂系统》,上海科技教育出版社 2006 年版,第 12 页。

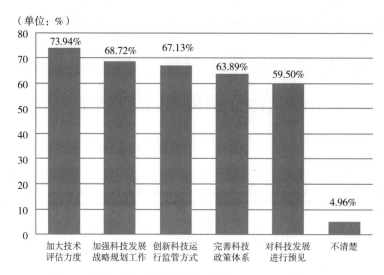

（单位：%）

图5-1　调查对象对政府主管部门技术风险规制政策的需求

的确,科技不断前行发展既便利了人们的生活,也带来了不可确定的技术风险,这就要求我们做好技术预见工作。

作为一项基础性工作,技术预见(Technology Foresight)是在政府的主导下,从长远发展的视角,在预测和评估未来科技的可能影响的基础上做出的科技决策。[1] 技术预见的重要任务之一是从科技、经济、生态和社会等多个视角,预见、识别和考察技术发展的各种风险及其影响因素,然后从战略层面选择关键技术和通用共性技术,做好资源配置工作,确保所选技术在正常轨道上发展,防范技术风险及其负面效应,努力实现技术的经济、生态、社会和人文效益的协同发展。技术预见与技术风险规避工作密切相关,深入地对技术发展方向进行预测研究,分析其各种可能的影响,为科学地作出科技发展战略部署和相关决策提供指导,是国际上通行的确定科技发展优先领域的风险管理工具。[2] 英国是世界上较早开展技术预见的国家之一,1993年,英国政府相关部门制定了"英国预见计划",发布了《把我们的潜力变为现实》白皮书,推动技

---

① 简兆权、柳仪:《技术预见共识形成机制研究》,《科学学与科学技术管理》2014年第9期,第37—47页。

② 李健民、浦根祥:《技术预见时代的来临》,《世界科学》2002年第4期,第44—45页。

术预见工作;随后,美国、澳大利亚、新西兰、芬兰、土耳其、日本等国均成立了预见研究机构,开展技术预见工作。

党的十八届五中全会提出了以创新为首的五大发展理念,并强调要形成以科技创新为主的全面创新局面。2016 年,习近平总书记在"科技三会"上发出了建设世界科技强国的进军令。中国日益重视未来科技发展趋势和重点的预见研究,将技术预见与国家创新体系建设、国家战略规划制定紧密结合。① 《国家十五科技教育发展专项规划》中就明确提出,要加强科技发展战略研究和技术预测工作,各地政府和企业也先后开展了技术预见活动。② 1995 年,我国在国家层面完成了"国家关键技术选择研究"。1999 年,国家再次针对农业、信息和先进制造重点领域开展了技术预见研究。2005 年,上海市科委牵头完成了《上海技术预见报告》。我国《"十三五"国家科技创新规划》明确指出,要"聚焦国家战略和经济社会发展重大需求,明确主攻方向和突破口","面向 2030 年,再选择一批体现国家战略意图的重大科技项目","形成远近结合、梯次接续的系统布局"。《中国制造 2025》明确了新一代信息技术产业、高档数控机床和机器人等十大领域为未来重点发展方向。目前,我国已经在国家工程科技中长期战略研究中开展了"中国工程科技 2035 技术预见"活动,为中国科技的发展战略研究提供了有力的支撑。③ 未来,我们应该继续开展技术预见活动,将技术预见作为一种解决方案和框架融入宏观的经济社会发展战略、区域发展战略、产业发展战略和微观的企业生产经营活动中,运用互联网、大数据等工具,不断培养和提高专家的技术预见能力,提升预见准确性。

二、进行科学的技术决策

技术预见虽然日益受到国际社会的关注,但它只能尽量提前回避和化解

---

① 毛明芳:《现代技术风险的生成与规避研究》,中共中央党校博士学位论文,2010 年,第 112 页。

② 马明、代涛、安新颖:《国内外技术预见研究的现状与进展》,《医学信息学杂志》2009 年第 5 期,第 26—42 页。

③ 王崑声、周晓纪、龚旭等:《中国工程科技 2035 技术预见研究》,《中国工程科学》2017 年第 1 期,第 34—42 页。

可能的风险,不能完全代替即时的技术决策。如何在技术风险相关决策中,发挥好社会公众的作用、进行科学的决策,这考验各级政府部门的智慧。一个不可回避的现实情况是,随着科技的飞速发展及科技与经济社会的日益紧密结合,技术风险问题正在成为一个关系到全民利益的公共议题,人们的生活很难不受技术风险事件的影响。因此,对技术风险的规避也应是全方位的,"无论是国家、市场还是被许多人寄予厚望的公民社会都无法单独承担其应对风险的重任",①需要各方的合作。但是当前,技术风险的主要承受群体——社会公众参与风险决策的渠道不多,也不畅通,公众的意见难以转化为政府的决策。这就意味着,相关决策者在证据、信息等支撑材料不太充分的情况下,没有很好地与公众进行沟通而贸然作出决策,这可能会忽视了部分公众的利益,引起公众对决策的质疑甚至转化为信任危机,导致技术风险激化、升级为社会风险甚至群体性事件。例如,1979 年美国宾夕法尼亚州发生的三里岛(Three Miles Island,TMI)核事故,虽然未造成任何人死亡,仅少数人员受伤,但该事件打击了公众对与之相关联所有机构的信用,造成了社会对核能的抵触,迫使相关部门不得不投入更高昂的管理成本,使用更精密、高效的设备,甚至不惜增加核反应结构和运作费用,以达到消除公众的不解和敌对情绪的目的。可见,在科技决策过程中,提高公众参与度,强化公众在技术风险规避中的主体地位,充分发挥他们的主观能动性,既是符合时代和科技发展的需要,也是统筹考量多方利益作出科学决策,防范技术风险事件和灾难的重要保障。

第一,提高社会公众的参与意识。虽然近年来公众参与技术决策的意识不断提高,但新兴的前沿科学技术对大众来说仍然是遥远且难以理解的,由此产生了疏离感,仍有相当大数量的人认为技术决策与己无关,是政府和企业应该操心的事情,在实践表现面前也不尽如人意,鲜少能够提出针对性的意见、建议。课题组通过对 1573 名受访者的调查发现,4.64% 的受访者认为科技决策基本与自己无关,不愿意参与到技术风险决策中来。因此,需要加强风险与

---

① [德]乌尔里希·贝克:《从工业社会到风险社会——关于人类生存、社会结构和生态启蒙等问题的思考》,王武龙编译,《马克思主义与现实》2003 年第 3 期,第 26—45 页。

参与意识教育,培养公众的参与意识、群体意识和协作意识;同时还要加强科普宣传教育,提高公众的风险意识启蒙,①只有让公众认识到科技决策后果与己身利益密切相关,才会自觉主动地参与到技术决策中去。

第二,选择合理的公众参与形式。在"服务型政府"理念下,公共事务正在由"统治(Government)"转向"治理(Governance)",反对一元化的命令与控制,强调多元主体之间协商协调的持续互动,倡导参与式治理。② 这意味着公众的身份也由过去的无条件服从的被动接受者,逐渐转化为主动的技术风险决策者。③ 在形式上也应当与时俱进,在传统的社会公开征求意见,听证会、座谈会、论证会等形式之外,可以对涉及民生的、公众特别关注又存在较大争议的技术决策,创新性地开展共识会议(Consensus Conference)、"表决会议"(Voting Conference)、"愿景工坊"(Scenario Workshop)、"观点工坊"(Perspective Workshop)等民主参与模式,④围绕某个尚未形成确定规则的科技议题共同开展模拟、研究、讨论,多角度全方位地预测其中的潜在风险及可能造成的损失与危害;针对性地提出防范和化解的路径与对策,纳入决策视野,推动政府、技术专家、企业与社会公众之间的有效合作。

第三,建立广泛有效的公众对话平台。科学技术因其专业性而带有一定的门槛,普通大众与技术专家看待同一问题的视角不同,使用话语和逻辑体系也不尽相同,有必要利用好报纸、期刊、图书、广播、电视、互联网等媒介,搭建供双方充分沟通交流的平台,增进换位思考和互相理解,有利于形成统一的共同知识背景,⑤提高公众参与决策的实际效果。通过对 1573 名受访者的调查发现,67.26%的人愿意通过网络渠道发表意见来参与政府科技决策;49.78%

① 姜子敬:《转型期中国风险社会的政府治理研究》,东北师范大学博士学位论文,2016年,第 75 页。

② 何增科:《从社会管理走向社会治理和社会善治》,《学习时报》2013 年 1 月 28 日。

③ 成协中:《风险社会中的决策科学与民主——以重大决策社会稳定风险评估为例的分析》,《法学论坛》2013 年第 1 期,第 46—54 页。

④ 许志晋、毛宝铭:《论科技风险的产生与治理》,《科学学研究》2006 年第 4 期,第 488—491 页。

⑤ 艾志强:《科技风险与科学技术的公众认知》,《辽宁工业大学学报(社会科学版)》2009年第 3 期,第 15—18 页。

的人愿意通过参与相关部门主办的各类咨询会、听证会等来参与政府科技决策;30.64%的人愿意通过人大代表、政协委员等渠道反映意见建议;28.80%的人愿意直接向相关部门提出意见建议;27.53%的人愿意向技术专家提出意见建议(见图5-2)。

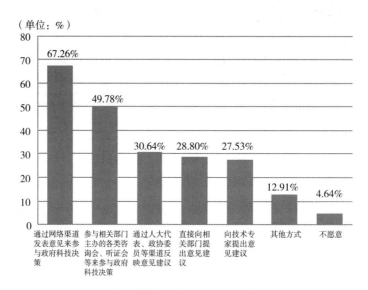

图5-2 社会公众参与技术风险规制政策制定的意愿

第四,转变技术决策利益导向。随着官民共治时代的来临,过去政府"家长式"的包办管理模式与不断觉醒的公众主体权利意识产生了冲突,①美国社会学家查尔斯·佩罗曾经指出:"要理智地和高风险系统共存,就必须让争论意见始终存在,就必须听取公众的意见,还要看到风险评估方法本质上的政治色彩。"②社会公众参与技术决策也意味着其拥有了保障自己利益的话语权,技术决策将由过去的强调部门利益、集团利益逐渐转化为政府、专家、企业和公众多方利益博弈结果,尤其是在食品、药品、环境、医疗、农业等关系民生的重要领域,鼓励公众参与,重视公众意见,切实解决公众困难和疑惑,让他们实

---

① 廖秀健:《"对抗式"重大决策社会稳定风险评估模式构建》,《中国行政管理》2018年第1期,第58—63页。

② [美]查尔斯·佩罗:《高风险技术与"正常"事故》,寒窗译,科学技术文献出版社1988年版,第264页。

实在在地尝到公众参与的好处,提高他们社会参与的热情和水平。①

三、加大技术评估力度

技术评估是指成功开发的技术在进入市场前,由政府部门、技术专家、潜在消费者代表以及社会公众代表,按照一定的程序和标准,对待评估技术从效益、效率、效果和价值等多个方面开展的分析与评价过程,②这是降低技术风险、提高技术安全的重要举措。

技术创新及其成果运用在提高生产效率、便利生活交往方面起到了积极效果,潜在的风险也如影相随:PX(对二甲苯)是重要战略物资,但其相关项目可能发生燃爆;核能是清洁高效新能源,但可能发生核泄漏危机;转基因食品解决了粮食生产和温饱问题,同时也存在危害健康和破坏环境等不利影响。特别是一些新兴科技的弊端存在"隐蔽性"和"潜伏性",在长期投入使用后,风险积累到一定程度才被人类社会所发现和感知。因此,对技术进行全面的评估对于预防、控制风险非常重要。

现在,许多国家已经将技术评估作为技术发展的必要内容。例如,美国1972 年成立的技术评价办公室(OTA)负责对重大新技术进行评估,为国会提供可靠的评估报告。英国、德国、法国、荷兰、丹麦等国家自 20 世纪 80 年代开始,也成立了类似的技术评估机构。③ 参与评估的主体应不限于政府部门,因为受技术影响的人都有权评价技术,这是技术评估的基本原理之一。④ 2003年 9 月,我国通过了《科学技术评价办法(试行)》(以下简称《办法》),其对科技计划、项目、机构、人员以及成果等内容的评价作了明确要求,提供了操作程序,《办法》明确指出,科技评价是科技管理不可或缺的一部分,对于促进我国

---

① 毛明芳:《科技风险防范与公众参与科技决策》,《中国青年科技》2009 年第 11 期,第149—151 页。

② 彭富国、匡跃辉、曹山河:《科技政策学》,湖南人民出版社 2005 年版,第 334 页。

③ 费多益:《风险技术的社会控制》,《清华大学学报(哲学社会科学版)》2005 年第 3 期,第 82—89 页。

④ [美]卡尔·米切姆:《技术哲学概论》,殷登祥等译,天津科学技术出版社 1999 年版,中文版序言。

科技事业的健康持续发展,优化配置科技资源,提升科技管理水平将起到重要作用。这一规范性文件为我国加强技术评估力度提供了指导,是回避和化解技术风险、减轻和消除技术负面效应的"防护罩"。

四、加强技术监督检查

科技发展是一把"双刃剑",一项旨在增进大众福祉的科技成果如果被滥用或误用,同样会诱发风险的产生,需要规范和强化对技术运用的督查,一旦发现偏差,应该及时矫正方向,避免因技术的误用、滥用而引发更大的技术和社会风险。

对于覆盖面较广的常规技术,因其在实际生产和生活中的普遍适用性,在风险发生时的波及范围也比较大,需引起足够重视。这一类技术相对比较完备和成熟,人们对其的了解程度也比较高,其自身发生意外情况的概率相对较低,其风险来源主要是"人"的因素,比如不恰当的操作、随意改变产品用途,甚至违法违规经营等。2018年7月发生的长春长生公司违法违规生产狂犬病疫苗事件就是典型案例。国务院调查组通报的违法案情大致是:根据技术流程和要求,疫苗的生产应当严格按照政府主管部门批准的工艺流程在一个连续的生产过程内进行,不能分拆生产过程和工艺。但是,长春长生公司为降低企业生产经营成本、提高狂犬病疫苗生产的成功率,置国家法律法规、职业道德和公众健康于不顾,肆意违反操作规程,使用不同批次的原液勾兑进行产品分装,个别批次产品甚至使用超过规定有效期的原液生产成品制剂。事后,为掩人耳目,虚假标注制剂产品生产日期和检验记录,以应对政府监督部门的监督。[①] 从这一案例可以看出,狂犬病疫苗本身是一项较成熟的技术,只要依法依规依程序生产,其发生风险事件的概率是极低的。但是,由于生产企业缺乏法律意识和职业道德,为了经济利益而丧心病狂,随意作假造假,加之相关部门的监管不严,最后酿成了害人害己的风险事件。因此,政府相关部门要加大对技术研发和产品生产的监督检查,确保技术产品依法依规按流程生产,减

---

① 《长春长生公司违法违规生产狂犬病疫苗案件调查工作取得重大进展》,新华网,2018年7月30日。

少人为风险事件的产生。

对于"高、精、尖"的前沿技术,即使是领域权威的技术专家以其当下所掌握的知识能力也难以完全预见其全部风险,比如曾被认为是最高效杀虫剂的DDT,同时具有显著的治疗疟疾、痢疾等疾病的效果,在第二次世界大战期间被广泛使用,其发明者瑞士科学家米勒也因此项发明而获得诺贝尔奖。直到1962年美国科普作家蕾切尔·卡逊才所著的《寂静的春天》一书揭示了DDT的生物富集作用,不仅对整个生态结构造成了巨大的破坏,最终还会通过食物链危及人类健康。1970年,人类开始限制和减少DDT使用,但一直到1995年,DDT在鱼类中的含量都没有下降到1970年的水平,更高级捕食者体内DDT含量的下降则更加滞后。① 对于此类前沿技术的风险防范,需要从技术研发和技术应用两个层面加强监督。

虽然科技发展是国家强盛的必由之路,但它并不是人类发展的唯一路径,当技术与人们对美好生活向往相冲突的情况下,人类福祉大大优先于技术的发展。从这一层面上说,对于知之甚少的前沿技术,在不断深入学习和研发过程中,要建立和形成阶段性的反思和反查制度,与从成本和收益角度分析该技术是否符合当下社会发展的利益需求。在技术运用过程中,要通过严格的伦理审查和监督制度对技术的应用进行动态监控,对于不确定风险、大量公众抵制的技术,应当慎重考量,暂缓、停推广,以规范制度来防止技术的失控,规约技术的发展。②

第二节　强化科技研发主体的科研责任

现代技术的高速发展给社会安全等诸多方面带来了发展机遇和严峻挑战,在推进社会现代化发展进程的同时,也在某种程度上造成了科技研发应用的伦理困境。科研院所、高校和企业等作为科技研发的主体,如何有效破解科

---

① ［美］丹尼斯·L.米都斯:《增长的极限》,李宝恒译,四川人民出版社1984年版,第91页。

② 毛明芳:《现代技术风险的生成与规避研究》,中共中央党校博士学位论文,2010年,第133页。

技研发进程中可能遇到的风险难题,从技术伦理视角审视自身的伦理责任,提高道德自觉性,建构自律有序的科技研发伦理规范路径,是从源头上杜绝技术风险问题的重要方法和途径。

一、从科技研发源头预防技术风险事件

科技创新发展是一个全生命周期的过程管理,其流程按照时间大体可区分为研发、应用、评价、监督等阶段,而科技研发作为现代技术创新发展的先决环节,影响制约着技术发展应用的成熟度。科技研发也并不单单是一个时间节点,而是始终贯穿于技术应用的各个环节,并在诸多节点中不断跟进式地进行完善提升,通过技术应用过程中存在的难点问题不断催生新的研发思路,进而加强技术应用的可靠性。科技研发作为技术创新发展的初始阶段,如果不能对这一环节进行有效管控,就极容易使得技术在研发的起始阶段就失去控制,进而会向不可预料的方向发展。如果技术的发展应用不能沿着研发者的美好初衷前行,或者科技研发主体的伦理道德存在问题,便会给科技研发带来不可低估的影响,也增大了产生技术风险的可能性。正确审视科技研发与技术风险产生之间的逻辑关联,从伦理规范的角度对科技研发作出进一步的丰富完善,推进科技研发主体的道德自律,将极大提升技术风险治理效果,有效遏制技术风险产生的源头,对于防范技术滥用可能产生的威胁、提升技术应用水平以及妥善处置技术风险事件发挥着重要作用。

由于现代技术应用的日趋广泛和复杂,人们往往难以估量技术发展可能产生的后果;同时,由于技术分类的日趋精准,管理机构日益庞大、层级复杂,给确定技术风险的责任主体带来了很大难题。技术风险的产生究竟由谁负责?是技术的使用者、管理者还是技术的研发者?这在第二次世界大战时期原子弹研发时便产生过类似的讨论,科学家们担心原子弹的研制成功会给国际社会带来毁灭性的打击,这种担心不无道理,而且也体现了在伦理道德上的关注。"伦理道德被认为是人所以为人(人的本体)之所在"[1],这种责任意识应在科技研发

---

① 李泽厚:《伦理学纲要》,人民日报出版社 2010 年版,第 3 页。

阶段便存在于研发主体中,科技研发作为产生技术风险的源头,在某种意义上便体现了责任归属的回溯性原则。从科技研发这一源头上解决技术发展可能产生的风险问题,从根本上来说需要科技研发主体的道德自律,特别是提高道德约束的自觉性,研发主体的伦理道德自律是确保技术发展可控的基本保障。

二、增强科技研发主体的生态责任

技术的发展从来都是融入生态之中,我们今天所面对的各种技术风险挑战,与生态文明建设有着错综复杂和动态平衡的联系,影响着整个国家生态文明建设的进程。如何更好地在技术研发过程中贯彻落实生态文明建设思想,这也为科技研发主体提出了努力标准,赋予了更高的生态责任要求。例如,人类对核能的和平应用——核电站的建设,为经济社会发展提供了源源不断的能源。但是,苏联切尔诺贝利核事故、日本福岛核泄漏却把人们带入了核污染的冬天中。再者,一旦核技术被狂热极端分子所掌握,就有可能为恐怖组织拥有核武器提供了通路,使国际社会长期处于恐怖组织的核阴霾下。

科技研发主体的生态责任,从生态学和系统学的角度来看,就是强调主体在技术研发过程中,赋予标准明确的生态指标,通过设置技术创新发展的生态评价指标,探索建立以技术研发、应用、转化、评价等为标准的生态评价系统,既要解决技术发展可能带来的环境生态问题,又要着眼技术自身发展体现的生态文明内涵,全力解决技术风险可能带来的现实问题。这就要求科技研发主体深刻剖析技术风险问题背后的客观原因,准确把握"技术+生态"理念在规避技术风险上的突出效果,依据技术驱动和生态文明的融合视角,着力提升自身的责任感,有效应对技术风险带来的现实挑战。科技研发主体在提升自身道德素质的同时,还要结合技术研发实际情况,优化整合多方资源,形成生态文明建设发展的合力,并以科学正确的生态责任推动技术创新发展,切实落实科技研发主体的生态责任。

三、增强科技研发主体的伦理责任

马克思认为:"技术的胜利,似乎是以道德的败坏或自身的卑劣行为的奴隶。……我们的一切发现和进步,似乎结果是使物质力量具有理智生命,而人的生命则化为愚钝的物质力量。现代工业、科学与现代贫困、衰颓之间的这种对抗,我们时代的生产力与社会关系之间的这种对抗,是显而易见的、不可避免的和无庸争辩的事实。"①基于风险视角来看,技术本身便带有"双刃剑"属性,也在某种程度上不可避免地体现着科技研发主体的设计意志。如果科技研发主体的伦理责任出现偏差,便容易造成技术异化的倾向。以 2018 年的疫苗事件为例,由于医药行业的特殊性,企业一般都将营销收入的份额重点投入研发环节,以此才能保证技术创新的及时可靠和使用安全。但根据行业相关年报数据统计,企业中营销人员工资待遇远远高于科研人员,140 多家医药上市公司中,40 多家销售费用占营业收入的比例超过 30%,最高者超过 2/3。2017 年长生生物研发投入仅占营业收入的 7%,同样被卷入舆论漩涡的深圳泰康生物制品股份有限公司为 10%,而同行业的云南沃森生物技术股份有限公司这一数字为 50%。而在 2016 年,长生生物 4300 万元的研发投入占比更低,仅占营业收入的 4%,同期康泰生物该数字为 11%,云南沃森为 53%。② 在这起事件中,企业作为科技研发的多元主体之一,由于伦理责任的缺失和法律意识的淡薄,在技术研发创新过程中缺乏行业应有的负责任精神,导致网上有关问题疫苗的舆情形成海啸之势,造成了不可估量的社会负面影响。

科技研发主体的伦理责任重要性不言而喻,但随着现代技术风险的复杂叠加,技术风险事件层出不穷,伦理责任追溯落实的实效性亟须进一步提升。如何重塑科技研发主体的伦理责任,将其纳入技术成效的评价考核体系之中,对研发主体的伦理责任遵守情况进行明确监督,是有效规避技术风险急需解决的道德伦理层面问题。但客观来看,当前国内科技研发领域尚且缺少对主体伦理责任的激发机制和运行环境,广大科技工作者对伦理责任的内涵和属性缺乏明晰的认知。2018 年初,中国科协一项有关科技工作者科研伦理意识的调查报告显示:绝大多数科技工作者完全不了解有关科研诚信、转基因、伦

---

① 《马克思恩格斯全集》第 12 卷,人民出版社 1962 年版,第 4 页。
② 赵广立:《"疫苗事件"引发企业研发新命题》,《中国科学报》2018 年 7 月 26 日。

理审查办法等科研管理的相关文件规定。① 因此,强化科技研发主体的伦理责任,培育研发主体的道德意识,将科技研发主体的道德水准纳入技术伦理的考量范畴,是防患技术风险于苗头的应然之举。

突出科技研发主体伦理责任,强化自律规范意识。推行科技研发主体责任制,科研院所、高校和企业等单位要筹划建立技术风险防控体系和应急预案,建立内部决策、管理、监督、评估等方面的协调机制,严格控制技术研发使用边界,并将此作为监督考核的重点内容,使伦理责任能够有效融入日常的研发工作中。同时,科技工作者作为科技研发主体要坚守自律意识,认真履行法律责任和从业道德,不断加强自我约束,强化道德培育,严格遵守科技研发诚实信用和职业操守,积极参加有关伦理规范内容的培训活动,自觉培育养成科技研发人员良好的职业素养。

第三节 增强技术应用主体的社会责任

前些年,我国频繁发生各类技术滥用导致的风险失控事件,造成了全国范围的舆论恐慌和公众对部分国内自主技术、国产品牌的不认同感。如奶粉行业的"三聚氰胺事件"等,直接引发了大规模的技术风险质疑,严重影响了公众对技术发展的信任程度。为此,应当从伦理道德层面对技术应用主体(这里主要是指企业)的主体责任和权利义务进行详细规定,对企业达成履行责任的途径和标准作出明文规定,避免企业对政策法规的理解把握出现偏差或者出现人为有意的利用制度漏洞获利,确保作为技术应用主体的社会责任得到有效的贯彻落实。

一、依法依规进行技术产品生产

伦理规范是基于法规制度基础上的高度自觉,而法规制度则是技术应用过程中伦理规范的基本底线。严格、规范、完善、有效的法规制度体系能够有

---

① 科技工作者:《我们也有自己的伦理"高压线"》,《科技日报》2018 年 1 月 30 日。

效遏制企业在生产经营过程中的"技术滥用"现象,从而为技术的自由使用提供规范的运行轨道,最大限度地约束企业的生产经营行为。目前,我国有关伦理规范的法规内容还不够完善,从法规、技术层面约束企业伦理道德的制度体系还不够健全,致使部分企业在进行生产经营活动时,法律法规意识淡薄,甚至在利益的驱使下铤而走险钻制度的漏洞,导致技术应用偏离设定的法治轨道,从而造成技术伤害事件。近年来,随着科技强国和创新驱动战略的稳步推进,以及"互联网+"的融合发展,国内涌现出越来越多的有关技术风险预防的相关法规政策,形成了一个较为复杂、涵盖广泛的政策法规体系。但由于政出多门,因此在时间纵向上存在一些政策法规的内容重叠,在部际间的横向关联上也存在一定的规定交叉。这既为执法者增加了工作量任务量,也使得执行过程中不可避免地出现偏差和争议。

一些企业趁机钻了政策认定和法律裁定的漏洞,甚至游走于法律体系的边界,势必需要对现有的政策法规体系进行动态完善,通过实施科学有效的政策法规评估来推进企业生产经营活动的法治化。

为了最大可能地推动企业依法开展经营活动,解决法律法规较之实践发展相对滞后和不够完善的难题,加强技术应用的监管力度,国家层面已经开始逐步完善法律法规的跟进状况,丰富对企业实施监管检查的方法手段,并试图通过规范性的法规制度来完善企业运营活动中可能发生的伦理道德问题,强化企业的社会责任意识。以人工智能技术和生物技术为例,2017 年发布的《新一代人工智能发展规划》与《生物技术研究开发安全管理办法》中都明确提出了降低安全风险、尊重社会伦理的发展要求,为依据规章制度开展的相关工作提供了准绳。

政府管理部门也及时对一些技术风险事件进行总结,完善技术风险防范措施。比如说,滴滴顺风车司机杀害乘客的恶性事件发生后,交通运输部网站刊登《平台公司应当将"自责"落实到行动上》的评论员文章,对事件的深层次原因进行了深入分析,对网络约车公司的违法违规经营提出了严厉批评。"接二连三的事件,充分暴露出滴滴出行平台存在重大的安全隐患和经营管理漏洞,……安全底线一再丢失,对国家法律法规没有敬畏心,缺乏依法经营的意识,缺乏对乘客安全负责的社会责任心,缺乏科学有效的安全管理体系。"评论文章明确指出了当前顺风车业务普遍存在的非法营运问题:一些平台公司在一个移动互联网应用程序同时提供网约车、顺风车业务,提供不符合国家顺风车标准的租车服务,实际上就是一种"非法网约车服务"。并明确提出:"网约车平台公司要将'自责'落实到行动上,……切莫挑战法律法规和乘客安全底线。"①这是政府管理部门主动担起行业监管责任,规范行业创新的典型事例。因此,任何企业不能以技术创新为名,践踏法律法规的底线,漠视生命的价值。

二、协调处理好经济利益与社会利益、生态利益的关系

随着国家"十三五"规划的布局逐渐铺开,新兴科技迅猛发展并与经济社会发展深度融合,良好的外部发展环境为企业增强经济效益提供了有利条件。但要看到,伴随技术发展的市场化和利益化,部分企业仍然存在盲目追求经济利益的短视行为,并没有妥善处理好经济利益与社会利益、生态利益之间的关系,由此导致的技术风险危害事件频繁发生。企业作为技术的研发和应用主体,不可避免地面临如何妥善处理经济利益与社会利益、生态利益之间的关系,如果缺乏长远战略眼光,而将目光局限于眼前的既得经济利益,重视销售利润而忽视可能造成的社会影响和伦理问题,不能严守企业生产研发经营的道德底线,就容易为技术应用发展埋下隐患,甚至爆发技术风险事件。在2018年"问题疫苗事件"中,营销利润作为企业的短期获利行为受到了盲目追求,而社会利益作为企业长期发展的立身基础和关键环节,却被忽视践踏。究其深层次原因,在于企业在追求经济利益的同时,并没有履行好其自身应承担的伦理责任,没有处理好经济利益与社会利益之间的关联。企业在追求合理的经济利益中,更应该遵守法律责任、筑牢道德底线,在这次"问题疫苗事件"中,涉案企业一味追求经济利益,将问题疫苗推向市场谋取利润,而忽视问题

---

① 《平台公司应当将"自责"落实到行动上》[EB/OL],交通运输部网站,http://www.mot.gov.cn/jiaotongyaowen/201808/t20180827_3066575.html.2018-08-27。

疫苗可能带来的严重社会影响,忽视了企业自身应遵守的伦理责任,不惜触犯法律法规,对企业品牌和公众信任都产生了摧毁性打击。

协调处理好企业生产经营活动中经济利益、社会利益和生态利益之间的关联,是推动技术应用向生态化、科学化方向发展的必由之路,也是解决企业长远健康发展的现实需求。近年来,一些化工企业为了降低排污处理成本等而造成了严重的环境污染和生态恶化,也给相关部门敲响了警钟。如松花江重大水污染事件、河北白洋淀死鱼事件、太湖水污染事件、滇池蓝藻爆发事件、湖南浏阳镉污染事件、大连新港原油泄漏事件、广西龙江镉污染事件等,很多对环境造成了长期深远甚至不可逆的破坏影响。为此,企业生产经营的各个环节和所遇到的各个主体关联,如政府、企业自身、社会组织和公众等,都应充分发挥自身职责义务,在共同的利益驱动下进行有机整合,细化层级分工,建构协同合作的共同参与、监督的规范路径,防御技术风险危机,维护长远社会利益和生态利益,形成具有时代特色企业文化品牌,才能从根本上解决技术应用中企业生存发展面临的难题抉择,有效解决盲目追求暴利的短视行为,进而实现经济利益与社会利益、生态利益的完美结合。

三、进行"负责任的技术创新"

"负责任的技术创新"是从欧美源起的新兴概念,也称为"负责任的研究与创新"(RRI),是欧盟"地平线 2020"框架计划的重要组成部分,其基本内涵是通过协商方式确定创新目标,同时要求技术创新参与者都担负起相应的社会责任,尤其要关注技术创新过程中引发的伦理问题和社会影响。技术创新给人类社会带来了巨大的发展红利,极大地推进了社会进步,随着以人工智能为代表的新兴科技的逐步涌现,技术创新固有的前瞻和颠覆属性日益明显,给社会安全的诸多方面都带来了巨大挑战和冲击影响,甚至在某种程度上加深了人们对技术风险的认知偏见。为了扭转这种偏见,从源头上要求企业开展负责任的技术创新,并将伦理责任的理念灌输成为企业开展技术应用活动的重要准则,就显得尤为重要。就像有的学者指出的那样,"从伦理的视角反思实际的技术,不试图判断现代技术是善,还是恶,我们是应当拥抱它,还是应该摒弃它。技术哲学的伦理转向趋向于认为,我们生活在技术文化之中,技术的引入和使用是社会运行的常态,我们需要以负责任的方式对待技术"。①

企业开展"负责任的技术创新",从根本上便是要求企业在技术应用过程中更加注重伦理规范,注重技术风险可能造成的社会伦理问题。这就要求企业在技术转化应用过程中,时刻注重把控制技术风险、保障技术朝着对人类有益的方向发展,要把建设美好中国和满足人民群众对美好生活的向往作为发展己任,努力使技术应用发展方向符合公众期望需求,并把此作为企业立身成长的职责所在。企业通过开展"负责任的技术创新"实践活动,既能够强化企业作为技术创新主体的责任意识,又能够防止企业过度追求经济利益,塑造并提升企业文化品牌影响力,打造具有长远战略发展目标的企业格局。

---

① 顾世春:《柏瑞预知性技术伦理研究》,《自然辩证法研究》2017 年第 1 期,第 19—24 页。

第六章　现代技术风险整合规避的主要手段

前面章节已经明确提出,现代技术风险是由客观因素和主观因素组成的有机整体,是在多元因素的作用下形成的。因此,规避现代技术风险,需要采取整合措施,综合运用各种技术规避手段。对1573名调查对象进行问卷调查的结果表明,73.94%的人认为,应提高相关部门的科学决策水平,加大技术监管力度;69.87%的人认为,应改变技术发展的方向,使技术朝着绿色化和人性化方向发展;64.59%的人认为,应提高科研人员的道德水平;61.60%的人认为,应增强企业的社会责任;59.12%的人认为,应提高全社会的科学素养;58.87%的人认为,应改变社会公众对科技发展和科技风险的总体认识(具体调查结果见图6-1)。本章主要从理念变革、技术转向、制度规范、伦理规约、风险沟通、国际治理等视角来探讨。

第一节　理念变革
——现代技术风险整合规避的价值先导

现代技术风险是一种客观风险损失与价值因素等的组合体。价值因素在现代技术风险的建构中发挥着重要作用。价值理念是人们技术风险认知与技术风险决策的"潜意识",潜移默化地影响着人们的风险认知。因此,进行理念上的变革是规避现代技术风险的重要途径。

一、摒弃不合理的技术价值观

自近代以来至20世纪上半叶,技术进步所带来的社会生产力的飞速发展

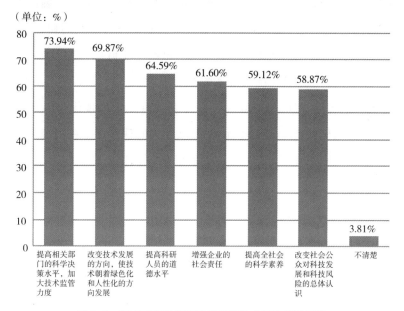

图 6-1　调查对象建议采取的现代技术风险规避手段

将工业文明带入了一个巅峰时期，人们普遍相信，人类社会将在技术的帮助下不断前进，奔赴美好的未来。贝克将这一时期称为古典工业社会时期，并提出："这一对科学和进步完全信仰的格局，是 20 世纪上半叶工业社会现代化的一个特征。"①在这样的社会中，人们逐渐倾向于只重视技术正面效应，漠视技术的负面影响，只关注技术带来的物质生活水平的提高，轻视技术可能会造成的精神、制度、生态等方面的问题。所以，在贝克所说的古典工业社会时期，人们的技术价值观是单向度的、片面的。

其实早在 19 世纪，马克思就深刻地指出技术的负面影响："在我们这个时代，每一种事物好像都包含有自己的反面。我们看到，机器具有减少人类劳动和使劳动更有成效的神奇力量，然而却引起了饥饿和过度的疲劳。……技术的胜利，似乎是以道德的败坏为代价换来的。随着人类愈益控制自然，个人却似乎愈益成为别人的或自身的卑劣行为的奴隶。甚至科学的纯洁光辉仿佛也只能在愚昧无知的黑暗背景下闪耀。我们的一切发现和进步，似乎结果是

① ［德］乌尔里希·贝克：《风险社会》，何博闻译，译林出版社 2004 年版，第 191 页。

使物质力量具有理智生命,而人的生命则化为愚钝的物质力量。现代工业、科学与现代贫困、衰颓之间的这种对抗,是显而易见的不可避免的和毋庸争辩的事实。"①随着技术和工业的进一步发展,20世纪下半叶的人类社会开始发生转变,这一转变突出表现在技术带来的各类风险——环境污染、生态失衡、核泄漏、恐怖袭击等等。面对这样的局面,贝克讲道:"正如现代化消解了19世纪封建社会的结构并产生了工业社会一样,今天的现代化正在消解工业社会,而另一种现代性则正在形成之中。"②这种新的现代化被贝克称为风险社会或反思性现代化,以区别于古典工业社会。随着工业社会进入新的阶段——风险社会,对技术价值观进行反思就十分必要了,否则,不合理的技术价值观势必会增加风险成为现实的可能性。

在古典工业社会,人们的技术价值观之所以是单向度的、片面的,主要还是因为技术的成功光环掩盖了技术的负面影响。在技术引发的各类风险面前,摒弃不合理的技术价值观,对技术的地位和功用形成合理的认识势在必行。

首先,我们要摒弃关于技术价值的单向度认识,不能只重视技术的正面效应,而轻视技术的负面影响,我们要认识到技术是一把"双刃剑",要意识到技术可能引发的各类风险。另外,我们不能只关注技术带来的物质生活水平的提高,轻视技术的精神文明价值、制度文明价值以及生态文明价值。

技术有着精神文明价值。人类的思维方式是历史性的,而技术的发展对于人类思维方式的变革至关重要。在古代,人类的思维方式是感性、直观和思辨性的,所以,古代的人类对自然的认识是粗略的、整体性的。随着技术的发展,人类进入了搜集关于自然的材料的阶段,于是,近代的形而上学思维方式开始取代古代的思辨的思维方式。到了19世纪,随着技术的进一步发展,人类从搜集材料的阶段进入了整理材料的阶段,正如恩格斯所指出的,辩证的思维方式因此开始形成。因此,技术的精神文明价值是不容否认的。

---

① 《马克思恩格斯选集》第2卷,人民出版社1972年版,第56页。
② [德]乌尔里希·贝克:《风险社会》,何博闻译,译林出版社2004年版,第3页。

技术有着制度文明价值。技术是"第一生产力",技术的发展会极大地提高社会生产力水平,从而引起生产关系的变革,进而促成社会制度的变革。正如马克思所说,手推磨产生的是封建社会,蒸汽机产生的是资本主义社会。总之,技术是人类社会制度文明的巨大推动力量。

技术有着生态文明价值。技术可以帮助我们预测人类活动对自然的影响,并提供防范、解决生态问题的手段。技术可以改变人与自然的交往形式,为合理地调节人与自然的物质变换提供方法,为人与自然的和谐共生提供支撑。

二、坚持谨慎的技术乐观主义

社会公众关于科技的态度会明显地影响其关于技术风险的认知。对于技术乐观主义者来说,近现代科学是对真理的揭示,技术则是对科学的应用,技术可以引领人类走出荒蛮,确保人类有一个美好、幸福的未来,技术不仅是救世渡难的诺亚方舟,更是载着人类驶向"幸福之岛"的希望之舟。即使技术在应用过程中产生了负面效应,这些负面效应必将随着技术的更充分发展而得到解决,现代社会所面临的人口、资源、环境等问题都不是技术所引发的,而是由于技术发展还不充分所导致的。在技术乐观主义者看来,技术是不会有风险的,即使有风险,技术的进一步发展也可对其进行防范和化解。然而,事情并不像技术乐观主义者想的那么简单,当人们试图用新技术去解决原有的技术风险时,新技术往往又带来了新的风险。因此,技术乐观主义对技术的盲目乐观势必会将人类社会带入更大的风险之中。

和技术乐观主义相反,技术悲观主义其否认技术的积极作用,视技术为"问题之源",认为技术是和风险如影相随的,主张限制甚至停止技术的发展和应用。所以,技术悲观主义又称反技术主义。然而,谁也无法否认,技术将人类从繁重的体力劳动中解放出来,为人类带来了丰富的物质财富,正如马克思所说:"劳动生产力是随着科学和技术的不断进步而不断发展的。"[1]"科学

---

[1] 《马克思恩格斯全集》第46卷(下册),人民出版社1995年版,第211页。

是一种在历史上起推动作用的、革命的力量"，①"是历史的有力的杠杆……，是最高意义上的革命力量。"②显然，技术悲观主义因为技术的负面效应而对技术全盘否定是不合理的。

技术悲观主义者就像是站在山的背面，看到的只有山的阴暗面，而技术乐观主义者则像是站在山的正面，看到的是一片光明。其实，无论是技术悲观主义还是技术乐观主义，在某种程度上都是"技术决定论"，即认为人类的命运决定于技术，技术要么毁掉一切，要么创造一切。作为相对立的观点，技术乐观主义夸大了技术的积极作用，技术悲观主义则夸大了技术的消极影响，二者都是片面的。

虽然技术悲观主义和技术乐观主义是片面的，但是二者都是有价值的。技术悲观主义虽然过于消极，但其体现了对人类社会和人类命运的反思与关注，作为一种忧患意识，技术悲观主义为人类社会注入了一支"清醒剂"。技术乐观主义则充分地肯定了技术的"第一生产力"的地位，客观地反映了技术与社会发展之间的密切关联。

不同于技术乐观主义和技术悲观主义关于技术的片面态度，马克思主义的技术观承认技术对社会发展起着决定性作用，但否认技术是决定社会发展的唯一因素，技术对社会诸领域的决定性作用和社会诸领域对技术的能动的反作用既对立又统一，形成了历史性的矛盾运动。因此，根据马克思主义的技术观，我们应该坚持一种谨慎的技术乐观主义——对技术的积极作用予以肯定，但拒绝对技术进行盲目崇拜，保持对技术的忧患意识。我们应当祛除过度悲观和盲目乐观的心态，客观理性地认识技术的复杂性，努力实现技术与经济、社会的协调发展。

三、强化技术风险意识

归根结底，技术是人的存在方式，技术风险的规避不能不将人考虑在内。

---

① 《马克思恩格斯全集》第 19 卷，人民出版社 1963 年版，第 375 页。
② 《马克思恩格斯全集》第 19 卷，人民出版社 1963 年版，第 372 页。

人们技术风险意识的强弱在很大程度上影响着技术风险问题的发生。人类社会要更好地规避技术风险,加强人们的技术风险意识是非常有必要的。

首先,科技研发主体的风险意识要加强。科技研发主体要时刻保持警惕,积极预测技术活动可能引发的负面影响,要不断提高分析预测、评估和抵御技术风险的能力。对于现有技术活动中已经确认的风险,科技研发主体要准确而且及时地告知公众,对于那些负面影响尚不明确的技术项目,科技研发主体应该提出质疑,并让社会各界有心理上的准备。

其次,政府的风险意识要加强。作为现代技术研发和应用的最主要引导者,政府必须加强技术风险意识,以避免不合理的技术发展规划和由此而带来的危害性后果。政府应该在科研立项、科研审查、科研管理上充分发挥主导作用。作为技术政策和技术体制的制定者,政府要充分认识现代技术风险,对技术风险进行全方位的调控。政府要发挥组织职能,将不同领域的技术专家组织起来全面开展技术风险评估工作,建立技术风险评估体系和预警系统,逐步淘汰高风险的技术类别和产业,力争做到未雨绸缪、防范于未然。

此外,公众的风险意识要加强。公众对现代技术的了解往往滞后于现代技术的实际发展,而且公众容易盲从于技术专家的"权威"观点,从而导致公众在使用技术产品时容易受到技术利益主体的误导。因此,公众要加强技术风险意识,拓宽技术信息获取渠道,广泛涉猎技术知识,努力提高科学素养,主动了解现代技术前沿,从而可以理性地看待技术风险问题,在保护自身利益的基础上积极参与技术发展规划,自觉维护技术与社会的和谐发展。

第二节　技术转向

——现代技术风险整合规避的内生动力

现代技术风险的形成既有技术发展的内在原因,又有技术价值观、社会制度、文化以及个人心理等外在原因,但毫无疑问,技术自身发展的不足是引发现代技术风险的内在原因。虽然在某种程度上,所有技术都是风险技术,试图开发出只对人类有利的无风险技术是徒劳的,但是,促进技术的转向,从而降低技术风险是完全可行的。当前,应重视技术的生态化、人文化和艺术化转向工作。

一、技术生态化

早在 19 世纪,恩格斯就警告我们不要陶醉于对自然界的胜利,要避免自然界对我们的报复。[①] 现如今,生态问题日益严峻,人类社会成为一个时刻面临着生态风险的社会。人类社会要规避生态风险,走出生态困境,实现人与自然的和谐共生,必须推动技术的生态化转向。

自 20 世纪 70 年代以来,西方学者从不同的角度分析了技术的生态化。在《小的是美好的》一书中,英国学者舒马赫对现代技术进行了批判,认为现代技术会破坏生态环境、大量损耗自然资源,主张用小规模的、易于分散,适合生态学规律,缓和地使用稀少资源的"中间技术"代替现代技术。[②] 日本学者星野芳郎则以自然界的多样性为依据,强调技术应该符合自然界的多样性,并认为多样性技术才是最有希望的。[③] 欧洲绿党则认为,工业文明的技术属于"硬技术",这种技术破坏自然且危害人类,因此,人类社会应该使用小规模的、分散的,有利于生态环境保护的"软技术"。[④] 美国技术史家芒福德认为,近代以来的"巨机器技术"违背了生命有机原则,必然会破坏生态环境,因此,技术应该遵循生命有机原则,有利于各种生物的生存。美国生态学家康芒纳批判现代技术是盲目的,不考虑生态问题的,将给我们带来一个新的危险世界,并认为,要化解人类面临的生态威胁,必须发展应用生态技术。[⑤] 我国学界关于技术的生态化的探讨则始于 20 世纪 90 年代,较之于西方要稍微晚一

---

① 恩格斯:《自然辩证法》,人民出版社 2015 年版,第 313 页。

② [英]E.F.舒马赫:《小的是美好的》,虞鸿钧等译,商务印书馆 1985 年版,第 104 页。

③ [日]星野芳郎:《未来文明的原点》,毕晓辉、董守义译,哈尔滨工业大学出版社 1985 年版,第 75 页。

④ [美]弗·卡普拉、[美]查·斯普雷纳克:《绿色政治——全球的希望》,石音译,东方出版社 1988 年版,第 162 页。

⑤ [美]巴里·康芒纳:《封闭的循环——自然、人和技术》,侯文蕙译,吉林人民出版社 1997 年版,第 185 页。

些。例如,中国科学院原院长周光召将生态科技理解为:"按照有利于环境保护、符合生态规律的思路设计和生产。"①王子彦、陈昌曙认为:"所谓技术的生态化,就是技术同生态学的融合,生态学朝技术的渗透。"②余谋昌则提出了"科技发展的生态化",认为科技的发展应该避免和控制生态恶化,解决环境问题,并促进经济社会的健康发展。③

简单地说,技术的生态化,就是将维护生态系统的平衡稳定作为技术研发的前提,通过开发资源节约、环境友好的技术实现经济社会发展和生态环境保护的协调,促成人类社会发展的可持续性。因此,生态化的技术是对传统工业技术的革新和取代。人类社会进入 20 世纪后,技术逐渐地社会建制化,技术研究从个人的兴趣、事业转变成了受法律、政策影响,受相关政府部门管理的技术共同体所从事的社会性的技术研发活动。既然如此,单纯地从技术本身来规定技术的生态化就显得非常片面了。

技术的社会建制化决定了影响技术生态化的社会因素包括众多方面,决定了技术生态化的落实要从多方面着手。就主体而言,和技术的生态化相关的包括技术研究人员、相关政府技术决策部门、技术成果应用人员等等,因此各主体要牢固树立生态意识。就过程而言,技术生态化包括技术项目选择、技术成果评估、技术成果转化、技术成果应用等全过程的生态化。就社会体制而言,政治制度、法律制度、经济体制、文化体制、科技体制等均影响技术生态化,因此,要加强生态文明体制建设。就社会环境而言,影响技术生态化的社会环境包括心理、道德和教育等,因此,全社会要形成崇尚生态文明的社会风尚。概而言之,技术生态化是指将生态学的理念、原理融入技术开发和技术应用,将生态环境保护和经济社会发展的统一作为技术开发、应用的重要目标。

---

① 周光召:《将绿色科技纳入我国科技发展总体规划》,《环境导报》1995 年第 2 期,第 21—25 页。

② 王子彦、陈昌曙:《论技术生态化的层次性》,《自然辩证法研究》1997 年第 8 期,第 46—51 页。

③ 余谋昌:《生态伦理学——从理论走向实践》,首都师范大学出版社 1999 年版,第 299 页。

二、技术人文化

在《1844 年经济学哲学手稿》中,马克思指出:"自然科学往后将包括关于人的科学,正像关于人的科学包括自然科学一样:这将是一门科学。"①美国人本主义心理学家马斯洛认为,科学由人类创造,产生于人类的动机,所以其不是非人类的、自主的,科学的目标和人类的目标是同一的。科学既决定于现实的性质,也决定研究现实的人类的性质,所以科学是人学。② 美国著名科学史家萨顿则断言:"不论科学变得多么抽象,它的起源和发展过程本质上都是同人道有关的。每一项科学成果都是博爱的成果,都是人类德性的证据——每当我们对世界有了进一步的理解,我们也就能够更加深刻地认识我们和世界的关系,并不存在着同人文科学截然对立的自然科学;科学和学术的每一门类都是既同自然有关,又同人道有关。"③然而,近代以来,人逐渐被挡在了科学的世界之外,生活着的现实的人慢慢地被从科学中抽象掉了,经验、理性、客观、真理等构成了所谓的神圣的科学精神。科学的发展虽然确证了科学本身,却消解了人的存在,科学不再是人的科学,科学变得却越来越远离人。

科学是人类认识自然的活动,技术则是人类有意识地改造自然以满足自身需要的手段或活动,因此,技术是有目的性的,技术的起源可以充分地说明这一点。古猿为适应发生了变化的环境,不得不下地觅食,并开始了改变环境的活动。当古猿通过利用工具(例如石斧)来弥补自身身体的不足并达到自己的目的的时候——即开始劳动的时候,古猿便脱离了动物界,成为人。现代技术(如汽车、计算机等)虽然较之于石斧要先进得多,但是在本质上和石斧并无根本区别。所以,劳动是人的本质活动,是人的本质力量的对象化,技术寓于劳动之中,技术是人类特有的手段或活动,最能体现人的本质力量。正如

---

① 马克思:《1844 年经济学哲学手稿》,人民出版社 1985 年版,第 86 页。
② [美]马斯洛:《动机与人格》,许金声译,华夏出版社 1987 年版,第 1 页。
③ 转引自[英]J. D. 贝尔纳:《科学的社会功能》,陈体芳译,商务印书馆 1982 年版,第39 页。

马克思所说:"工业是人的本质力量的公开的展示。"①美国当代技术哲学家皮特则指出:"从技术实践的目的看,无论是在前现代还是现代,技术活动的目标都是对人性的高扬,技术是一种运行着的人性。"②

作为人类认识自然与改造自然的活动,科学与技术体现了合规律性与合目的性的统一,物的尺度与人的尺度的统一。因此,所谓技术的人文化,就是指:技术的发展要将人置于核心地位,摆脱技术无视人的状态,使技术复归于人的生活世界,让技术成为人的技术。

要促进技术的人文化,首先,要在全社会树立以人为本的价值观念。人是社会发展的最终目的,技术则是人类认识自然、改造自然的手段,技术应为人服务,技术应满足人的需求。所以爱因斯坦提出,应该将关心人本身作为技术上的主要奋斗目标,科学成果应该造福人类。③

其次,要强化技术人文化的主体责任。技术是人的创造物,人是技术的主体,要实现技术的人文化发展,各类主体必须承担起相应的责任。其中,技术工作者要明确技术研究的目的和意义,要对自己的科研成果负责,要为人类社会的整体利益考虑,不能利用技术来满足自身的私欲。公众要成为科研活动的积极参与者和仲裁者,要主动参与科研选题的讨论、技术政策的制定、科研体制的建立、科研资金使用情况监督等活动。政府则应该从社会的长远利益出发制定技术发展战略,确保技术为社会谋福利。

另外,要建立技术人文化的保障制度。技术的发展运行并不是自在自为的,而是在社会中进行的,对技术实行制度约束是可能的,也是可行的。建立强有力的制度保障,是实现技术人文化转向的重要手段。

三、技术艺术化

如果对人类的技术史进行一番考察,我们将发现,古时候的技术专家往往

---

① 马克思:《1844 年经济学哲学手稿》,人民出版社 1985 年版,第 85 页。

② Friedrich Rapp, *Explosion of Needs*, *Quality of Life*, *And the Ecology Problem* [EB/OL]. http://scholar.lib.vt.edu/ejournals/SPT/v1n1n2/pdf/rapp.pdf.2016-10-27.

③ 许良英、范岱年编:《爱因斯坦文集》第 3 卷,商务印书馆 1979 年版,第 73 页。

也是艺术家,技术与艺术是不可分的。例如,中世纪欧洲的画家作画所用的颜料都是自己配置的,而且画家们各有各的配方,他们不仅热爱绘画,而且对于从植物、矿物中研制新的绘画材料保持着浓厚的兴趣,视其为绘画不可分割的一部分。在中世纪的欧洲,画家归属于药剂师行会,而发现新的色彩调制方法的人常常是最伟大的画家。再比如,我国汉代的张衡制造的浑天仪和地动仪,从科学的角度看是一种科学测量或演示仪器,从艺术的角度看则是集工艺和艺术于一体的杰作。西方古代的哥特式天体观测仪也是如此,既是天文观测仪器,又是雕刻的艺术品。人类史上的璀璨之作,如金字塔、巴特农神庙、哥特式圣殿、拜占庭的圆顶教堂,我国的瓷器、丝绸、铜器等等,既是杰出的艺术品,也是当时技术的结晶。古时的技术和艺术总是携手共进的。

文艺复兴后,近代科学诞生并逐渐兴起。近代科学显示了日益强大的力量,开始向技术领域渗透,技术由此走上了和科学相结合的道路,技术与科学的结合使得人们渐渐地认为,技术应该以关于自然的科学知识为基础,而不是以往的实践经验。到了18世纪,资本主义生产完成了从工场手工业向机器大工业的过渡。机器出现后,机器的生产效率成为社会最为关心的事情,这和古代的技术专家重视技术的美感形成了鲜明的对照。进入19世纪后,以煤、铁、钢等为基础的工业技术飞速发展,整个社会开始发生巨大的变革——手工劳作被机器所取代,手工工匠阶层开始瓦解,技术与艺术开始分离,技术变得完全以实用为目的,艺术则开始远离生活。在资本主义生产方式下,技术进一步地沦为了剥削工具——不仅剥削工人,而且剥削大自然,大量粗制滥造的缺乏美感的人工物开始进入人们的生活。对此,马克思批判道,资本主义的生产方式将工人变成了机器的附属物,使劳动成为对工人的折磨,让劳动失去了内容。[①] 在马克思看来,"资本主义生产方式不仅剥削人,而且以人对自然的支配为前提"。[②]

现代化的进程是人对自然进行控制和征服的过程,也是技术与艺术相分

---

① 《马克思恩格斯全集》第23卷,人民出版社1972年版,第707页。
② 《马克思恩格斯文集》第5卷,人民出版社2009年版,第587页。

离的过程。和艺术的分离使得现代技术对自然的利用和古代技术对自然的利用不再相同。例如,古代的风车直接地听任风的吹拂,古代农民的耕作还意味着对土地的"关心"和"照料",但是现在,为了获取能量,人们对河流进行截断,以修建水电站;为了获取更多的粮食,农民对土地施加化肥等等。所以,现代技术挑战了自然的生长进程,向自然提出了超出其自身之力的蛮横要求,迫使自然事物进入一种非自然状态。大规模的技术开发与应用导致了一系列严重问题,尤其是技术的滥用和恶意使用使人类深陷困境。

关于技术和艺术,海德格尔曾经讲道:"由于技术之本质并非任何技术因素,所以对技术的根本性沉思和对技术的决定性解析必须在某个领域里进行,此领域一方面与技术之本质有亲缘关系,另一方面却又与技术之本质有根本的不同。这样一个领域乃是艺术。但是,只有当艺术的沉思本身没有对我们所追问的真理之星座锁闭起来时,才会如此。作这样一种追问时,我们证实着一种危急状态,即我们还没有面对喧嚣的技术去经验技术的本质现身,我们不再面对喧嚣的美学去保护艺术的本质现身。"①在海德格尔看来,带来危险的并非技术,而是我们关于技术本质的错误认识。我们不能只将技术视为改造自然的手段,也不能只关注技术为人类社会带来的变化,而是要关注技术如何影响了人与物、人与自然、人与世界的关系。海德格尔的技术观告诉我们,要在审美中揭示技术的不完善性,要用艺术引导技术的意义走向深化和丰富。

因此,要规避技术带来的风险,有必要实现技术的艺术化,促进技术和艺术的统一。所谓技术的艺术化,就是用审美理念、艺术原则对技术活动进行调制,促使技术更加地完善,使技术实现实用、经济和美观的统一,实现技术性与艺术性的统一。而要实现技术的艺术化,一方面,可以加强艺术家与科研人员的接触、对话和交流,从而促进技术的范式转换。另一方面,要提高公众的审美情趣,通过消费侧的转变推动生产的变革,再进而促进技术的艺术化。

---

① 孙周兴选编:《海德格尔选集》,上海三联书店 1996 年版,第 954 页。

第三节　制度规范

——现代技术风险整合规避的制度保障

贝克认为,通过制定与调整法律法规以及相关政策,可以按照"谁生产、谁负责"的原则将风险责任落实到肇事者身上,这样不仅可以维护受害者的权益,减少受害者的损失,还可以杜绝肇事者转移风险、推脱责任,从而在制度上有效地防范和化解现代技术风险。

一、加大政策引导

在当代"服务型政府"理念的指导下,政府在风险防范中应当扮演更加关键的角色,要建立起以公共安全为导向,增进大众福祉为目的的善治制度,加强宏观政策的引导。深入实施创新驱动发展战略,贯彻落实可持续发展,将风险规避融入技术政策,防止地方政府"本位主义"行为,减少地方政府在对待技术发展政策中的选择性失语现象发生,促进技术对生态和人类健康的影响的量化,促使地方政府从经济方面评估技术的影响。[1]

第一,构建以公共安全为战略目标的技术政策观,优化社会环境。重视公共安全在国家技术发展战略中的重要性,[2]通过国家顶层设计从整体上部署中长期的技术发展公共安全风险应对和规避策略。同时,要遵循社会环境影响技术风险的客观规律,通过战略部署、社会动员、积极宣传,增进社会对新技术的认知和包容,借此在全社会范围内形成技术风险防控体系集成。

第二,建立完善的技术政策发展体系,规范技术健康有利发展。政府为了促进技术开发和升级而制定的促进技术进步政策,[3]是技术发展的风向标和

---

① 宋伟、孙壮珍:《科技风险规制的政策优化——多方利益相关者沟通、交流与合作》,《中国科技论坛》2014 年第 3 期,第 42—47 页。

② 唐钧:《社会公共安全风险防控机制:困境剖析和集成建议》,《中国行政管理》2018 年第 1 期,第 116—121 页。

③ 周蓉:《我国技术创新风险规避的金融支持路径选择》,《现代经济探讨》2008 年第 7 期,第 71—74 页。

指挥棒。需要面向现阶段社会发展的愿景目标,统筹开展技术发展路径研究,科学地从技术的预测、规划、引导、监管等方面进行全面的部署和安排,以支撑和落实技术发展政策规划和法律法规的出台。

与法律相比,政策具有更高的灵活性和变通性,其制定和出台的程序相较法律更加简单,每年国家到地方层面都有大量的技术发展政策、规划的出台,但"一切风险的防范措施几乎总是引发其他风险",①需要结合不同时期技术发展现状与社会现实,及时清理和废止不合时宜的政策,避免造成指引混乱。

二、完善法律规制

如果将技术风险在道德领域的问题描述为"应不应做",那么在法律层面就是明确了"能不能做"的问题。技术作为生产力在法律的调整和规制下推动着社会不断进步发展,反过来,法律作为上层建筑又伴随着技术知识的革新而不断自我完善。在这一社会整合过程中,公民的意志和权利要求体现在抽象规则之中,②在借助国家强制力控制和规范"越轨"的技术研究和应用行为的过程中,要确保政府和司法机关严格执法和严格司法,从道德和法律层面对技术行为划出双重警戒线,通过法律降低技术风险转化为灾难的概率及其可能带来的破坏。③"也许加强技术的社会监管的最好例证就是美国及欧洲最近的立法,这些立法要求,行政人员和专业人士必须主动地向公众和工人提供信息,告知他们有可能遭遇的风险。"④但目前,我国法律在技术风险防范方面还存在相关政策及法律法规不完善、可操作性不强,预防功能不足、救济效果有限等缺陷。

---

① [英]谢尔顿·克里姆斯基、[英]多米尼克·弋尔丁编著:《风险的社会理论学说》,徐元玲等译,北京出版社 2005 年版,第 87 页。

② 毛明芳:《应对现代技术风险的伦理重构》,《自然辩证法研究》2009 年第 12 期,第 55—60 页。

③ 毛明芳:《应对现代技术风险的伦理重构》,《自然辩证法研究》2009 年第 12 期,第 55—60 页。

④ [英]哈里·奥特韦:《公众的智慧,专家的误差:风险的语境理论》,载[英]谢尔顿·克里姆斯基、[英]多米尼克·戈尔丁编著:《风险的社会理论学说》,徐元玲等译,北京出版社 2005 年版,第 242—257 页。

在民事法律层面,应当加大对权利的救济,适当性地引入惩罚性赔偿机制。新兴科技带来的利润是巨大的,其风险所造成的危害后果也比一般侵权行为的伤害更深、影响范围更大、持续时间更长,而目前民事侵权责任所遵循的填平式赔偿责任,一方面难以抚慰受害人所承受的精神损害,导致维权积极性不高;另一方面相较于肇事者所取得的丰厚利益来说,惩罚和威慑的效果并不明显。而惩罚性赔偿制度从法律上否定了肇事者的不法行为,鼓励了受害人的维权,形成了有力的震慑作用。①

在行政法律层面,将预防和应急原则植入基本原则之中。预防原则一开始是针对环境污染与损害而提出的,最早出现在环境法领域,但随着技术的不断发展,技术风险在社会生活中的扩展,该原则已逐渐渗透至食品安全风险规制等诸多领域;②所谓应急原则,是在一些紧急的特殊情况下,为了维护国家安全、社会秩序或公共利益,行政机关可以采取非常措施,这些措施可以没有法律依据,甚至和法律相抵触,③即在特定情况下,行政机关为了公共利益、国家安全可以跳出"法无明文规定即禁止"桎梏及时采取适当措施。目前,我国的预防原则和应急原则存在着缺位的问题,这是我国行政法制建设滞后的重要原因之一。2017 年 3 月 15 日通过的《民法总则》第九条确立了"绿色原则"这一全新的基本原则,将技术发展带来的生态风险纳入私法领域的考量之内,也为上述机制纳入行政法原则体系提供了理论和实践支撑。

在刑事责任层面,则要避免过分强调刑罚的预防作用。有学者指出:"在风险社会中,安全刑法的关注重点在于行为人所制造的风险,而且通过对这种风险的刑法禁止来降低和避免这种风险的实现,从而让生活共同体的安全有保证。因而,在规范上,安全刑法体现为立法者向前推置刑法的防卫线,从犯罪类型看,危险犯应该是安全刑法的重心……面对风险社会中的各种对共同

---

① 陈年冰:《大规模侵权与惩罚性赔偿——以风险社会为背景》,《西北大学学报(哲学社会科学版)》2010 年第 6 期,第 154—160 页。

② 戚建刚:《风险规制的兴起与行政法的新发展》,《当代法学》2014 年第 6 期,第 3—10 页。

③ 罗豪才:《行政法学》,北京大学出版社 1996 年版,第 34—35 页。

体的生活安全构成威胁的风险,刑法必须在这种风险具有实现的可能前做出合理的反应,即只要行为人的行为本身具有风险,刑法就应对之进行禁止。"①但刑法作为最严厉的处罚措施在责任追究过程中更加讲究"实害性",易言之,虽然行为人可能造成严重的损害或危害性后果,但风险具有不确定性和非必然性,②因此,进行刑法的责任追究可能存在一定难度。但这并不代表刑法对于风险的无所作为,对于已具备违法性前提的类型如"毒疫苗"、"毒奶粉"等事件,就必须在现有刑法规范中的危害公共安全罪、破坏社会主义市场经济秩序罪等规制下严加防范。③

另外,随着社会关系的复杂化和多元化,法院也难以应对越来越多的诉讼纠纷,司法程序也不再是解决风险纠纷的唯一有效途径,要逐渐建立和完善多元化纠纷解决机制(ADR),这既是法治发展的要求,也是基层社会治理的核心内容。④

三、规范决策程序

在现代技术风险社会之下,相较于新立法、新政策而言,正当、规范、可操作性的程序建制具有更大的现实意义。我国台湾学者叶俊荣教授认为:"因为没有本体价值的正当法律程序,将使程序要求沦为民主政治中工具理性的一环,有失宪法上基本权利的'固有'与'不可转让'的神圣性格。在另一方面,一个没有功能导向的正当法律程序,将使宪法上的程序要求,难以确定其内容,容易造成实际运行上的空洞化,反而折伤其宪法权利保障的功能。"⑤

根据程序的本位主义的观点,正当规范的程序本质上是人的自主性和尊严的维护,这在技术决策程序中尤为凸显:现有的技术风险规制决策过程中,

---

① 赵书鸿:《风险社会的刑法保护》,《人民检察》2008 年第 1 期。

② 闫坤如:《技术风险感知视角下的风险决策》,《科学技术哲学研究》2016 年第 1 期,第 73—78 页。

③ 夏勇:《"风险社会"中的"风险"辨析刑法学研究中"风险"误区之澄清》,《中外法学》2012 年第 2 期,第 250—262 页。

④ 陆益龙:《社会主要矛盾的转变与基层纠纷的风险》,《学术研究》2018 年第 6 期,第 45—52 页。

⑤ 叶俊荣:《环境行政的正当法律程序》,三民书局 1993 年版,第 6—7 页。

因技术自身的高度专业性和复杂性,直接将普通民众排除在决策程序之外,而享有"话语权"的决策层不可避免地在自利性影响下牺牲这部分公众的利益,发生技术风险的后果往往表现为对民众的个人自主性和尊严的侵害。因此,在规制风险的同时,规范决策程序也要促成权利的实现、保障决策的合理性、提升决策的接受度,保护和实现个体的尊严价值。

第一,规范技术专家咨询程序。作为政府决策的"智囊",专家咨询制度在我国已有一定的实践基础。随着技术发展,技术与日常生活不断融合,食品、药品、生态安全、信息安全等技术领域议题也逐渐成为政府决策对象,技术专家咨询制度由此引入以充分发挥科学专家的专业优势。比如,我国依照相关法律成立国家食品安全风险评估专家委员会、农业转基因生物安全委员会。[①] 但现有咨询制度难以保证技术专家在决策过程中的独立性和客观性,专家意见沦为政治附庸,或成为特别利益群体的代言人,技术专家咨询制度设置的初衷落空。要建立合理规范的专家遴选制度,确保不同学术观点、学科背景、工作实践背景的专家参加,建立专家回避程序,以保证专家咨询结果客观、中立。[②]

第二,规范技术风险评审程序。一方面,科学技术因专业性和复杂性自带门槛,决策者需要借助技术专家的专业知识;另一方面,最终形成的决策又不仅仅是技术问题,还涉及政治、经济、文化等领域,这并不是技术专家的优势所在。为了将技术专家的关注焦点集中在其专长的技术领域,避免技术专家越俎代庖对决策中的政策内容进行评价和指导,需要建立同行评审机制,以确保科学共同体在其专业领域内基于全面讨论后,对技术内容提出全面的批评与建议。

第三,建立风险报告公开程序。信息公开是确保良好风险沟通交流,形成科学风险决策的前提。为了保障公众知情权,在适当情况下可以向公众报告风险内容,这既是一种有效的能提高公众的科学素养的科普活动,还可以形成更广泛的讨论,为公众提供参与和表达意见的渠道。例如,美国食品药品管理局规定转基因食品上市前需接受公众评议;环境管理局接受转基因相关企业

---

① 张恩典:《风险规制正当程序研究》,苏州大学博士学位论文,2017 年,第 103 页。
② 赵鹏:《政府对科技风险的预防职责及决策规范——以对农业转基因生物技术的规制为例》,《当代法学》2014 年第 6 期,第 22—31 页。

申请后,对全社会进行 30 天的公示,并收集公众意见。①

第四节　伦理规约
——现代技术风险整合规避的伦理选择

现代技术风险的规避渠道和路径中,政策理念体现了国家战略顶层设计的基本导向,法规制度则为技术风险治理提供了法治路径和制度保障,伦理道德则是在政策和法规之上更为深远的升华和更为有力的补充。"风险规避"是目标,而核心关键则在于通过多种方法途径加以实现。从伦理道德层面而言,责任伦理既是现代技术风险规避的伦理选择,也是技术风险治理的一种道德规约。现代技术风险并不是一时一刻就能规避成功的,而是一个动态的、跟进式的演化完善过程,这一历程中体现了技术研发应用特有的探索尝试、试错纠错、利益冲突、体制调整等多重环节,也客观凸显了现代技术风险规避面临的绝大挑战与伦理困境。

一、建立伦理监督委员会等责任监管机构

党的十八大以来,以习近平同志为核心的党中央把技术创新发展摆在国家发展全局的核心位置,提出了一系列新理念新思想新战略,作出了一系列重大决策部署,形成了指导新时期技术创新的时代纲领,拓展了现代技术创新发展的新境界,取得了丰硕的成果和明显的进步,技术原创力和竞争力显著提升,并在诸多领域实现了由跟跑并跑向并跑领跑的战略性转变,既推动了技术创新的整体进程,也解决了国家发展过程中面临的诸多难题。然而,当前影响现代技术风险的安全隐患等深层次矛盾问题仍然存在,技术发展重眼前轻长远的思想障碍和制度藩篱仍然存在,这其中最为核心的便是体制机制问题。就责任伦理的理念塑造和机制构建而言,解决伦理层面的体制机制问题同样是首要选择。责任伦理中蕴含的特色理念既是对现代技术高速发展的助推,

---

① 陈玲、薛澜、赵静等:《后常态科学下的公共政策决策——以转基因水稻审批过程为例》,《科学学研究》2010 年第 9 期,第 1281—1289 页。

也是推进更多的责任主体协同参与技术风险规避的伦理要求,并且已经逐渐成为国际、国内社会技术风险治理的基本遵循和主导理念,也为从体制机制上构建现代技术伦理信用体系提供了思想指南。

面对人工智能、物联网、区块链等新兴科技的迅猛发展和技术风险规避带来的严峻挑战,一些发达国家不光注重从战略、法规、技术等层面进行科学有效的风险规避,同样注重从道德伦理层面加以规范。国外技术研发机构相继成立伦理监督委员会,研究规范现代技术可能带来的风险隐患和伦理难题,不断探索现代技术风险的伦理规范路径,并结合实践活动中发现的问题制定相关的伦理守则。而放眼国内,在伦理委员会建设方面,除了医疗卫生机构,绝大多数单位没有伦理审查机构,科研伦理管理制度和组织建设严重滞后。有调查显示,87.5%的医疗卫生机构建有伦理委员会或伦理审查机构,而高校、科研院所、企业中这一比例很低,分别只有 17.6%、5.4% 和 1.0%。即使在建有伦理委员会的单位中,很多伦理委员会的运行管理也存在较大问题,如没有伦理审查及其相关程序的成文规定、缺乏对伦理审查申请受理时限的明确规定、缺乏快速审查机制等。① 随着《深化科技体制改革实施方案》的颁布实施,有关体制机制问题的改革方案逐步推进落实,这也为围绕责任伦理理念建构伦理监督委员会提供了政策支持。应当看到,伦理道德的辐射范围和影响程度更为广阔和久远,建立基于责任伦理的监督审查委员会、成立技术信息共享平台、构建技术风险预警机制等措施,能够从体制机制层面形成技术风险规避的良好秩序化局面,进而推进技术风险伦理信用体系的形成发展,并在激发强化责任主体的伦理道德,健全责任伦理体制机制上发挥重要作用。

二、制定责任伦理规范指南和守则

“伦理责任的实现不仅依靠内在的道德力量,而且必须将这种力量外化为一种制度安排,这样才能使道德之花结出丰硕的技术‘善’果”。② 政策法规规

---

① 操秀英:《提升科研伦理水平要补齐制度短板》,《科技日报》2018 年 1 月 22 日。
② 王健:《现代技术伦理规约》,东北大学出版社 2007 年版,第 173 页。

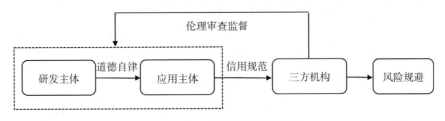

图6-2　伦理监督机制运行流程图

范性规定缺失或规定描述模糊,政府、企业和第三方平台缺乏规范性指南和守则进行明确,主体部门和人员权责不清、职能交叉、效率低下,容易造成相关人员的伦理道德缺失,进而造成技术风险难题。以核能为例,核电站迄今为止的事故记录表明,即使采用先进的技术防范保护措施,也不能完全消除核能技术系统上的风险。迄今为止,历史上最严重的核事故皆是因为人为过失(切尔诺贝利)以及电站设计无法考虑到的罕见自然灾害(福岛)而发生的。[①] 为此,在推进现代技术风险规避的进程中,要始终确保制度先行,注重强化技术研发应用主体的责任意识,把制定和完善制度标准规范摆在优先位置,将监督和评估工作内容和要求融入技术工作重点环节和技术计划管理全过程,强化对社会关注度高、风险性较强环节的监督和评估,明晰各主体职责,分层开展监督和评估工作。

2018年,Facebook用户数据泄露事件给技术安全敲响了警钟,也凸显了规避技术风险的紧迫性和重要性。要通过构建完善合理的伦理规范守则,促进科学成为助力技术风险治理的能动引擎,推动技术研发应用的深化发展,形成法治化、伦理化的技术风险规避格局,探索技术风险规避过程中要素关联聚合原则,进而达成理念、法律、伦理等视角协同下的技术风险防治效用。要积极推进基于法理完善的技术风险责任伦理问题研究,建立与职能任务相对应的预测分析和溯源问责机制,从法规制度上细化技术研发应用主体的权利责任归属,进一步从源头上强化主体的责任伦理意识。要加快探索着眼体制机制变革的技术风险伦理规范模式,立足国家关键领域和重要行业的战略新技

---

① ［德］阿明·格伦瓦尔德主编:《技术伦理学手册》,吴宁译,社会科学文献出版社2017年版,第529页。

术,制定技术发展的伦理实施细则,从体制、机制和制度等层面建构形成技术研发应用的伦理规范框架,用于对未来可能发生的技术风险问题进行伦理道德层面的预测和规避,进而为技术创新提供保障路径和发展方向。要加强伦理道德层面的技术风险规避难题国际合作治理,从全球化视野下推进各国间的合作交流力度,探索建立技术风险伦理规范的国际合作交流机制,设定技术发展战略路线图及具体实施步骤,进一步丰富我国技术风险的伦理规制体系建设,协商制定符合国际社会共同利益的伦理规范守则。

三、加强对技术研发应用的伦理规约

随着技术创新发展进程更迭的加速,其威力和影响力日益增强,而随之而来的破坏力和负面效应也日益凸显。这为技术研发应用提出了更高的伦理要求,只有不断强化技术研发主体责任意识,才能有效防治技术异化为人类的敌人。政府部门作为技术研发应用的决策机构,对技术发展的干预和影响愈发强烈,这在一定程度上引发了政府与市场之间权力博弈的争论,不管如何,都需要进一步强化政府的责任伦理建设。为此,政府必须为技术创新发展的导向起到主要监督责任,并妥善处理技术发展可能导致的社会问题和生态难题。在规划技术研发项目时,政府应遵循实事求是的原则,力图实现技术风险发展评估符合社会伦理道德原则。另外,政府部门应牵头成立第三方机构,以推进技术研发利用的伦理审查与监督,为技术发展提供基本的伦理保障,从而最大限度地降低技术发展的伦理风险。

如何实现伦理规约与法律调节的协同平衡作用,首先便是要加强技术伦理的规约力量和力度。随着现代技术发展带来的突出矛盾问题逐步增多,对社会安全、生态安全等造成的危害影响也逐步增大,仅仅依靠技术研发应用主体自身道德理念的"自律"是难以有效解决实际问题的,必须将内化的道德理念外化为规范性的伦理守则,通过规章制度的形式对技术研发应用实施外在约束。同时为了更加有效地防范技术过度发展可能带来的安全隐患,技术伦理规约应当着眼技术研发应用的各个环节,实现伦理规约的全方位覆盖。技术研发前,要结合技术可能造成的安全危害进行全方位的伦理考量和科学论

证,发动公众广泛参与技术研发过程,为技术发展建言献策,充分考虑技术研发应用可能引起的伦理冲突问题,如机器人是否会取代人? 人工智能技术发展到强人工智能阶段是不是会摧毁人类? 要从源头上建立技术研发的伦理准入机制,确保技术发展可靠可行可控。其次,在技术研发过程中,要跟进式地实施伦理考量,了解掌握公众的伦理态度,并对技术风险后果和可能造成的社会伦理问题进行科学评估。再次,在技术应用阶段,要建立严格的伦理审查监督和反馈制度,动态化管控技术风险,对公众提出异议、明确反对的技术应用情况,以及造成的技术风险事件,要坚决予以制止并出台完善意见,通过规范化、完善化的制度守则来有效规避技术风险。

第五节　风险沟通

——现代技术风险整合规避的文化与心理路径

美国国家科学院(The National Academy of Sciences)对风险沟通作过如下定义:风险沟通是个体、群体以及机构之间交换信息和看法的相互作用过程;这一过程涉及多侧面的风险性质及其相关信息,它不仅直接传递与风险有关的信息,也包括表达对风险事件的关注、意见以及相应的反应,或者发布国家或机构在风险管理方面的法规和措施等。[①]

风险沟通在技术风险防范与规避中具有重要的价值。提供信息与风险沟通是不一样的,真正的交流需要建立互相信任和尊重的持久关系。风险交流的要求是对大众需求的政治回应。……风险交流的主要产物不是信息,而是它所支持的社会关系的质量。风险交流没有止境,它是一个能推动关系持续增进的赋权机构。[②] 在这种交流中,技术专家和社会公众两者的关系将成为

---

① 谢晓非、郑蕊:《风险沟通与公众理性》,《心理科学进展》2003 年第 4 期,第 375—381 页。

② [英]哈里·奥特韦:《公众的智慧,专家的误差:风险的语境理论》,载[英]谢尔顿·克里姆斯基、[英]多米尼克·戈尔丁编著:《风险的社会理论学说》,徐元玲等译,北京出版社 2005年版,第 242—257 页。

关于技术发展的重要社会关系,他们共享技术权力与责任。

一、充分发挥风险沟通的多向交流作用

风险沟通的重要目标就是建立公众理性。所谓公众理性,就是公众能够对风险事件进行客观的解读,了解事件的本质,不轻易被无关因素所干扰,从而对风险事件作出相对准确的判断,并能够有效地采取适当行为以应对和处理风险事件所引发的后果。[①] 当然,这种公众理性是建立在具备一定的技术基础、知识基础上的,一方面,技术信息的缺乏会引起公众的高度焦虑与不安;另一方面,获得片面的、结构不全的信息也会影响人们的风险认知与判断,从而加重他们的心理负担。因此,要建立公众理性,就必须进行公众技术风险沟通,建立起多向交流机制,以缩小专家风险判断与公众风险认知的分歧,弥补个人风险感知的缺陷,克服风险教育的片面性。

首先,风险沟通可缩小专家风险判断与公众风险认知的分歧,有利于技术风险决策。

技术专家对技术风险的理解和判断主要是依据客观的风险水平或风险的科学估计。他们通常认为技术风险是可预测、可预防和可治理的,他们倾向于将技术风险化约为"技术风险可能造成的损失与发生损失的概率的乘积",这是一种客观主义的分析方法。过去较长时期,我们奉行的是"技术专家至上"的思维,认为技术专家的意见是充分的,是经过了长期的科学实验证明了的,是我们唯一可以信赖的。与技术专家科学、精确的风险评估结论相比,社会公众对于技术风险的认知通常被认为是片面的、有偏见的、不理智的甚至是无中生有的。

但是,现在看来,这种"技术专家至上"的思维是存在问题的,是令人难以信服的。"心理测量学方面的研究表明,虽然专家们以一种狭隘的技术的维度定义风险,公众却持更加丰富和复杂的观点,这些观点综合了包含价值因素

---

① 谢晓非、郑蕊:《风险沟通与公众理性》,《心理科学进展》2003 年第 4 期,第 375—381 页。

的考虑,如公正、灾难的可能性以及可行性。"①对于这些因素是否合理,我们难以分析,但是,这些因素毫无疑问是我们进行技术风险决策时不得不考虑的因素。因此,我们应考虑怎样才能把他们纳入风险分析和政策决策的视野。

因此,公众的风险认知与专家是存在明显区别的。公众是以主观概率来测度风险与不确定性的。公众不可能对每一技术的风险做出准确统计与估算,他们往往是凭自己的有限技术知识、心理特征以及历史经验等对过去风险做出判断。当然,个人的这一技术风险判断受直觉、情绪、信任以及负面影响等多方面因素影响。比如,对于不熟悉的技术风险事件,人们通常认为技术风险较大;人们头脑中容易回忆起来的、印象深刻的技术风险事件,就会被认为发生的概率大;可能会造成重大财产、人员伤亡的技术风险事件,通常会被认为其技术风险大。公众的这种"先入为主"、"凭感觉定风险"的做法必然会给风险管理带来一定困难,但却是现实生活中发生的事实。因此,从心理学的视角对技术风险展开研究,势在必行。从技术心理建构的角度探寻影响公众技术风险认知的各种因素与技术风险认知的各种方式,是理解公众技术风险认知的关键。尽管社会公众的风险认知中存在"非理性"和"不理智"的因素,并且这些因素已成为一种常态,但这却不能不引起技术风险决策者的重视。

如果技术风险决策忽略公众的风险感知,而仅仅从技术专家的意见出发,不仅会使技术风险决策难以执行,相反,还可能会挫伤社会公众的参与积极性,忽略那些可能对事件产生重大影响的公众信息。如果风险决策者和管理者难以找到整合技术专家意见与公众信息的有效途径,那么,他们之间的这种分歧将会影响决策的做出与执行,从而使社会无法按照理性的风险标准和公正的责任分担原则来治理风险。因此,技术风险的心理学研究可被应用在政府对技术的监管政策、技术风险沟通的策略上,也可被应用在政府监理政策、社会冲突的解决与风险沟通的策略上。

其次,风险沟通可以弥补个人风险感知的缺陷,丰富个人风险感知的

---

① 〔美〕罗杰・E.卡斯珀森:《风险的社会放大效应:在发展综合框架方面取得的进展》,载〔英〕谢尔顿・克里姆斯基、〔英〕多米尼克・戈尔丁编著:《风险的社会理论学说》,徐元玲等译,北京出版社 2005 年版,第 168—199 页。

内容。

现代社会的风险大多数并非为我们人类的感官所体验,而主要是通过沟通得到的。我们对核技术存在恐惧,但我们中的大部分人从未见过核武器,甚至连核电站也未参观过;我们中的许多人惧怕克隆技术,但我们也从未见过真正的克隆体;尽管我们摄入了大量的转基因食品,但如果不予注明,我们根本无法感知到那是转基因食品。因此,许多风险并非为我们亲自所体验,有时即使体验了我们也很难感觉到,我们所感知到的大部分风险都是通过信息传递、信息交流与信息沟通而得到的。如果社会提供给我们的是错误的信息,或者说我们对信息的理解出现了偏差,这都可能影响我们的风险感知。因此,建立在信息传递基础上的风险沟通对于我们正确感知与理解,从而有效规避现代技术风险有重要的意义。路曼恩在 1986 年指出:"风险感知与其说是经验或个人证明的产物,不如说它是社会沟通的产物更准确。"[1]

再次,风险沟通可以克服风险教育的片面性。

长期以来,我们有这样一个思维定式,即技术专家在风险认知与判断上具有先天的优势,公众对技术风险的认知是不合理、不全面、有偏见的。因此,技术风险的信息只能单向地从技术专家流向社会公众,风险教育被认为是唯一的风险沟通方法。"风险教育",即一个以各种方式"教育"公众,将"正确"、"科学"的风险知识传达给公众的过程。现在看来,这种单向的风险信息传递是存在问题的,现代技术发展的特点和风险判断的复杂性决定了"技术专家"的判断也是只具有有限理性的,甚至是有偏见的,因此,技术专家的风险判断是很难得到公众的认可的。而现代风险管理的建构性特征则提醒我们:公众对风险的感知在某种程度上与科学家的专家知识具有同等效力的"合法性",在风险决策中也必须充分考虑公众的意见。因此,风险沟通也不再是一种线性的单向过程——在风险治理过程中,公众固然需要治理者提供有关风险的

---

[1] [德]奥尔特温·雷恩、[澳]伯内德·罗尔曼:《跨文化的风险感知:经验研究的总结》,赵延东、张虎彪译,北京出版社 2007 年版,第 16 页。

知识,但治理者在制定有关风险的决策时同样也需要了解公众的风险感知。①

二、创新风险沟通的形式

首先,变公众理解科学为公众参与科学。公众理解科学(Public Under-standing of Science)运动是 20 世纪 80 年代在英国兴起的。这种思想观点的理论基础是:技术专家与社会公众相比,在技术及技术风险认知上有天然的优势,技术专家理应是权威,社会公众应按照技术专家的意见行事。社会公众对技术风险的认知是没有太多依据的,甚至有时是荒谬的;社会公众对技术风险的担忧和恐惧,主要原因是他们对技术的无知。他们认为,社会公众对技术和技术风险了解越多,就越不会对现代技术感到担忧和恐惧,就会越支持政府的技术决策。因此,他们关注的重点是,进行单向的风险教育,让公众更多地了解和理解科学。显然,这一观点是一种传统的技术风险治理模式。公众理解科学并不等同于公众接受科学、公众信任科学。这种单向的信息传播方式甚至引发了部分公众对技术专家的反感。因此,需要建立起一种双向沟通的对话机制。

其次,构建起技术风险的对话治理模式。这一模式的理论基础是:技术专家主要从技术—经济的视角来分析技术和技术风险,他们的技术风险评估意见更多体现的是专业性,甚至有专业的狭隘性和群体的主观偏见性,有时并不一定"接地气"。社会公众的技术风险感知则包含了技术、经济、社会、文化和个人心理等各方面的内容,尽管有时与技术专家的专业评估意见差距很大,却是社会公众的一种真实感受。并且,社会公众多以这种真实的技术风险感知为基础建立技术风险应对机制。因此,社会公众的技术风险感知与技术专家的专业评估意见同样重要。因此,需要建立社会公众与技术专家平等对话的渠道,让社会公众的"业余意见"成为技术专家"专业意见"的重要参考,实现两者的互补。

---

① ［德］奥尔特温·雷恩、［澳］伯内德·罗尔曼:《跨文化的风险感知:经验研究的总结》,赵延东、张虎彪译,北京出版社 2007 年版,第 305 页。

三、建立风险沟通的信任关系

传统社会向现代社会的转型呈现出断裂性的特征。建立于信任系统基础上的现代社会随着风险社会的来临也步入了"后信任社会"阶段。"后信任社会"阶段信任系统的缺失为风险的泛滥打开了缺口,再加上专家与公众的脱离、媒体力量的崛起,风险的蔓延呈现出不可控的态势,但人们又无法摆脱这种阶段性。

当前,我们正在经历着深刻的社会转型,社会的转型导致了社会基础的重构。传统社会建基于对权威与个体的信任,现代社会建立在对系统尤其是专家系统的信任上。传统社会向现代社会的转型在很大程度上就是由对权威与个体的信任转向对系统尤其是专家系统的信任的过程。风险社会的来临也使人类社会步入了"后信任社会"阶段,在"后社会信任"阶段,社会对专家角色、互动机制、政策框架进行了重构,呈现出一种传统与现代断裂的特征,表现为:由专家诠释风险转向风险感知构建的公众参与;由单向的风险沟通机制转向风险沟通的多元互动机制;由外在的风险管理转向内生的风险治理模式。[①]同时,在转型期,传统的信任系统已经失效,而新的信任系统又尚未完全建立,信任系统的缺失为风险的泛滥打开了缺口,再加上利益格局的调整与价值取向的多元,世界充满了"不确定性"。

信任的重要特征是脆弱性。建立一种各方之间的信任关系是一件非常难的工作,但破坏信任关系则轻而易举。但是,我们也可以做一些基础性工作,逐步建立起风险沟通的信任关系。首先,要创建一种风险沟通的友好氛围。使各方愿意开诚布公地进行交流、谈心,愿意充分表达自己的观点。其次,沟通各方要有一种谦恭的态度。不仅仅认识到自己的长处,更要认识到自己的不足。再次,尊重对方并设身处地地为对方着想。最后,要有强烈的社会责任感。沟通各方不仅要遵守职业道德,更要能够超出个人利益和小团体利益来

---

① 张成岗、黄晓伟:《"后信任社会"视域下的风险治理研究嬗变及趋向》,《自然辩证法通讯》2016年第6期,第15页。

思考问题,体现出强烈的社会责任感。只有这样,才可以逐步建立起一种风险沟通的信任关系。

第六节　国际治理
——现代技术风险整合规避的必然选择

在当前全球风险社会,技术风险向全球扩散,国家治理呈现明显的局限性,国际社会对风险治理的需求明显增加。因此,国际治理成为现代技术风险规避的必然选择。

一、充分认识技术风险国际治理的必要性

近年来,随着全球进入风险社会,风险的频发与互相关联使得单一的风险借助"放大效应"席卷全球,技术风险也随着这一洪流扩散到全球,并表现出一些新的特点,为全球安全敲响了警钟。以网络技术为例,网络技术的迅猛发展也使得网络空间成为国际博弈的新的制高点。网络空间的犯罪与冲突等行为也日益威胁着国际体系的安全与稳定。"作为一种信息流动,网络攻击行为具有显著的跨国性,如果没有深度的国际合作,很难完全掌握追踪攻击源头的全部线索。应对网络恐怖主义和网络犯罪的努力便常常受到此类困扰。"①同时,随着国际恐怖主义手段的技术化与宣传的网络化,国际恐怖主义威胁与技术风险相互合流,对国际安全构成了重大威胁。这些威胁在全球化、信息化的时代相互助长,冲击着国际治理秩序,激化了民族、宗教矛盾,成为国际社会安全的重大隐患。

在技术风险全球化的新形势下,解决全球性的技术风险问题,单一的国家治理明显力不从心:一是技术风险问题的复杂化。当前的技术风险问题与传统的风险的不同之处在于风险问题的"异化",也即技术风险不仅关涉技术问

---

① 刘杨钺:《网络空间国际安全互动的发展态势与治理》,《教学与研究》2018年第1期,第88—96页。

题,还涉及经济与政治问题。而且有时技术风险的发生存在人为的故意性,目的是为了经济与政治等意图,例如信息泄露、黑客攻击都带有明显的目的与意图。二是国家能力的有限性。根据马克思主义的观点,国家是控制风险与矛盾的统治性力量,因此治理风险问题是履行国家职能的体现。然而国家能力的范围是有限的,虽然国家治理对外延伸就是国际治理,但是任何的治理都要以充足的法理性为依据,国际空间的治理显然不是单一的国家所能主导的。三是国家治理的私利性。国家利益是一个民族国家对外活动的逻辑起点。在技术风险治理问题上,也存在着"法无禁止即许可"的现象,对于一些可能存在利益的"公域",民族国家都会去争取占有权,而风险则会被转移。没有一个"世界政府"的约束,国家行为体就会"趋利避害",甚至以邻为壑。

全球化在使风险扩散的同时,也使民族国家之间的交流与合作加深,民族国家利益也突破了地域界限,延伸到世界各个角落。环境污染、恐怖主义、核扩散等威胁的全球性将单一的民族国家利益逐渐联成一体,单一的民族国家之间只要有共同的利益诉求就会有共同的治理需求。例如太空飞行器爆炸后的漂浮物、公海轮船泄漏的污染等的威胁不会挑时间、地点、对象,是对全人类的威胁,治理这些全球公害,各国有共识。问卷调查结果表明,社会公众普遍认为,我们应该建立有效的国际治理机制,来应对现代技术的风险。比如说,68.02%的人认为,应建立人工智能技术的国际治理机制(见图6-3)。

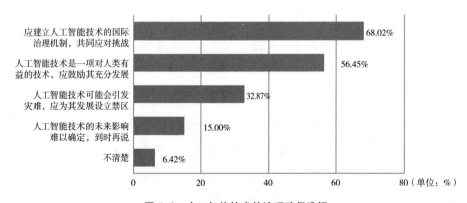

图6-3　人工智能技术的治理路径选择

二、做好技术风险国际治理重点环节工作

推进技术风险国际治理工作,需要做好培育技术风险国际治理的多元主体、实现技术风险国际治理的多重目标、完善技术风险国际治理的手段、建立健全技术风险损害和成本的国际分担机制、在国际层面建立能够形成协调一致的行动标准的机制、建立一个提供信息和意见的沟通交流的回馈循环系统等重点工作。

培育技术风险国际治理的多元主体。治理就是一个多元主体共治的过程。英国学者托尼·麦克格鲁曾指出,当前的全球治理体系中,至少包含以下五个主要的主体或者说基本单元:超国家组织(如联合国)、区域性组织(如欧盟等)、跨国组织(如非正式的全球公民社会组织与商业网络)、亚国家(如公共协会和城市政府等)、民族国家。① 而对于技术风险规避而言,当前技术风险国际治理的主体包括国际组织、区域性组织、主权国家政府、跨国公司、技术专家、媒体和社会公众等。在技术风险国际治理中,应让各治理主体找到自己的功能定位,相互配合,共同促进治理效率的提高。

实现技术风险国际治理的多重目标。治理技术风险是为了寻求安全的目标,安全的环境才能为可持续发展提供有力的保证,因此,技术风险的国际治理应维持保障安全与支撑发展两者的平衡,促进安全目标与发展需求协调并进。在现实中,保障安全与支撑发展并不协调。以朝鲜核试验为例,朝鲜发展核武器始终是为了保障国家安全,在发展核武器的过程中,朝鲜的国家安全确实是得到了保障,但其经济却被拖了严重的后腿。而美国、韩国出于各自的战略转移与国家安全考量,一直都采取遏制朝鲜发展核武器的立场,对于朝鲜的援助也以朝鲜弃核为前提。这就表明,在技术风险的国际治理中,保障安全与支撑发展并不总是协调一致的。那么,在技术风险的国际治理中,我们能否做到既实现安全目标,又满足发展需求呢? 首先,合理界定安全的内涵与现状。

① 转引自李中元:《高危时代全球治理与多元主体参与模式的研究》,《经济问题》2011 年第 10 期,第 4—10 页。

从纵向来看,当今世界安全的重点已从传统安全转向非传统安全领域;从横向来看,安全包括经济安全、政治安全、文化安全、社会安全等内容。我们应科学分析民族国家安全的重点与现状,照顾其合理关切,在安全问题上不搞"一刀切"。其次,坚持发展优先。风险产生的根源是发展的不充分、不平衡。比如中东地区抵制全球化与现代技术,并认为是全球化与现代技术造成了其传统民族观念的瓦解与经济发展的落后,实际上根本原因是发展的不充分、不平衡。最后,找准保障安全与支撑发展的平衡点。也就是在保障安全的同时不能阻碍发展的步伐,坚持发展优先不以安全为代价。民族国家之间可以通过条约、协议等形式或者成立区域性、全球性的组织、发起论坛等方式,寻求安全利益、发展利益的共同点,谋求总体安全下的可持续发展。

完善技术风险国际治理的手段。技术风险的国际治理不是"世界政府"法定权力下的统治,也无法依靠一种"超国家的权威",而是一种世界各国、各治理主体协商一致、采取共同行动、力争取得一致目标的治理。正如有学者指出的:"国际层面的治理不存在一个国内意义上的中央政府,因此政府、市场、社会三者之间的对话与协调更加复杂、多样,且具有不确定性。"[1]各民族国家一定要认识到,尽管没有统一、权威的"世界政府",但各国必须协调采取行动,否则,我们无法应对今天出现的各种风险和危机。技术风险国际治理的手段既包括正式的制度和规则,也包括非正式的制度安排(如共识、文化习俗、宗教信仰等)。在制定正式的制度和规则方面,要发挥联合国国际法委员会的作用。联合国国际法委员会旨在促进国际法的逐渐发展与编纂。一方面,在已具有广泛的技术风险治理国家实践、先例与理论的领域更精确更系统地阐述有关技术风险治理的国际法条约;另一方面,搜集了解一些有关技术风险治理的国际习惯法、一般法律原则、司法判例等,为制定国际法条约作准备。

建立健全技术风险损害和成本的国际分担机制。技术风险事件除了对本国造成一定的损失外,还可能对其他国家也造成损失,这就需要按照公开、公

---

① 蔡拓:《人类命运共同体视角下的全球治理与国家治理——全球治理与国家治理:当代中国两大战略考量》,《中国社会科学》2016 年第 6 期,第 5—14 页。

平、公正的原则协调处理好技术风险损害和成本的国际分担问题。比如说，今天的气候变暖，主要责任应在发达国家，是他们长期的工业化过程累计排放的结果，应该主要由他们承担起减排的责任。而当前发达国家则以"共同责任"为借口，要求所有发展中国家同等承担减排责任，这是不太公平、合理的。应落实"共同但有区别的责任"原则，明确要求发达国家应该承担历史责任，进行大幅度的减排；同时应无条件向发展中国家提供资金和技术，以帮助后者实现减排和应对气候变化。但是长期以来，发达国家以各种借口不履行国际减排义务，同时拒绝向发展中国家提供资金和技术支持，这需要更加有效的国际治理机制来解决。

在国际层面建立能够形成协调一致的行动标准的机制。[①] 现在，对于新兴科技风险的治理，以区域化、碎片化的国内治理为主，由于缺少协调一致的行动标准，国际治理机制难以有效建立。应充分发挥现有的联合国教科文组织、国际标准化组织、世界贸易组织、经济合作与发展组织等国际组织在新兴科技风险治理中的作用，建立起一套能够协调一致行动的标准。

建立一个提供信息和意见的沟通交流的回馈循环系统。[②] 在现代技术风险的国际治理方面，风险信息的沟通交流是治理的基础工作。这就需要建立一个国际层面的风险信息沟通交流系统。在这样一个系统内，各国政府官员、技术专家、社会组织和社会公众能够充分反映各自的利益和诉求，为多元主体的参与和利益的协调提供一个合适的对话平台。

三、构建技术风险治理人类命运共同体

随着民族国家之间的联系越来越紧密、依赖程度越来越高，以及技术风险越来越具有跨国性、复杂性与长期性，构建人类命运共同体成为技术风险国际治理的必然归宿。人类命运共同体理念站在人类前途与命运的高度，坚持国

---

① 赵洲:《论技术风险的国际治理》,《燕山大学学报(哲学社会科学版)》2011年第4期,第81—86页。

② 赵洲:《论技术风险的国际治理》,《燕山大学学报(哲学社会科学版)》2011年第4期,第81—86页。

家利益与全球利益的统一,摈弃以往以邻为壑、转移风险的做法,克服传统治理机制的弊端,顺应了未来风险治理的趋势,具有光明的前景。

马克思从个人自由全面发展的角度提出了共同体的思想,他在《德意志意识形态》中指出:"只有在共同体中,个人才能获得全面发展其才能的手段,也就是说,只有在共同体中才可能有个人自由。"①在《共产党宣言》中,他预言:"代替那存在着阶级和阶级对立的资产阶级旧社会的,将是这样一个联合体,在那里,每个人的自由发展是一切人的自由发展的条件。"②马克思认为,在资本主义制度下,技术的异化导致技术的发展变成了奴役人的力量,要实现人的自由全面发展就必须推翻资本主义制度,形成共产主义的联合体,也即共同体。后来的一些学者从国家利益与全球利益的角度也对共同体进行了不同的阐述。例如,将共同体作为解决国家利益与全球利益矛盾的方案,并认为共同体优于"超国家行政机构"。还有人从利益的视角,根据对象与领域的不同,将共同体细分为经济共同体、政治共同体、文化共同体等。

党的十九大报告提出要构建人类命运共同体。人类命运共同体理念的提出超越了以往共同体的狭隘理念,是站在了人类前途命运的高度来看待当前人类所面临的风险与挑战的,具有更丰富的内涵。首先,人类命运共同体理念摈弃了以往国家利益与全球利益相冲突的"零和思维",坚持国家利益与全球利益的统一;其次,人类命运共同体理念认为国与国之间应休戚与共、同舟共济,反对以邻为壑、转移风险的做法;最后,构建人类命运共同体有利于克服传统治理机制的弊端,尊重各国差异。

自20世纪50年代以来,世界各国为解决全球性的风险问题做出了不懈的努力。例如,先后签署公布了《不扩散核武器条约》、《巴塞尔公约》、《生物多样性公约》、《卡特赫纳生物安全议定书》、《网络犯罪公约》等条约、协议。这些有益的探索为技术风险的国际治理奠定了基础、积累了经验,也为以后深

----

① 中共中央党校教务部编:《马列著作选编》(修订本),中共中央党校出版社2011年版,第88页。

② 中共中央党校教务部编:《马列著作选编》(修订本),中共中央党校出版社2011年版,第226页。

化在技术风险问题上的沟通与合作开辟了渠道、提供了借鉴。

　　对于解决一些全球性的问题,国际社会也有通过国际机构、组织协商解决的先例。最具权威性也最常见的方式是通过联合国来解决一些争端、通过一些决议、采取一些措施。除联合国外,一些国际性、区域性的组织也在一些涉及全球利益的重大问题上发挥着重要的作用。例如,以中国为主要成员国的上海合作组织不但在经贸、教育、金融等领域促进了成员国的深入合作,而且在技术、环保、能源等领域发挥着积极的作用。再如禁止化学武器组织、核供应国集团、世界技术城市联盟等都为防止技术风险的发生与扩散,增进人类福祉作出了积极的贡献。

　　未来,随着技术风险的加速扩散与全球传播,以构建人类命运共同体为主线,以防范化解重大风险与挑战为着力点,技术风险的国际治理将向纵深推进:一是技术风险扩散加速。在全球化、信息化与工业化的协同推动下,对技术发展的需求急剧增长,导致技术风险问题迅速激化,同时,在全球风险社会时代,经济危机、政治危机、社会危机、环境危机等多种风险类型与技术风险交互影响,技术风险问题超越了单一民族国家的能力范围,人类命运共同体的优越性使其成为优先选择。二是传统的治理机制转型升级。在以现有的条约协议、组织机构为手段应对一些重大的全球性挑战力不从心的形势下,传统的治理机制将迎来深刻的调整。一方面是条约、协议的梳理与修订,为未来的治理规划方向、明确重点、部署行动;另一方面是组织机构向人类命运共同体转型,人类将打破国家利益、区域利益、地缘政治、零和博弈等狭隘观念,以共同体中一员的视角审视全球性问题,谋求全球利益最大"公约数"。

　　同时,也要看到,解决全球性的威胁与挑战,必须有一个核心权威。联合国虽是当今世界最具权威的国际组织,但其由各成员国自愿缔结而成,并无主权的现实却让其在发挥作用时受到多方掣肘,尤其是大国的操纵使其权威不再。未来技术风险的国际治理就是要超越国际组织与国家治理的局限性,成立一个新的国际组织例如"世界政府"之类的权威机构解决全球性问题也是可能的,主权国家也有可能让渡部分主权,赋予"世界政府"绝对权威来公正处理全球性问题。

第七章　现代技术风险整合规避的运行机制

　　现代技术风险是一个系统,既有客观因素,也有主观因素;既有生态环境风险,也有经济风险、政治风险和人文风险;既有技术自身的成因,也有制度、文化和伦理等多方面的成因。规避现代技术风险,单纯从技术方面想办法难以取得预期效果,科学需要实现与商业、政治的联姻,建立一种整合规避机制,共同发力来解决技术风险规避问题。这正如贝克所说的:"为了处理文明社会的风险,科学总要放弃它们的实验逻辑的根基,而与商业、政治和伦理建立一夫多妻的联系——或者更确切地说,结成一种'没有证书的永久婚姻'。"①

第一节　现代技术风险规避手段的整合路径

　　台湾学者宋明哲指出,现代风险管理具有新的特征。首先,它是一种整合性的管理方法与过程,是融合各学科知识的综合管理方法。对于现代技术风险规避而言,这点就尤为重要了,它与其系统特性和多元形成机理相适应。其次,现代风险管理是全方位的。它的管理面向,既包括涉及健康与安全技术的风险工程方面,也包括涉及各类风险理财与投融资决策的风险财务方面,还包括涉及文化社会因素的风险人文方面。前面章节介绍了理念变革、技术转向、制度规范、伦理规约、风险沟通和国际治理等几种不同的风险规避手段。其实,这些手段在风险管理过程中并不是单独发挥作用的,而是相互合作,综合发挥效应。

---

　　① ［德］乌尔里希·贝克:《风险社会》,何博闻译,译林出版社 2004 年版,第 29 页。

一、客观风险因素与主观风险因素规避的整合

按照台湾学者宋明哲的观点,现代风险管理有两种管理思维与管理方法,即风险的实证论哲学思维与后实证论哲学思维,前者以保险精算法的风险理论为代表,后者以社会文化建构观点的风险理论为代表;依据两种不同的风险哲学思维,形成了两种不同的风险管理方法,即风险管理过程中注重技术和传统管理过程的"小海鱼法"与注重风险建构和行为过程的"大鲨鱼法"。① 其实,在现代技术风险的管理过程中,我们应该注重两种风险思维与风险管理方法的整合,实现实证论哲学思维与后实证论哲学思维的融合和"小海鱼法"与"大鲨鱼法"的融合。

这正如笔者在博士学位论文中曾经指出的,"风险理论依据其风险定义、对风险的判定以及风险规避方法的不同而区分为客观实体派与主观建构派两大类。……对两种观点的正确理解应是'克服对立思维,走向辩证理解,实现两者融合'。融合的办法是'消解其两种理论的对立,将两种理论定位为两种相互补充的风险规避方法',在技术风险规避中各司其责,相得益彰"。②

技术风险管理就思想基础、风险阐释和管理目标而言,风险的客观实体派与主观建构派有所不同。客观实体派以实证论哲学思维为基础,以保险精算观点的风险理论为代表,视技术风险为客观存在的实体,可用数学统计,客观测度。其风险管理的目标是降低风险水平(Minimizing Risk),回应风险(Response to Risk)对应客观实体派的思维方式。而主观建构派以后实证论哲学为思想基础,以持社会文化建构观点的风险理论为代表,视技术风险是由人们特定的文化社会因素建构而成,技术风险随不同的人与不同的文化社会背景而有所不同。其风险管理目标是如何与风险共荣共存(Living with Risks),建构风险(to Shape the Development of Risk)对应主观建构派的思维方式。③

---

① 宋明哲编著:《现代风险管理》,中国纺织出版社 2003 年版,序。

② 毛明芳:《现代技术风险的生成与规避研究》,中共中央党校博士学位论文,2010 年,第140 页。

③ 宋明哲编著:《现代风险管理》,中国纺织出版社 2003 年版,第 6 页。

　　显然,技术风险的客观实体派与主观建构派在风险管理问题上各执一辞,这种对立的思维模式是不利于风险管理的。进行技术风险管理需要克服两种观点的对立,实现融合发展。"风险客观实体派与主观建构派对风险的不同思维,正可互补而非替代。前者,使我们对管理风险能知其然;后者,则可使我们知其所以然。思维层次不同,所涉及的风险管理方法论与实质理论也就有异。两者间应重融合无需争议。"①

　　规避现代技术风险,一定要从风险是由客观因素与主观因素构成的风险系统这一理论基础出发,承认如下事实:当今社会"客观风险事实"确实增大了。在全球化和技术的一路高歌猛进下,出现了日益增多的风险类型,一些因高技术而引发的"新风险"威胁人们的生存,人为制造的技术风险占据了风险的主导地位,这是当今社会被称为风险社会的客观基础;但同时我们也应该看到,当今社会也存在日益增强的风险意识。人们的风险认知与客观存在的风险事实总是存在差异的,人们的风险认知只能是无限地接近"客观的风险水平",但是人们的技术风险认知也不可能是完全地无中生有,人们的技术风险认知是一种对客观风险事实的反映。正如有学者所指出的:"确实存在一个评估风险的普适性底线(至少在一定程度上如此),但这些起点如何运用却在很大程度上取决于认知和情感模式,以及社会的、政治的和文化的环境。"②因此,当今社会之所以被称为风险社会,是因为"客观的风险事实和主观的风险认知"同时增加了,我们不应该只看到一个方面而忽视另外的方面。

　　既然风险是客观风险与主观风险的结合体。那么,规避风险就应该从客观风险因素和主观风险因素一起着力。首先,我们需要改变技术发展的方向,尽量不让技术来引发风险事故。应该明确,技术不应该是"越先进就越好,对自然的改造力量越大就越好",技术发展应该以稳健、生态和人性化为原则,尽量减少技术发展的"不确定性",对环境的破坏作用和对人类的伤害,从技术层面预防和减少技术风险事故的发生。其次,当代技术风险有深刻的制度

---

① 宋明哲编著:《现代风险管理》,中国纺织出版社2003年版,第39页。
② [德]奥尔特温·雷恩、[澳]伯内德·罗尔曼:《跨文化的风险感知:经验研究的总结》,赵延东、张虎彪译,北京出版社2007年版,第8页。

根源,我们应该通过制度变革来预防和减轻技术风险。用贝克的话来说,当代风险社会的形成是一种"有组织地不负责任"的结果,管理机构设计得异常复杂,管理人员看似岗位分工清晰,但实质上是一旦发生责任事故,似乎谁都可以不负责任。规避现代技术风险,应该实现一种"政治再造"和"组织再造",以预防和减轻制度层面产生的风险。再次,以风险沟通来规避主观层面的技术风险。人们的风险意识尽管以风险事实为基础,但总是与风险事实发生或多或少的偏离,有时甚至会偶尔出现"空穴来风"的状况。但长期以来,我们对于从社会文化和个人心理层面来规避现代技术风险不太重视,而是把工作的重心放在技术风险的预测、评估、危机应对等预防和减轻客观技术风险工作环节,这不太利于从整体上管理现代技术风险。因此,我们应该通过社会文化、个人心理层面的风险沟通来规避这种主观层面的风险。从以上分析可以看出,只有从技术、制度、社会文化和个人心理等多角度施策,才能从整体上规避由客观风险和主观风险组成的技术风险整体。

二、技术转向与制度规范的整合

风险管理学者宋明哲认为,风险管理可分为三种类型:技术导向型风险管理、财务导向型风险管理和人文导向型风险管理。[①] 技术导向型风险管理侧重于高新技术和实质安全技术的管理,一般公共卫生与工业安全属此类风险管理;财务导向型风险管理侧重于风险对财务的影响,一般的企业风险管理属此类;人文导向型风险管理侧重于人们的风险认知、风险态度和应对行为以及有效的风险沟通,以完成风险管理的目标。显然,人文导向型风险管理侧重于规避人们的主观层面技术风险。

技术创新与制度创新是当代社会技术发展的两个轮子。技术创新是技术发展的动力,通过持续不断的技术创新并把技术变为产品,为经济社会发展注入动力,推动社会发展。但是,技术创新作用的发挥,需要制度创新的保障作用。通过制度创新,一方面,让技术创新的活力得到充分涌现;另一方面,也保

---

① 宋明哲编著:《现代风险管理》,中国纺织出版社 2003 年版,第 16—17 页。

障技术创新的正确航向,让技术创新顺利进行。

当前,技术转向起到了风险规避的支撑作用,但单靠技术转向无法彻底解决技术风险问题。要规避和应对风险社会的技术风险问题,就需要对理性概念进行整合,克服技术理性的霸权,促进理性结构的平衡。贝克认为:"没有社会理性的科学理性是空洞的,但没有科学理性的社会理性是盲目的。"①但是,通过技术升级来消除技术风险具有非彻底性。现代技术发展的规律是,技术发展总是在不断地引发问题,这些问题又不断地通过技术的进步和升级来解决。比如说,用污染处理技术来解决工业生产和生活中产生的污染问题,在一定程度上减少了环境污染事件的发生,但是,这些污染处理技术在治理污染的同时,又出现新的污染。并且,有时这种新的污染并不比过去的要轻许多。比如说,针对电脑病毒技术,人们开发出杀毒软件来防治电脑病毒,但是这种杀毒软件不仅导致电脑运行速度的下降,还可能引发其他问题。所以,用技术手段来消除技术风险是不彻底的。新的技术在解决一部分技术问题的同时,又引发新的技术问题。通过技术的转型升级来彻底解决技术的风险问题,这只是一个美好的想法。

技术风险的规避需要制度创新的保障作用。用埃吕尔的话说,当前技术发展具有自主性和不可控性。技术总是按照它自身的固有模式和路线发展,有时甚至不受人的制约。因此,单靠技术自身的发展来规避技术风险不太现实。需要通过制度创新来预防和减轻技术风险事故的发生。可以说,在一定程度上,技术转向是动力,制度规范是保障。

三、政府、专家和社会公众意见的整合

技术风险规避是一项系统工程,涉及的主体包括政府相关部门、技术专家、各级媒体及社会公众等。进行技术风险规避工作,应充分发挥他们各自的智慧,建立起一种各方共同参与、协同发力的治理机制。但是,过去的风险治理机制以政府决策意见为标准,而政府决策意见又是建立在专家意见基础上

---

① [德]乌尔里希·贝克:《风险社会》,何博闻译,译林出版社2004年版,第30页。

的。因此,在政府主管部门牵头下发表的技术专家意见成了确定人们可接受风险水平和安全价值的重要标准。但是,实际情况可能并不尽如人意,由于技术专家的专业限制及有限理性,特别是他们在一些政府部门官员和新闻媒体的蛊惑下,极容易丧失原则立场,作出非专业、非客观的评价结论。"专家在面临新科学技术时,往往多注重技术的贡献性而忽略其副作用,或故意隐瞒其副作用,以至于人们在开始使用技术时,就已经为风险埋下了发作的种子。"①我国的"汉芯一号"造假事件就是一个典型事例。上海交通大学微电子学院原院长、长江学者陈进将从摩托罗拉公司买来的进口芯片,雇人磨去摩托罗拉公司的标识印上自己的标识,造出了号称"国内首创、国际先进水平"的"汉芯一号"芯片。这一造假手段并不高明的造假工程竟骗取国家上亿元的科研资金。这么一个彻头彻尾的科研骗局,却没有被主管部门和行业专家察觉。当时,由多位院士和知名教授组成专家组对这一技术发明进行鉴定,鉴定结果是:"汉芯一号"属于国内首创、国际先进,是一项重大发明。直到"神秘人士"举报后,这一骗局才慢慢露出水面。2016 年 5 月,上海交通大学在《关于"汉芯"系列芯片涉嫌造假的调查结论与处理意见的通报》中,认定陈进在"汉芯"系列芯片的研制过程中存在严重造假和欺骗行为,并作出了相关处理决定。紧接着,技术部、教育部和国家发改委也随之相应作出了中止研究项目、追缴相关经费的决定,这一骗局才画上了句号。这一事件留给我们很多的思考:除了相关研究者在造假过程中丧失道德、违纪违法以外,政府主管部门和技术评审专家也发挥了"帮凶"的作用,没有把好技术评审关,甚至在一定意义上被认定为造假行为"站台"。因此,技术风险规避不能完全依靠政府主管部门和技术专家,而应该充分发挥社会公众的力量,让他们参与到技术风险规避和技术决策中去。当然,中国社会公众对技术专家还是比较信赖的。7.50%的受访者认为技术专家的意见可以信赖,44.88%的人认为基本可以信赖,34.01%的人认为一般,8.01%的人认为技术专家的风险评估意见不可以信赖(见图

---

① 薛晓源、刘国良:《全球风险世界:现在与未来——德国著名社会学家、风险社会理论创始人乌尔里希·贝克教授访谈录》,《马克思主义与现实》2005 年第 1 期,第 45 页。

7-1）。可见，当前社会公众对技术专家是一种"既想信赖又不太敢信赖"的矛盾心理。而在西方国家，这一比例还要低。

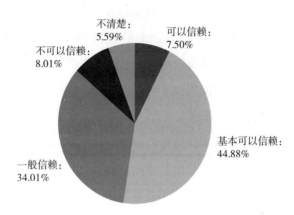

不清楚：
5.59%

不可以信赖：
8.01%

可以信赖：
7.50%

基本可以信赖：
44.88%

一般信赖：
34.01%

图 7-1　调查对象对技术专家新兴科技风险评估的信赖程度

让社会公众充分参与到技术风险规避和技术管理决策中，有充分的依据。一方面，社会公众有强烈的参与技术风险规避的欲望。现代技术对社会公众的影响越来越大，与他们的生命健康和财产安全等有日益密切的关系，社会公众对技术的未来发展也越来越关切和担忧，他们迫切希望参与到这一过程中来。另一方面，也有事实表明，技术风险事件发生时，社会公众的处理态度和应对策略，与他们所掌握的技术风险信息及风险信息的沟通有很大的关系。社会公众面对技术风险事件时之所以会发生恐慌，多与他们没有掌握足够的风险信息及风险沟通不畅有关。因此，在风险规避过程中公众的参与是非常必要的。

一般而言现代技术具有高度的系统性和复杂性，因而现代技术风险也具有高度的复杂性和不确定性。因此，现代技术风险打破了靠技术理性来垄断技术风险评估的现状。在现代风险社会，即使是最有名望的科学家，也无法单独对现代技术风险的未来做出准确判断，并且，公众对技术专家的这些专业意见往往不是太信任，总认为专家们往往会故意夸大现代技术的益处，而故意隐瞒现代技术的风险。他们认为，现代技术带来的实际利益并不如专家们估计的那样多，相反，现代技术带来的损害有时却比专家们预估的要多很多。这往往导致公众的风险感知与专家们的评估意见不一致,这时,我们往往需要尊重社会公众的风险感知,因为毕竟最终承受这些技术风险的是社会公众。这就要求我们,一方面将所有的技术风险信息原原本本地告诉社会公众,让他们充分了解技术风险事件的来龙去脉;另一方面,需要让他们参与到这一技术风险的决策中来,让他们自己决定自己的命运。只有让他们熟悉了这一技术,减少了他们对这一领域的无知,并让他们参与到技术决策中来,他们的风险意识才会降低,这样他们感知到的风险就会越少。

社会公众总是对政府技术决策和专家的专业意见不太信任,总是认为政府和专家没有考虑他们的利益,没有顾及他们的感受;而政府和专家则认为,社会公众对技术及技术风险不了解,总是给政府出难题。如安东尼·吉登斯就指出,在当前风险社会,政府推行的一些技术项目,如垃圾焚烧厂、化工厂、核电站、高速公路以及生物技术工厂等,本是为公众利益服务的,但难以得到公众的支持,大部分遭到了一些直接受到影响的社会公众的反对。政府机关面临这样的窘境:"即它们为所有人谋福利的计划却被某些人当作是诅咒而加以反对,因此它们以及工厂和研究机构的专家们失去了方向,它们坚信,自己据其知识尽最大努力制订这些计划是'有理性的',是为了'公众的利益'。"政府官员、技术专家和社会公众在技术风险项目的感知中存在明显的偏差,社会公众难以理解政府和专家的决策意见,这显然影响政府决策的有效执行,甚至引发群体性冲突。因此,在政府的技术决策中,一定要考虑社会公众的风险感知,考虑他们的综合反应。

四、伦理规约与法律制度的整合

现代技术风险规避需要发挥伦理因素的重要作用。伦理因素对现代技术风险规避的重要作用,至少体现在两方面:一方面,通过潜移默化的外在伦理教育和个人的自我道德修炼,提高技术开发主体的内在道德责任感,通过"道德自律"来从事"善"的研发,开发出"善"的技术,从源头上预防和降低技术对人类社会的危害;另一方面,长期以来形成的伦理规则对人们的行为有一定的"软约束"作用,这些伦理规则明确无误地告诉大家,你的哪些行为是被大家认可的,哪些行为是不被大家接受的。你的行为只有符合这一文化群体共同认可的伦理原则,才被认为是善的、有价值的。这种伦理规约对于规避现代技术风险有重要意义。首先,伦理规约的规避效果更为长久。伦理规约较之政策、法律而言,触及的内容更具根本性,影响更为深远。其次,规约影响时效更长。伦理规约考量的深层次矛盾问题更为深化,规范守则的制定设计更多的是从人类发展的愿景进行考虑。这种伦理规约的出发点是人们的道德情感,更容易得到大家的认可和接受。再次,是对法律制度的有力补充。

当然,内在的道德修炼和道德自律完全靠技术主体个人的道德自觉,外在的伦理规则的约束也是一种"软约束"。这种道德自律和伦理约束显然对于规避现代技术风险是有一定作用的。但是,现代技术风险具有复杂性,技术主体的行为也具有复杂性,仅靠伦理因素是难以发挥作用的。因为当前伦理规约的约束力不如法律法规明了、强制,特别是当一些技术主体道德水平不高时,伦理规约难以有效发挥作用;执行监督机制尚不健全,对于伦理规约是否有效发挥了作用,缺乏有效的执行监督机制;特别是当前,我们面临中国特色的定性伦理(伦理思想)如何与西方的定量伦理(伦理守则)有机统一的问题。因此,需要法律制度的外在"硬约束"。美国技术风险研究学者苏珊·L.卡特认为,在风险管理系统的众多方法中,"不管是在地区还是国家层面上,立法都是最久负盛名的风险管理方法"。[①] 特别是,要将一些大家公认的伦理原则上升为法律法规,借助于法律法规的强制力来实现对技术主体的威慑和刚性约束作用,要为各类技术主体的技术研发和应用行为划定禁区,明确哪些行为是可行的,哪些行为是明令禁止的。

当然,单纯用法律法规来规避技术风险,也有其弱点。由于法律法规的强制性作用较强,制定和修改法律法规一般较为慎重,法律法规具有相对稳定性。显然,这种相对稳定性是难以适应现代技术的飞速发展的。这就可能出现一个新兴科技发展"无法可依"的窘境。比如说,网络约车,这是互联网资

---

① Susan L. Cutter, *Living with Risk—The Geography of Technological Hazards*, London New York:Edward Arnold,1993,p.72.

源与传统的出租车资源的一种优化组合,是一种典型的商业模式创新和管理创新。但对于当前的网络约车如何进行管理,出现了法律法规的"真空地带",现有法律法规难以管理网络约车这种新业态,而与网络约车相适应的新的法律法规一时又难以建立起来。那么,当前对这一领域的管理,主要就只能靠各主体的道德自律和大家共同约定的规则来调节。

因此,对于当前新兴科技和技术主体的管理,需要伦理道德和法律法规的"双重防火墙",通过法律法规为技术主体划定禁区,使那些违法违规的技术开发行为及时受到法律的制裁;通过伦理道德的调节来实现对技术主体的"软约束",让那些违背伦理道德的技术主体及时受到道德的谴责。

五、国内治理与国际治理的整合

在当代全球风险社会,民族国家在继续发挥技术风险治理主导作用的同时,也存在一定程度的"国家中心治理的失效"。① 在前工业社会,实现社会治理的主体主要是民族国家,民族国家依靠强大的行政权力实现对社会的统治,包括各类风险的预防和治理。政府在管理主体结构中居于主导和核心地位。民族国家通过强大的"政府统治"来应对各种风险与危机。技术专家、社会组织、企业和社会公众等各类治理主体一般都是在政府的发号施令下工作,其主动性和能动性发挥得不够。贝克认为,在现代全球化背景下,风险具有高度复杂性、广泛影响性、作用深远性等特点,民族国家难以应对。"在全球化进程加速进行的条件下,民族国家变得'对生活的大问题来说太小,对生活的小问题来说又太大'。"②为了应对这种全球化的风险,需要建立一种由国际组织、区域组织、民族国家、非政府组织、跨国企业、技术专家、媒体及社会公众等多元主体参与的全球治理模式。

"在全球化时代,国内治理与国际治理愈来愈表现出高度的依存性、渗透

---

① 李中元:《高危时代全球治理与多元主体参与模式的研究》,《经济问题》2011年第10期,第4—10页。

② [英]安东尼·吉登斯:《现代性的后果》,田禾译,译林出版社2002年版,第57页。

性和互动性。"①全球化使得风险跨越国界,国内风险与国际风险问题难以截然分开,并且国内风险与国际风险交互影响,单一的治理主体、手段、方法难以遏止风险的跨时空传播。一方面,技术风险本身具有自主性与不可控制性,工业化、资本化与技术相结合,将技术风险扩散到全球,技术风险既是国内的,也是全球性的;另一方面,国际空间的法外"空白"滋生的风险极易与技术风险合流,例如前述的国际恐怖主义威胁,借助技术手段进行的恐怖主义宣传与袭击,造成了风险的升级与变异。

治理技术风险问题要统筹好国际国内两个大局。"作为当代中国的两大战略考量,全球治理与国家治理必须从两者的相互关联、互动角度予以统筹、协调。"②民族国家内部应加强风险治理顶层设计,推动体制机制变革,与国际社会接轨,融入全球治理进程。民族国家之间在国际制度框架内寻求新的突破,建立信任关系,搭建合作平台。例如,2004 年 6 月,国际风险管理理事会(International Risk Governance Council, IRGC)在日内瓦挂牌成立,该理事会主要针对由现代社会的复杂性、技术不确定性等因素导致的风险及其治理问题进行了大量的科学研究和国际交流,致力于为政府、商业界、研究机构和其他组织在风险治理方面的合作提供支持、提升公众在相关决策过程中的信心。国际风险管理理事会研究领域非常广泛,包括关键基础设施(国家信息通信、国家电网)、食品安全、基因工程、生物和纳米技术等领域的失效或失控给社会经济带来的风险。

促进国内治理与国际治理的相互协调、相得益彰。技术风险涉及的不仅仅是技术本身,其影响范围横跨经济、政治、文化、社会等领域,每一领域风险表现形式不一样、治理的主体与手段也不尽相同。例如,在推进核不扩散议题上,国家是最具有权威性也是最能发挥作用的主体,但是要想在核议题上获得民意的支持,国家行为体就不如一些民间团体、环保组织、社会活动家具有灵

---

① 蔡拓:《人类命运共同体视角下的全球治理与国家治理——全球治理与国家治理:当代中国两大战略考量》,《中国社会科学》2016 年第 6 期,第 5—14 页。

② 蔡拓:《人类命运共同体视角下的全球治理与国家治理——全球治理与国家治理:当代中国两大战略考量》,《中国社会科学》2016 年第 6 期,第 5—14 页。

活性与威望了。对于不同领域的技术风险问题,国家行为体也会选择性地参与,最常见的就是在气候变化问题上,发达国家与发展中国家始终难以在"共同但有区别"的原则问题上达成共识。而且,随着风险的增多、传统治理机制的失灵、国家治理能力的局限性与不足逐渐显现,国家行为体与非国家行为体寻求合作成为一种新的选择。因此,在技术风险的国际治理上,国家行为体与非国家行为体是一种相互配合、互补的合作关系。只有国家行为体与非国家行为体相互协调,共同参与技术风险治理,才能形成风险治理的合力,实现风险治理的全覆盖。做好技术风险国内治理与国际治理的协调工作,需把握好以下两方面原则。

一方面,现代技术风险国际治理需要发挥主权国家的主导作用。技术风险国际治理不是空中楼阁,需要有一些载体,包括主权国家的政府、国际组织、区域组织、跨国公司以及社会公众等,毫无疑问主权国家则是最重要的载体。"主权国家之间的协调与合作将是技术风险国际治理的关键和主导所在。"①主权国家是当前国际交往和承担国际责任的主体,技术风险的规避,需要以国家为单位进行,发挥世界各国政府、机构和社会公众的力量。每一个国家都应该根据本国国情建立起技术风险治理体系。要充分认识国内治理对推进国际治理的重要作用。国内治理现代化是推进国际治理现代化的基础。"国家治理体系包括价值、权威决策、行政执行、经济发展、社会建设等方面,这些体系机制的合理配置与良性运转,决定着国家治理现代化程度的高低,进而能够助推和深化全球治理。"②当前,推进技术风险国际治理面临的困难较多,其中一个重要原因就是国家治理的状况和水平不尽如人意。国内治理的基础工作没有做好,国际治理就缺少了支撑。另外,在风险的预防管制和监督管理方面,主权国家在拥有活动自由的同时,必须在国际层面承担预防合作责任。③ 国

---

① 赵洲:《论技术风险的国际治理》,《燕山大学学报(哲学社会科学版)》2011年第4期,第81—86页。

② 蔡拓:《人类命运共同体视角下的全球治理与国家治理——全球治理与国家治理:当代中国两大战略考量》,《中国社会科学》2016年第6期,第5—14页。

③ 赵洲:《论技术风险的国际治理》,《燕山大学学报(哲学社会科学版)》2011年第4期,第81—86页。

家的行动自由应当与承担的国际预防合作责任相协调。

另一方面,现代技术风险的国内治理需要在国际治理的大背景之下进行。"国家治理是全球治理中的国家治理,国家治理体系与治理能力的现代化必然包含着对全球治理的理性认知和实践的协调。"①以各国政府、机构和社会公众为基础,建立国际技术风险治理共同体。以现代技术引发的全球变暖生态危机为例,全球气候变暖将会危及人类生存,这日益成为共识。应该说,全球气候变暖,主要责任在发达国家,是他们的累计排放导致了今天日益严重的气候变暖问题。但发达国家认为,今天的全球气候变暖是所有国家共同造成的,世界各国都有责任来均等地分担减排责任。显然,在应对全球气候变暖上,全球各国存在分歧。这就需要国际社会的共同努力,既需要发达国家承担起减排的主要责任,也需要发展中国家按照共同但有区别的责任原则积极承担起相应减排责任。为了人类的共同利益,发达国家有责任和义务向发展中国家免费提供资金和技术。

因此,在技术风险的国际治理中,需要在尊重国内治理与国际治理相对独立性的同时,自觉打破两者的界限,从整体性上审视和把握好两者的协同关系。

第二节　现代技术风险整合规避的运行协调机制

在现代技术风险整合规避的过程中,要综合发挥各种风险规避手段的有效作用,实现风险规避效益最大化,需要协调好一些深层次的矛盾和问题,如技术风险的公平分配、技术责任的明确界定、技术利益的综合协调和技术权力的均衡配置等。

一、技术风险的公平分配

技术风险的公平分配问题是困扰风险管理者的一个重要问题。应该说,

---

① 蔡拓:《人类命运共同体视角下的全球治理与国家治理——全球治理与国家治理:当代中国两大战略考量》,《中国社会科学》2016 年第 6 期,第 5—14 页。

与社会、地区或经济因素相比,技术风险的公平分配问题可能更令风险管理者困扰。风险在社会中的不均匀分布导致了人们暴露程度的不均匀。有一些人、一些地方由于他们的地点、职业以及生活方式的不同,从而更多地暴露于风险之下,拥有更大的风险。并且,风险给个人和社会造成并不均匀的负担。实现风险分配的公平正义,从而降低风险暴露、风险削减以及风险赔偿中的不平等,就构成了重新思考技术风险的基础。公正问题同样可应用于废弃物的管理。公正与平等原则构成了核废物处理、危害废物堆放选址、市政固体废物焚烧以及温室气体削减等当前许多管理争议问题的基础性原则。这是当前垃圾处理厂、污水处理厂等选址遭遇难题需要深入思考的问题。"从地方以及全球来说,平等考量都是危害管理政策中的关键、突出问题之一。"①

在贝克看来,风险社会存在"阶级特定的风险",即风险的分配存在着阶层或阶级的差异,风险总是偏爱着下层阶级。"风险总是以层级的或依阶级而定的方式分配的。……像财富一样,风险是附着在阶级模式上的,只不过是以颠倒的方式:财富在上层聚集,而风险在下层聚集。"②"贫穷招致不幸的大量的风险。相反,(收入、权力和教育上的)财富可以购买安全和免除风险的特权。"③国内有学者认为,当前风险分配的结果是,"在世界范围内形成的风险的两极:发达国家制造和转嫁风险而发展中国家买单;在一国范围内形成的风险的两极:主导阶层从风险中获益而边缘阶层在风险中受损"④。以转基因技术和食品为例,尽管这一技术的潜在风险还不是太明朗,但是,各个国家、各个阶层在这一技术的利益和风险分配中却存在一定程度的不平等。整体而言,发达国家及其研发人员、企业处于有利的地位,它(他)们攫取了绝大部分的利益,并且想尽各种办法来规避风险;相反,发展中国家的老百姓更多地暴露于风险之下,特别是一些没钱、没地位的老百姓,成了这一技术的"试验品"

---

①　Susan L.Cutter, *Living with Risk The Geography of Technological Hazards*, London New York:Edward Arnold,1993,p.72.

②　[德]乌尔里希·贝克:《风险社会》,何博闻译,译林出版社2004年版,第36页。

③　[德]乌尔里希·贝克:《风险社会》,何博闻译,译林出版社2004年版,第36页。

④　程启军:《风险社会中的阶层:涉及面、应对力与分担机制》,《学习与实践》2007年第10期,第136—139页。

和"牺牲品"。

在当前,风险分配的公正性问题还掺杂了政治的因素。罗斯·卡斯帕森指出:"已经发生的风险更多反映的是当时各种政治力量的平衡,而不是其承担者对风险的接受度。"[1]特别是对于那些强加于人的"非自愿性风险"(Involuntary Risk)而言,更是如此。"非自愿性风险"通常是在社会公众不知晓的情况下,强加于人的,可能会对社会公众个人构成严重威胁。因此,"非自愿性风险"的公平分配和合理分担,是一个影响社会秩序公平性和有序性的问题。

面对当前技术风险分配不公的事实,要实现风险的公平分配,重点需协调好以下几个关系:首先,应坚持共同但有区别的原则,要协调好发达国家与发展中国家在风险分配中的关系。发达国家应更多地承担风险,因为发达国家是风险的主要制造者与受益者;发展中国家或落后地区有要求援助的权利,因为发展中国家或落后地区是风险的主要受害者,其技术水平的落后与抗风险能力的脆弱使其难以分担过多的风险。其次,要坚持可持续发展的原则,处理好代内公平与代际公平的关系,不仅应做到代内公平,还应做到代际公平。因为风险的形成有一个累积的过程,风险形成的历史责任也应是考虑的因素。再次,要兼顾不同阶层的利益。不能以牺牲边缘社会阶层的正当利益需求为代价,来满足主导社会阶层的非合理需要。风险社会的冲突很多时候就是风险分配的冲突,在社会居于主导或有利地位的阶层往往将风险转移给他人,这种风险分配的不公可能会引起冲突。比如说,近期全国各地因 PX 项目事件、火电站建设事件等引发的风险冲突日益增多。在技术风险的分配中,不能以牺牲边缘社会阶层利益为代价,不能损害他们的利益。

提高现代技术风险分配的公正性程度,力争风险在各社会主体间的合理分担,是技术风险整合规避协调机制的重要内容。这就需要做到:第一,做好技术风险分配信息的公开。要让社会公众(特别是利益相关方)确切地知道他们所要承担的风险的概率、可能发生的严重后果及政府的态度等,以消除他

---

① 转引自郭洪水:《当代风险社会——基于哲学存在论与复杂系统论的研究》,中国社会科学出版社 2015 年版,第 160 页。

们的疑虑和顾忌。第二,在技术风险信息公开的基础上,让公众更多地参与到技术风险分配的决策中来,协商技术风险分配的具体程序、各利益主体的权利和利益,保证风险分配的公平、公正。同时,也应做好技术风险分配的宣传教育,要让他们明白:没有绝对的公平,公平只是相对的。有时候公平只是一种心理感受,不一定是实质的公平,而且只要人们觉得公平,能够获得心理上的平衡就可以说实现了公平。实质的公平需要程序的公平或者形式的公平来保障,因此,应创造多种形式来保证公平的实现。如制定完善的法规制度、拓展主体参与风险决策的渠道、增加失衡性补偿等等。

二、技术责任的明确界定

技术责任是指在处理技术风险的过程中有关主体应担负的责任,技术风险发生后,必须有人为此负责。责任原则是确保机构有序运转必须坚持的原则。但是,现在的机构设计、人员安排和运行机制都不太利于责任原则的落实。用贝克的话说,现代社会的风险,多是"有组织地不负责任"的结果。首先是管理机构的设计问题。当前的管理机构都设置得非常复杂,同一项风险事务可能涉及好多个部门在管,一个部门也可能好多人在管。这样设置的结果是,取得了管理成绩的时候,大家都认为自己作出了贡献;当出现了问题和责任事故的时候,大家可能都会说,"这不是我的责任"。看似所有人都是主体,但实际上没有人是责任主体。这正如贝克所指出的:"迷宫式的公共机构都是这样安排的,即恰恰是那些必须承担责任的人可以获准离职以便摆脱责任。"①其次是现代技术风险管理的复杂性问题。现代技术复杂性日益增强,日益成为一个技术系统。特别是以科学原理武装起来的现代技术,其发生风险的机制也发生了显著变化,日益复杂化,技术责任的明确变得日益艰难。"第一次现代化所提出的用以明确责任和分摊费用的一切方法手段,如今在风险全球化的情况下将会导致完全相反的结果,即人们可以向一个又一个主

---

① ［德］乌尔里希·贝克、［德］约翰内斯·威尔姆斯:《自由与资本主义——与著名社会学家乌尔里希·贝克对话》,路国林译,浙江人民出版社 2001 年版,第 143 页。

管机构求助并要求它们负责,而这些机构则会为自己开脱,并说'我们与此毫无关系',或者'我们在这个过程中只是一个次要的参与者'。在这种过程中,是根本无法查明谁该负责的。"①因此,明确技术责任是实现现代技术风险的整合规避需要考虑和协调的重要问题。

技术应用主体(即企业经营者)是技术风险责任的主要承担主体。技术应用主体,包括技术产品的生产者、销售者以及技术服务的提供者,他们是技术活动的主要利益分享者,也应该是技术风险责任的主要承担者。当代技术活动主要是一种市场化的活动,技术应用主体从事技术活动,主要是为了谋求一定的经济利益,因此,他们有时会偏向于选择有较好赢利前景的技术项目,而对技术项目的潜在风险可能不会太关注,甚至有时为了经济利益而不顾社会利益、生态利益等。因此,应强化技术应用主体的技术风险意识和社会责任,让他们承担起技术风险规避的主要责任。

技术研发主体要承担起为技术发展方向把航的责任。真正了解技术发展的还是科研工作者,他们对于把好技术未来发展的方向,确保技术发展真正服务于人类特别重要。当然,这一群体在承担风险责任中也面临着一些理论上的难题。特别是对一些"不可预见的后果"该不该负责以及该如何负责的问题?"在工程科学中,如果说我们没有预见到某个结果的出现,并不意味着没有责任。我们应尽可能地做基础研究以做出准确的预言。道德上的责任取决于谁知道可以做什么。因此,不可预见的后果越出了道德责任的范畴。"②2000年通过的《地球宪章》明确提出:"让那些认为拟开展的活动不会造成重大危害的人承担举证责任,并使责任方对环境破坏负责。"③显然,这一原则落实起来还是有些困难的,对于一些未来可能发生的事情承担举证责任,这是比较难的。当然,对于不可预见的后果,我们应该加大基础研究力度,让更多的

---

① [德]乌尔里希·贝克、[德]约翰内斯·威尔姆斯:《自由与资本主义——与著名社会学家乌尔里希·贝克对话》,路国林译,浙江人民出版社2001年版,第143页。

② 《北师大邀请德国哲学家波塞尔教授做系列报告》,《中国自然辩证法研究会工作通讯》2009年第16期,第7—11页。

③ 《地球宪章》[EB/OL],https://wenku.baidu.com/view/f7f60f1ca76e58fafab00315.html.2018-07-05。

"不可预见"变成"可以预见";而对于目前人力所不能及的"不可预见",则无法承担技术责任。

政府管理部门对于技术风险责任的适当分担。技术风险事件一旦发生,其造成的损失可能是巨大的,这种负面影响作用可能是长远的。这种风险损失可能是作为主要技术应用主体的企业和技术研发人员所难以负担的。因此,为鼓励技术创新和社会应用,技术应用主体和技术研发主体应对于各类技术风险承担有限责任,这就要求政府管理部门适当分担部分技术责任。其实,国内外的有关法律法规也对此作了规定,如我国 2016 年修订的《疫苗流通和预防接种管理条例》第四十六条明确规定:"因接种第一类疫苗引起预防接种异常反应需要对受种者予以补偿的,补偿费用由省、自治区、直辖市人民政府财政部门在预防接种工作经费中安排。"①这在一定程度上既维护了受害者的利益,也保护了医药企业技术创新的积极性。

在明确技术责任时,应坚持责任法定与责任到个人的原则。首先,从立法的角度完善相关法规制度建设,填补法律漏洞,理顺体制机制;明确责任主体、责任范围,例如是组织责任还是个人责任、经济责任还是法律责任,或者是行政责任等等,总之,保证不留责任"空白"。其次,充分运用经济的、法律的、行政的、教育的,甚至政治的手段保证责任落实到个人。要让所有人都成为责任主体,要让每一项责任都落实到位,尽量避免责任分担的交叉、重复。随着责任伦理的作用日益突出,在界定技术责任时应充分考虑责任伦理问题,运用伦理的手段强化有关主体的道德意识与责任自觉。因为经济的、法律的、行政的手段只是一种外在强制力,只有伦理道德具有教化的力量,能够从根本上解决人的世界观、价值观问题,并内化为人的行为自觉。

三、技术利益的综合协调②

对技术利益的偏颇理解和各技术主体的利益纷争是现代技术风险形成的

---

① 《疫苗流通和预防接种管理条例》2016 年修订版［EB/OL］, http://www.cqcdc.org/html/content/17/03/1848. shtml.2016-11-20。

② 本小节观点主要来源于课题阶段性成果:毛明芳:《技术利益:现代技术风险研究的新视角》,《湖湘论坛》2015 年第 5 期,第 131—135 页。

重要影响因素。因此,防范现代技术风险,需要从技术利益方面着手,建立技术利益协调机制,实现技术利益的均衡分享。技术利益既是一种经济、生态、社会和人文利益的综合体,也是一种由全球利益、国家利益、企业利益与个人利益等组成的组合体,需要建立技术利益协调机制,实现技术利益的均衡分享。

首先,要协调技术发展的经济、生态、社会和人文利益,实现技术利益的平衡。现代技术产生风险的一个重要原因是,我们过分追求技术的经济利益,而忽视了技术的社会、人文和生态利益。这种技术发展中的"利益偏颇"引发了技术发展的种种问题,不符合技术的本性和技术发展的目标。我们说,技术作为服务于人类发展的一个工具,应服务于人类总体幸福水平的提高,而幸福水平的提高需要经济利益、社会利益、人文利益和生态利益作保障。但是现在,技术的经济效益成了技术评价的通行标准甚至唯一标准,我们在过分追求技术的经济效益、取得经济辉煌的同时,引发了种种"技术问题",如社会贫富加大、社会暴力横行、文化缺失、精神颓废、生态破坏等等,这些都与技术的"偏颇"发展有或多或少的联系。因此,不能完全以技术先进性和经济效益性作为技术的评价标准,而要以系统学思维对技术进行评价,综合评价技术的经济、社会、生态、人文、美学等方面的效益。

以评价标准的多元化和系统性来推动现代技术发展的转向,从技术经济化转向技术的生态化、人文化和艺术化。技术发展必须要考虑生态利益,不能以过分追求经济利益来浪费资源、破坏环境;相反,要做到最大限度地节约资源和保护环境,要达到生态系统的动态平衡。技术发展必须要有人文内涵,要体现文化特色,不能以牺牲文化多样性为代价,不能造成文化缺失的恶果。技术发展要艺术化,要有美感,给人以艺术的享受。总之,技术发展要能够满足人们多元化的物质、精神、文化、社会和生态需求,有利于提高人们的幸福生活水平。

其次,协调技术发展中全球利益、国家利益、企业利益与个人利益的关系,实现各主体之间的利益共享。在技术的发展过程中,存在不同的技术主体。如研发技术的研发者个人主体和企业主体,使用技术的技术应用者主体,管理技术研发的国家主体和协调技术利益全球分享的国际组织主体等。如何在各个主体之间分享和协调利益,是技术管理的重要内容,也是防范和降低技术风险的重要措施。

研发者个人必须有一定的利益保障,不然就没有技术创新的动力,技术创新就难以开展;企业作为创新活动的主要组织者和创新成果的主要所有者,理应享有大部分的技术利益。技术应用者作为技术使用主体,他们在付出一定使用成本的同时,理所当然应成为技术产品的最大受益者。国家作为技术管理的主体和技术政策的主要制定者,是技术利益的"调停者",通过制定规则来分配技术利益,协调利益分配的矛盾。从事技术管理的国际组织,负责制定国际技术规则,保证技术利益在全球范围内的均衡分配,既保护发达国家的技术发明者通过申请国际专利等方式获得一定的技术利益,又通过制定规则防止技术发明者以垄断来获取过高的技术利益,还要保证技术落后的贫穷国家也能够分享到一些技术进步的利益。

总之,要通过建立有效的利益协调机制,使各个技术主体能均衡、合理、充分地享受到技术发展带来的利益。这样,就不至于出现因技术利益纷争而故意夸大的"主观技术风险",也不至于发生一部分人为了技术利益而故意加重另一部分人技术风险的情形。可见,要防范现代技术风险的发生,需要从技术利益方面想办法,要建立利益协调机制,协调好技术发展的经济利益、社会利益、人文利益与生态利益的关系,以及全球利益、国家利益、企业利益与个人利益的关系。[①]

四、技术权力的均衡配置

权力是风险社会的一个核心用语,在风险的形成中起了重要作用。哈里·奥特韦指出:"如果在'风险'争论的中心有一个核心问题的话,那就是权力,或者更准确地说,就是囊括权力的知识。谁有权确定将要发展和部署的技

---

① 毛明芳:《技术利益:现代技术风险研究的新视角》,《湖湘论坛》2015 年第 5 期,第131—135 页。

术,谁就可以描绘我们共同生活的社会的未来。"①通过技术权力确定技术发展方向、路线和资源配置,这就在一定程度上决定了技术影响我们的方式。现代技术的风险问题与技术权力紧密相关。技术与权力在一定程度上就是一对孪生兄弟,技术风险事件的发生、扩散及分担,背后可能都有技术权力的影子。因此,实现技术权力的均衡配置,对于规避现代技术风险非常重要。贝克认为,技术垄断已成为引发技术风险的重要因素,并且这种垄断迟早将会被社会分权原则和技术民主化所替代。"如果在某一领域,技术的垄断已经成为一种可以用来掩蔽社会变革并阻碍社会发展的垄断,那么,这种垄断状况势必会导致一系列问题,而且还势必会被社会分权原则所取消"。"技术领域的垄断权也将在社会分权原则面前被一一分解"。②

一方面,实现技术权力的公正分配。

在当代风险社会,防止技术权力的相对集中、追求技术权力的相对公平是防止技术权力滥用的重要手段。但当前,技术权力的配置存在不公平的现象。首先,发达国家的政府、技术机构及企业作为一个"技术利益共同体"掌握了全球技术资源配置、技术研发方向及技术成果应用的"绝对权力",发展中国家处于非常不利的地位。可以说,当今社会的不平等很大程度上是由于技术引起的。发达国家技术利益共同体凭借其技术优势地位,攫取了绝大部分技术的经济利益,并以此来赚取政治资本,当今时代技术风险的产生,很大一部分是他们"制造"的。其次,就某一国国内而言,也存在技术权力分配的不均衡。按常理来说,技术应用主体直接进入技术市场、生产技术产品,他们应是技术权力的主要拥有者;技术专家最熟悉技术,最有发言权,他们应该掌握重要的技术权力;社会公众是技术产品的直接使用者,也是技术风险事件的直接利益相关者,他们也应分享一部分技术权力。但是当前,技术权力相对集中,技术决策主要由技术主管部门作出或者由主管部门在征求企业、技术专家意

---

① [英]谢尔顿·克里姆斯基、[英]多米尼克·戈尔丁编著:《风险的社会理论学说》,徐元玲等译,北京出版社 2005 年版,第 256 页。

② [德]乌尔里希·贝克、[德]约翰内斯·威尔姆斯:《自由与资本主义——与著名社会学家乌尔里希·贝克对话》,路国林译,浙江人民出版社 2001 年版,第 100 页。

见后作出,作为技术风险事件利益攸关方的社会公众,其参与技术决策的程度相对不高。

追求技术权力的相对公平成为规避和控制现代技术风险的重要途径之一。依据贝克的"社会分权"理论,至少可以从以下几个方面实现技术权力的相对公平。一是让发展中国家分享更多的技术权力。对于一些事关公众健康和资源环境权益的技术,可尝试在有偿使用一定年限、获得一定回报之后,进行无偿转让和使用制度,促进技术的扩散,让广大发展中国家特别是贫困国家的社会公众分享技术利益。二是让更多的技术专家拥有技术权力,参与科学技术决策过程。一定要改变由少数技术专家来把持技术权力的不利局面,让更多的技术专家(特别是基层技术专家和年青技术专家)参与到技术决策中来。三是让技术领域之外的社会学者、政治家和社会公众也参与分享"技术垄断特权"。这样,就会拉近科学与社会公众的距离,人们可以自由怀疑和质询技术专家的取证、评估、鉴别和裁决结果。通过这些手段实现"技术民主化",让更多的社会公众分享技术权力。

另一方面,加大对技术权力的制约力度。

对技术权力的制约机制主要包括法律制约、伦理制约和民主制约等形式。

一是技术权力的法律制约。在当代法治社会,法律具有最高的权威性,是最具有强制力的权力制约方式。要使各技术主体的技术活动真正开发出符合人类需要的技术成果,就需要发挥法律的强制性作用,对各技术主体的技术活动进行有效的调节,使他们的活动在法治的框架之内运行。

但是,以法治手段来制约技术权力,也存在一定的难题,这就是我们通常所说的"科林格里奇(Collinggridge)困境"①——在技术发展的早期,当可以控制时,我们没有足够的关于其可能的有害社会后果的信息来提供对其发展进行控制的依据;当技术的后果变得明显时,该技术往往已经广泛扩散和被使用,占领了生产与市场,对其控制将需要很高的代价,而且进展缓慢。并且,法治的权威性是以相对稳定性来保证的,法律的修改必需要有法定的程序。但

---

① 邢怀滨:《社会建构论的技术观》,东北大学出版社 2005 年版,第 114 页。

是,技术发展是飞速的,技术引起的社会变化和社会风险也是即时发生的。相对稳定、权威的法律难以充分满足对迅速发展的技术进行调节、制约的需要。但我们总可以采取一些法律措施,对技术发展进行制约。

首先,规范技术权力主体的行为。要依据分权理论对技术主体的权力进行分化,将技术权力掌握在尽可能多的技术主体中。为了规范权力的运行,实现权力的制约,洛克、孟德斯鸠等人提出了著名的分权理论。认为权力要分立,并通过权力的分立来实现以权力制约权力。分权理论的倡导者旨在通过权力的分化、均衡来减少权力的垄断、滥用。并通过建立一个各权力主体之间的权力制约机制,实现各权力主体的相互监督,达到"以权力制约权力"的目的。因此,要明确规定各政府技术部门、技术社会团体、科研单位、科研人员、社会中介组织的技术权力,制定出技术权力清单,保证各权力主体权力的照章运行。

其次,规范技术权力运行的程序。尽可能做到技术权力运行的程序公正。要做到技术权力运行的公开、透明,让权力在阳光下运行,减少技术权力运行的暗箱操作,加大群众对技术权力运行的监督。

最后,检查技术权力运行的结果。技术权力运行的结果,要么是制定出新的技术开发政策,要么是开发出新的技术产品。要对技术权力运行的结果进行最后的合法性审查,看是否符合法律法规的要求。

二是技术权力的伦理制约。技术权力的伦理制约可弥补法治制约的一些缺陷。法治规定的一般是道德的底线,是严令禁止的行为。法治可以保证技术权力主体的行为合法,但无法保证他们的行为合情合理。法治对技术权力的调节尽量力度最大,但是由于法律的稳定性、滞后性,法治调节并不能穷尽技术权力运行的所有领域。相反,技术权力主体的许多行为都在法治的"灰色地带"运行,这就需要依靠重在强调个人自觉性的伦理调节和制约。并且,技术权力的法治制约是一种事后制约,通过强化惩处机制来以儆效尤,难以起到对技术权力主体提前教育和预防的作用。技术权力的伦理制约可以弥补这些缺陷。

首先,强化技术权力主体的内在道德意识。由于法治调节的相对滞后性,技术权力主体的许多行为往往在法治的"空白地带"运行,缺乏法律框架的参考。依法制定技术政策和开展技术研究一时难以实现。这时,指引他们行为的主要是道德信念、风俗习惯、社会舆论等,这些都是道德调节技术主体行为的表现形式。那么,在缺乏法律参考体系的情况下,技术权力主体怎么办?应该遵从内心的道德信念,应该遵守既定的风俗习惯,应该考虑社会舆论的反应。做到了这些,就无形当中提高了技术权力主体的道德意识。技术权力主体应该将"善"作为制定技术政策和从事技术开发的价值出发点,至少要保证其活动不对人类及其所生活的环境构成伤害或威胁。通过技术权力主体的自觉道德行为来弥补法律调节的漏洞。

其次,实现对技术权力主体的伦理规则制约。客观地说,伦理对技术权力主体的制约力量是相对较弱的,基本靠的是主体的内心信念和道德自觉。因此,技术权力主体的行为与其道德水平有很大的关系。当然,为了增强伦理规约的强制性,我们可以实现从伦理自律向他律的转变和过渡,在道德信念、风俗习惯和社会舆论的基础上,提炼出一系列的技术伦理规则,如不伤害原则、公平性原则、可持续原则等。这些伦理原则尽管不具有法律效力,但也是大家的一种共同约定,对技术主体的行为具有导引和较约束作用。并且,国际、国内技术社团组织可以有意识地引导制定一些技术伦理规范,并使这些规则更具有现实性和可操作性,以实现对技术权力主体的伦理制约。

三是技术权力的民主制约。技术权力的民主制约是技术权力分权原则应用的又一表现形式。技术权力的民主制约意味着更多的主体享有技术权力。因此,实现对技术权力的民主制约的理想形式就是公众参与技术决策,社会公众自己掌握技术权力,自己掌握自己的命运。

首先,要保证技术决策过程中公众的知情权。有关研究表明,公众对技术了解的越多,感知到的风险就会越少,就越不会感到恐惧。因此,要防范技术风险,特别是主观层面的技术风险,全面、及时地告知公众有关技术风险的信息就显得尤为重要了。

其次,要更多地让公众参与技术决策的过程。技术决策的结果能否得到公众的拥护,一个重要的决定方面是决策过程中是否吸纳了公众的意见,公众是否参与了技术决策的过程。如果技术决策是政府或专家单方面制定的,很少吸纳公众的意见,则这一决策较难得到公众的理解和支持;相反,如果决策是公众自己作出的,其理解和执行决策就非常容易了。

再次,要及时地将技术决策的结果告知公众。技术决策的结果应该有一个合理的公示期,要让大家全面了解技术决策的结果并对这一结果进行充分的讨论。而不是"犹抱琵琶半遮面"地告知部分结果。只有公众了解了技术决策的结果,他们才不会刻意去抵制、去反对这一技术决策。

附件:公众科技风险态度调查问卷

您好! 我们是"公众科技风险态度研究"课题调查小组。为准确了解社会公众对人工智能技术、核电技术和转基因技术等现代科技及其风险的认知态度,我们设计制作了这份调查问卷,请您提出宝贵意见和建议。本调查采用无记名方式,我们将对您提供的信息严格保密。感谢您的支持!

1. 您的年龄( )。

□20 岁以下

□20—39 岁

□40—60 岁

□60 岁以上

2. 您的性别( )。

□男

□女

3. 您所从事的职业( )。

□高校科研院所和企业科研工作者

□机关事业单位管理人员

□企业员工(非科研工作者)

□个体经营者

□农民

□在校学生

□其他

4. 您的年收入( )。

□6 万元以下

□6—12 万元

□12—24 万元

□24—50 万元

□50 万元以上

5. 您的受教育程度(　　　)。

□初中及以下

□高中/职业技术学校

□大专

□本科

□硕士及以上

6. 您认为,与 20 世纪 80 年代以前相比,当今社会的总体风险(　　　)。

□增加了

□降低了

□没太多变化

□变化不大,但是人们的风险意识明显增强了

□不清楚

7. 您认为,当前风险最大的技术是(　　　)。

□人工智能技术

□核电技术

□转基因技术、基因编辑技术等现代生物技术

□食品药品加工技术

□其他技术

□不了解

8. 您了解人工智能技术吗?

□了解

□不太了解

□不了解

9 您认为,人工智能技术的风险(　　　)。

□很大

□较大

□一般

□较小

□没有风险

10. 您认为,人工智能技术的风险主要包括(　　　)。(可多选)

□人工智能技术一旦出现故障,后果不堪设想

□替代人类常规劳动,导致大规模失业

□人工智能技术会进一步引发分配不公,导致社会问题

□人工智能技术可能被不法分子利用,用来危害人类

□人工智能技术导致人与机器的区别越来越小,人的人格和尊严丧失

□人工智能技术可能会反过来控制人类

□其他

□不清楚

11. 您了解核电技术和其他核技术吗?

□了解

□不太了解

□不了解

12. 您认为,核电技术的风险(　　　)。

□很大

□较大

□一般

□很小

□没有风险

□无法判断

13. 您认为,核电技术的主要风险包括(　　　)。(可多选)

□核辐射严重,影响周边群众健康

□污染周边环境

□可能发生核爆炸和核泄漏

□核电退役周期长且成本昂贵

□核废料处理困难

□其他风险

□不清楚

14. 您了解转基因技术和转基因食品吗?

□了解

□不太了解

□不了解

15 您认为,转基因技术和转基因食品的风险( )。

□很大

□较大

□一般

□较小

□没有风险

□不清楚

16. 您认为,转基因技术的风险主要包括( )。(可多选)

□对人类健康有害

□导致食品品质下降

□可能导致生态灾难

□核心技术被国外企业控制,可能引发经济风险

□其他风险

□不清楚

17. 在有非转基因食品替代品的情况下,您会选择转基因食品吗?

□会

□视情况而定

□不会

18. 您对未来科技发展的总体态度是( )。

□持乐观态度,科技几乎能解决人类所有的问题

□持谨慎态度,既重视科技发展,又关注科技发展引发的问题

□持悲观态度,科技发展可能会引发系列问题,导致人类灾难

□无法确定

19. 现代科技的发展在便利大众生活的同时,也带来了一些风险,比如人工智能、核电、转基因技术等等,您是否亲身经历过由现代科技发展所带来的风险事件或灾难事件?

□是

□否

20. 您主要通过哪些渠道来了解现代科技及其风险信息?(可多选)

□通过电视台、电台、报纸等传统媒体了解

□通过网络、微信公众号等新兴媒体了解

□通过亲属、同事、朋友等的介绍了解

□通过科技专题讲座、科普日活动等途径了解

□其他渠道

□不关注

21. 您认为,导致当前部分社会公众对一些新兴技术(如转基因技术、核电技术等)发展持担忧甚至恐惧态度的主要原因是什么?(可多选)

□社会公众对当今科技发展的总体认识存在偏差

□新兴技术本身发展不完善

□科技法律法规不健全

□相关部门科技决策欠科学,监督管理不到位

□技术专家披露信息不全面、不客观

□媒体在技术宣传中夸大益处、隐瞒风险

□企业家过分追求经济利益,滥用现代技术成果

□相关技术和技术风险信息沟通不畅,导致公众产生误解

□公众参与科技决策的渠道不多、路径不畅,不认同相关部门和专家意见

□社会文化和个人心理方面的原因

□不清楚

22. 您认为,对人工智能技术需要采取的风险规制措施包括(　　)。(可多选)

□人工智能技术是一项对人类有益的技术,应鼓励其充分发展

□人工智能技术可能会引发灾难,应为其发展设立禁区

□应建立人工智能技术的国际治理机制,共同应对挑战

□人工智能技术的未来影响难以确定,到时再说

□不清楚

23. 您认为,当前科技专家对新兴科技风险的评估意见可以信赖吗?

□可以信赖

□基本可以赖信

□一般

□不可信赖

□不清楚

24. 您认为,当前科技专家对新兴科技风险的评估意见不可信赖的主要原因是(　　)。(多选题)

□部分科技专家无法提供专业评估意见

□部分科技专家不讲科技道德

□科技专家成为企业代言人

□科技专家缺少独立性,按相关部门意见行事

□不清楚

25. 您愿意以何种方式参与到科技风险规制政策的制定中来?(多选题)

□通过网络渠道发表意见参与

□参与相关部门主办的各类咨询会、听证会等

□直接向相关部门提出意见建议

□通过人大代表、政协委员等渠道反映意见建议

□向技术专家提出意见建议

□其他方式

□不愿意

26. 相关部门在科技风险规制中,应该主要做以下哪些工作?(多选题)

□对科技发展进行预见

□制定科技发展战略规划

□加大技术评估力度,建立第三方评估机制

□完善科技政策体系

□创新科技运行监管方式

□不清楚

27. 您认为,要降低现代技术发生风险事件的概率,减少技术发展对人类的危害,我们需要采取的主要措施包括(　　　)。(多选题)

□改变社会公众对科技发展和科技风险的总体认识

□改变技术发展的方向,使技术朝着绿色化和人性化方向发展

□提高相关部门的科学决策水平,加大技术监管力度

□提高科研人员的道德水平

□增强企业的社会责任

□提高全社会的科学素养

□不清楚

28. 您对当前科技风险管理的建议＿＿＿＿＿＿＿＿＿＿。

衷心谢谢您的参与! 祝您工作、生活愉快!

参考文献

［1］Jacques Ellul, *The Techlological Society*, New York：Random House, 1964.

［2］Lewis M. Branscomb, Philip E. Auerswald, *Taking Technical risks*, Cambridge：the MIT Press, 2001.

［3］W. Heisenberg, *Physics and Philoophy*, New York： Harper& Row, 1958.

［4］Susan L Cutter, *Living with Risk—The Geography of Technological Hazards*, London New York：Edward Arnold, 1993.

［5］Friedrich Rapp, *Explosion of Needs*, *Quality of Life*, *And the Ecology Problem*［EB/OL］. http：//scholar. lib. vt. edu/ejournals/SPT/v1n1n2/pdf/rapp. pdf. 2008-10-27.

［6］Neil Postman, Five Things We Need to Know About Technological Change［EB/OL］.https：//www.technodystopia.org/.2017-10-05.

［7］《马克思恩格斯全集》第 12 卷, 人民出版社 1962 年版。

［8］《马克思恩格斯全集》第 19 卷, 人民出版社 1963 年版。

［9］《马克思恩格斯全集》第 23 卷, 人民出版社 1972 年版。

［10］《马克思恩格斯全集》第 46 卷(下册), 人民出版社 1995 年版。

［11］《马克思恩格斯文集》第 5 卷, 人民出版社 2009 年版。

［12］《马克思恩格斯选集》第 2 卷, 人民出版社 1972 年版。

［13］马克思:《1844 年经济学哲学手稿》, 人民出版社 1985 年版。

［14］恩格斯:《自然辩证法》, 人民出版社 2015 年版。

［15］中共中央党校教务部编:《马列著作选编》(修订本), 中共中央党校出版社 2011 年版。

［16］［美］卡尔·米切姆：《技术哲学概论》，殷登祥等译，天津科学技术出版社1999年版。

［17］许良英、范岱年编：《爱因斯坦文集》第3卷，商务印书馆1979年版。

［18］［英］彼得·泰勒-顾柏、［德］詹斯·O.金：《社会科学中的风险研究》，黄觉译，中国劳动保障出版社2010年版。

［19］［德］乌尔里希·贝克、［德］约翰内斯·威尔姆斯：《自由与资本主义——与著名社会学家乌尔里希·贝克对话》，路国林译，浙江人民出版社2001年版。

［20］［德］乌尔里希·贝克：《风险社会》，何博闻译，译林出版社2004年版。

［21］［德］乌尔里希·贝克等：《自反性现代化——现代社会秩序中的政治、传统与美学》，赵文书译，商务印书馆2004年版。

［22］［英］芭芭拉·亚当等编著：《风险社会及其超越：社会理论的关键议题》，赵延东等译，北京出版社2005年版。

［23］［南非］保罗·西利亚斯：《复杂性与后现代主义——理解复杂系统》，上海科技教育出版社2006年版。

［24］［英］安东尼·吉登斯、［英］克里斯多弗·皮尔森：《现代性——吉登斯访谈录》，尹宏毅译，新华出版社2001年版。

［25］［英］安东尼·吉登斯：《失控的世界》，周红云译，江西人民出版社2001年版。

［26］［英］安东尼·吉登斯：《现代性的后果》，田禾译，译林出版社2002年版。

［27］［德］汉斯·约纳斯：《技术、医学与伦理学——责任原理的实践》，张荣译，上海译文出版社2008年版。

［28］［美］大卫·格里芬编：《后现代科学——科学魅力的再现》，马季方译，中央编译出版社2004年版。

［29］［美］刘易斯·M.布兰斯科姆、菲力浦·E.奥斯瓦尔德：《高科技风险

管理》，祝灿、汪兰英译，中信出版社 2003 年版。

[30][英]谢尔顿·克里姆斯基、[英]多米尼克·戈尔丁编著:《风险的社会理论学说》，徐元玲等译，北京出版社 2005 年版。

[31][德]奥尔特温·雷恩、[澳]伯内德·罗尔曼:《跨文化的风险感知:经验研究的总结》，赵延东、张虎彪译，北京出版社 2007 年版。

[32][英]马丁·冯、[英]彼得·杨:《公共部门风险管理》，陈通、梁皎洁等译，天津大学出版社 2003 年版。

[33][美]彼得·圣吉:《第五项修炼——学习型组织的艺术与实务》，郭进隆译，上海三联书店 2003 年版。

[34][美]卡尔·米切姆:《技术哲学概论》，殷登祥等译，天津科学技术出版社 1999 年版。

[35][德]伽达默尔:《科学时代的理性》，薛华译，国际文化出版公司 1988 年版。

[36][英]E.F.舒马赫:《小的是美好的》，李华夏译，译林出版社 2007 年版。

[37][荷兰]E.舒尔曼:《科技文明与人类未来——哲学深层的挑战》，李小兵等译，东方出版社 1995 年版。

[38][美]丹尼尔·贝尔:《后工业社会的来临——对社会预测的一项探索》，高铦、王宏周、魏章玲译，新华出版社 1997 年版。

[39][加]尼科·斯特尔:《知识社会》，殷晓蓉译，上海译文出版社 1998 年版。

[40][美]约瑟夫·劳斯:《知识与权力——走向科学的政治哲学》，盛晓明等译，北京大学出版社 2004 年版。

[41][美]查尔斯·佩罗:《高风险技术与"正常"事故》，寒窗译，科学技术文献出版社 1988 年版。

[42][德]阿明·格伦瓦尔德主编:《技术伦理学手册》，吴宁译，社会科学文献出版社 2017 年版。

[43]苗东升:《系统科学精要》(第 4 版)，中国人民大学出版社 2016

年版。

　　［44］谭璐、姜璐:《系统科学导论》,北京师范大学出版社 2009 年版。

　　［45］薛晓源、周战超主编:《全球化与风险社会》,社会科学文献出版社 2005 年版。

　　［46］杨明:《当代技术风险的文化研究》,清华大学出版社 2015 年版。

　　［47］陈昌曙:《技术哲学引论》,科学出版社 1999 年版。

　　［48］乔瑞金主编:《技术哲学教程》,科学出版社 2006 年版。

　　［49］吴国盛:《技术哲学经典读本》,上海交通大学出版社 2008 年版。

　　［50］邹珊刚主编:《技术与技术哲学》,知识出版社 1987 年版。

　　［51］宋明哲编著:《现代风险管理》,中国纺织出版社 2003 年版。

　　［52］杨雪冬等:《风险社会与秩序重建》,社会科学文献出版社 2006 年版。

　　［53］郭洪水:《当代风险社会——基于哲学存在论与复杂系统论的研究》,中国社会科学出版社 2015 年版。

　　［54］李开复、王咏刚:《人工智能》,文化发展出版社 2017 年版。

　　［55］甘绍平:《应用伦理学前沿问题研究》,江西人民出版社 2002 年版。

　　［56］张燕:《风险社会与网络传播——技术·利益·伦理》,社会科学文献出版社 2014 年版。

　　［57］彭富国、匡跃辉、曹山河:《科技政策学》,湖南人民出版社 2005 年版。

　　［58］王健:《现代技术伦理规约》,东北大学出版社 2007 年版。

　　［59］余谋昌:《生态伦理学——从理论走向实践》,首都师范大学出版社 1999 年版。

　　［60］毛明芳:《现代技术风险的生成与规避研究》,中共中央党校博士学位论文,2010 年。

　　［61］毛明芳:《现代技术风险的文化审视》,《自然辩证法研究》2015 年第 9 期。

　　［62］毛明芳:《应对现代技术风险的伦理重构》,《自然辩证法研究》2009

年第 12 期。

[63]牛爱芳、毛明芳：《生态化技术创新的市场失灵与政府干预》，《自然辩证法研究》2013 年第 8 期。

[64]毛明芳：《现代技术风险的制度审视——乌尔里希·贝克的技术风险思想研究》，《科学技术哲学研究》2012 年第 2 期。

[65]毛明芳：《技术利益：现代技术风险研究的新视角》，《湖湘论坛》2015 年第 5 期。

[66]毛明芳：《论现代技术风险的内在生成》，《武汉理工大学学报（社会科学版）》2010 年第 6 期。

[67]毛明芳：《科技风险防范与公众参与科技决策》，《中国青年科技》2009 年第 11 期。

[68][英]斯蒂芬·威廉·霍金：《让人工智能造福人类及其赖以生存的家园》，周翔译，《科技中国》2017 年第 6 期。

[69][加]J.B.坎宁安：《人类对技术变化的恐惧》，禾子译，《国外社会科学》1992 年第 6 期。

[70][美]小约翰·柯布：《文明与生态文明》，李义天译，《马克思主义与现实》2007 年第 6 期。

[71][俄]H.A.别尔嘉耶夫：《人和机器——技术的社会和形而上学问题》，张百春译，《世界哲学》2002 年第 6 期。

[72]蔡拓：《人类命运共同体视角下的全球治理与国家治理——全球治理与国家治理：当代中国两大战略考量》，《中国社会科学》2016 年第 6 期。

[73]李中元：《高危时代全球治理与多元主体参与模式的研究》，《经济问题》2011 年第 10 期。

[74]赵洲：《论技术风险的国际治理》，《燕山大学学报（哲学社会科学版）》2011 年第 4 期。

[75]张成岗、黄晓伟：《"后信任社会"视域下的风险治理研究嬗变及趋向》，《自然辩证法通讯》2016 年第 6 期。

[76]陈君：《费耶阿本德多元文化共存理论与现代技术风险的规避》，《求

索》2013 年第 5 期。

[77]夏玉珍、杨永伟:《科学技术的风险后果与治理——一项风险社会理论视角的分析》,《广西社会科学》2014 年第 5 期。

[78]欧庭高、巩红新:《论现代技术风险冲突及其综合治理》,《科技管理研究》2015 年第 15 期。

[79]范华斌:《技术、风险与对话式治理》,《安庆师范学院学报(社会科学版)》2016 年第 35 期。

[80]杨雪冬:《风险社会理论述评》,《国家行政学院学报》2005 年第 1 期。

[81][瑞典]斯万·欧维·汉森:《知识社会中的不确定性》,刘北成译,《国际社会科学杂志(中文版)》2003 年第 1 期。

[82]赵万里:《科学技术与社会风险》,《科学技术与辩证法》1998 年第 3 期。

[83]丁祖豪:《科技风险及其社会控制》,《聊城大学学报(社会科学版)》2006 年第 5 期。

[84]高盼:《现代性视域下当代技术风险问题研究》,苏州大学博士学位论文,2017 年。

[85]王小钢:《贝克的风险社会理论及其启示——评〈风险社会〉和〈世界风险社会〉》,《河北法学》2007 年第 1 期。

[86]刘松涛、李建会:《断裂、不确定性与风险——试析科技风险及其伦理规避》,《自然辩证法研究》2008 年第 2 期。

[87]姜方炳:《"网络暴力":概念、根源及其应对——基于风险社会的分析视角》,《浙江学刊》2011 年第 6 期。

[88]吴汉东:《知识产权的制度风险与法律控制》,《法学研究》2012 年第 4 期。

[89]缪成长、萧玲:《技术风险的成因机制研究——基于技术使用不确定性的分析》,《自然辩证法研究》2017 年第 2 期。

[90]朱悦怡、张黎夫:《知识、权力与技术》,《科技进步与对策》2007 年第

12 期。

[91]李健民、浦根祥:《技术预期与政府控制》,《科学管理研究》2001 年第 3 期。

[92]廖秀健:《"对抗式"重大决策社会稳定风险评估模式构建》,《中国行政管理》2018 年第 1 期。

[93]唐钧:《社会公共安全风险防控机制:困境剖析和集成建议》,《中国行政管理》2018 年第 1 期。

[94]石瑛、刘国建:《论实验标准化语境下的技术权力》,《人民论坛》2011 年第 20 期。

[95]李炜炜等:《2018 年 2 月全国核与辐射安全舆情研判》,《核安全》2018 年第 2 期。

[96]简兆权、柳仪:《技术预见共识形成机制研究》,《科学学与科学技术管理》2014 年第 9 期。

[97]万劲波、魏巧云:《技术评价、技术预见与技术风险的管理》,《科技导报》2002 年第 12 期。

[98]王崑声、周晓纪、龚旭等:《中国工程科技 2035 技术预见研究》,《中国工程科学》2017 年第 1 期。

[99]费多益:《风险技术的社会控制》,《清华大学学报(哲学社会科学版)》2005 年第 3 期。

[100]李延伟:《创新技术采纳中的风险治理:分析框架与研究议程》,《学海》2018 年第 2 期。

[101]刘中梅:《技术风险治理的社会系统中公众对专家信任因素分析》,《2012 年全国科学学理论与学科建设暨科学技术学两委联合年会论文集》,大连理工大学,2012 年。

[102]翟振明、彭晓芸:《"强人工智能"将如何改变世界——人工智能的技术飞跃与应用伦理前瞻》,《人民论坛·学术前沿》2016 年第 7 期。

[103]宋吉鑫、王健、赵迎欢:《网络技术的伦理困境及社会建构》,《科学技术与辩证法》2006 年第 5 期。

[104]冯虎成:《透视"挺转"与"反转"之争——基于贝克风险社会理论的思考》,《西南交通大学学报(社会科学版)》2017 年第 2 期。

[105]戚建刚:《风险规制的兴起与行政法的新发展》,《当代法学》2014 年第 6 期。

[106]陈玲、薛澜、赵静等:《后常态科学下的公共政策决策——以转基因水稻审批过程为例》,《科学学研究》2010 年第 9 期。

[107]谢晓非、郑蕊:《风险沟通与公众理性》,《心理科学进展》2003 年第 4 期。

[108]薛晓源、刘国良:《全球风险世界:现在与未来——德国著名社会学家、风险社会理论创始人乌尔里希·贝克教授访谈录》,《马克思主义与现实》2005 年第 1 期。

[109]王子彦、陈昌曙:《论技术生态化的层次性》,《自然辩证法研究》1997 年第 8 期。

[110]谢旭平:《现代技术风险治理研究》,中共湖南省委党校硕士学位论文,2018 年。

[111]肖峰:《从技术的人文定位想到的》,《中华读书报》1998 年 5 月 13 日。

[112]罗俊:《核恐惧比核辐射更可怕》,《人民日报(海外版)》2011 年 4 月 15 日。

[113]李侠:《知识分子:不要活着参加自己声誉的葬礼》,《中国青年报》2005 年 3 月 2 日。

[114]冯武勇、郭一娜:《东京电力公司"绑架"日本》,《国际先驱导报》2001 年 4 月 1 日。

[115]郭一娜、吴谷丰:《日本人在十字路口》,《国际先驱导报》2011 年 3 月 5 日。

[116]科技工作者:《我们也有自己的伦理"高压线"》,《科技日报》2018 年 1 月 30 日。

[117]赵广立:《"疫苗事件"引发企业研发新命题》,《中国科学报》2018

年 7 月 26 日。

[118]操秀英:《提升科研伦理水平要补齐制度短板》,《科技日报》2018年 1 月 22 日。

[119]世界经济论坛:《2017 年全球风险报告》[EB/OL],http://doc.mbalib.com/view/2afea354d5030555c51920d3825823d9.html.2018-06-05。

[120]霍金:《自动化和人工智能将让中产阶级大面积失业》[EB/OL],http://tech.qq.com/a/20161203002359.htm.2018-05-20。

[121]《特朗普撼动世界背后的大数据风暴》[EB/OL],https://news.qq.com/a/20170205/008452.htm.2018-6-15。

[122]世界经济论坛:《2010 年全球风险报告》[EB/OL],https://wenku.baidu.com/view/2eae6cc58bd63186bcebbc6e.html.2018-6-25。

[123]《勒索病毒全球蔓延! 20 万台电脑感染 很多人已开始休假》[EB/OL],http://www.techweb.com.cn/internet/2017-05-15/2523748.shtml.2018-7-15。

[124][美]凯文·凯利:《互联网界谨慎的乐观主义者》[EB/OL],中国经济网,http://tech.ce.cn/news/201412/05/t20141205_4056666.shtml.2018-06-05。

后　记

技术风险问题既是一个老问题,又是一个新事物。说它"老",是因为自2003 年 SARS 事件之后,国内学界开始重新关注、审视乌尔里希·贝克、吉登斯等人提出的风险社会理论,并用这一理论来分析中国社会的风险问题。说它"新",是因为习近平总书记 2019 年初在省部级主要领导干部坚持底线思维着力防范化解重大风险专题研讨班上指出,要深刻认识和准确把握外部环境的深刻变化和我国改革发展稳定面临的新情况新问题新挑战,坚持底线思维,增强忧患意识,提高防控能力,着力防范化解重大风险,保持经济持续健康发展和社会大局稳定。并将科技重大风险列为当前需重点防范化解的七大领域重大风险之一。可以说,新时代技术风险具有了新的特征。

本人自 2009 年开始关注和研究技术风险问题,10 年前的研究主要是基于风险社会理论的视角,用这一理论来分析、阐释现代技术风险问题,先后发表了系列研究论文,完成了博士论文。近些年来,本人一直在持续关注、研究这一问题。此书稿是本人主持完成的国家社科基金项目"现代技术风险的多元形成与整合规避机制研究"的结项成果,主要是从系统学的视角来审视现代技术风险,故定名为《现代技术风险的系统学审视》。

本书稿的完成,是我多年思考、研究的结果,也凝聚了部分学界前辈、同仁,同事和朋友的辛劳。我的博士和硕士导师赵建军教授、杨怀中教授等学界前辈一直关心我的成长,经常指点我的学术研究、工作生活。我的同事姜芳蕊副教授、陶焘副教授、张旺副教授协助进行了部分章节资料搜集和初稿撰写,硕士研究生刘源也协助进行了部分章节资料搜集。湖南大学欧庭高教授、长沙理工大学易显飞教授等对书稿初稿提出了宝贵修改意见。人民出版社责任编辑吴继平做了大量的编辑、校对工作。我的工作单位中共湖南省委党校（湖南行政学院）提供了出版基金的资助。我的家人为我从事写作提供了良好的家庭环境和生活待遇。在此一并表示感谢！

进入新时代，当前中国社会正面临百年未有之大变局。受中美关系变幻的影响，当代科技风险也具有了新的特征，那就是风险的政治性明显增强。因此，研究当前中美关系背景下的科技重大风险新内涵、新形式、新特征等，既有理论价值，又对于中国科技创新和科技风险防范具有极强的现实指导意义。这也是我今后关注和研究的方向。

毛明芳

2019 年 12 月于长沙麓西苑

责任编辑:吴继平

封面设计:周方亚

图书在版编目(CIP)数据

现代技术风险的系统学审视/毛明芳 著. —北京:人民出版社,2020.3

ISBN 978－7－01－021729－1

Ⅰ.①现… Ⅱ.①毛… Ⅲ.①技术风险-研究 Ⅳ.①F273.2

中国版本图书馆 CIP 数据核字(2020)第 008569 号

现代技术风险的系统学审视

XIANDAI JISHU FENGXIAN DE XITONGXUE SHENSHI

毛明芳 著

人 民 出 版 社 出版发行

(100706 北京市东城区隆福寺街 99 号)

北京盛通印刷股份有限公司印刷 新华书店经销

2020 年 3 月第 1 版 2020 年 3 月北京第 1 次印刷

开本:710 毫米×1000 毫米 1/16 印张:14.75

字数:268 千字

ISBN 978－7－01－021729－1 定价:48.00 元

邮购地址 100706 北京市东城区隆福寺街 99 号

人民东方图书销售中心 电话 (010)65250042 65289539